税理士法人
トゥモローズ ［著］

専門税理士が教える！

「相続開始後」でも提案できる

相続アドバイス

初回面談から申告実務、アフターフォローまで

清文社

は じ め に

　法人や個人の顧問業務をメインとしている税理士が請け負う相続税申告には大きく分けて２種類あります。一つは、顧問先などの生前から旧知の仲であった人の相続案件、もう一つは、顧問先や取引先からの紹介による場合や、新たに相続案件獲得のためのホームページを開設し、そのホームページ経由で問い合わせがあった場合など、生前に一切付き合いのなかった人の相続案件です。

　生前から付き合いのある相続案件は、被相続人の家族関係、生前の収入状況、所有財産の概要等を把握していることから、相続手続きについても５合目辺りから着手できるイメージです。これに対し、生前に一切付き合いのなかった人の相続案件では、亡くなった方にも会ったことがないし、相続人にも初めて対面します。被相続人に関する情報をゼロから把握しなければなりません。したがって、顧問先等の相続案件とは進め方が抜本的に異なるのです。

　本書では、このような生前に一切付き合いのなかった人の相続案件についてどのように手続きを進めていくべきか、相続人が満足する相続税申告とするためのコツなどについて、初回面談から申告後のアフターフォローまで段階ごとに実務的見地から解説していきます。

　第１章では、初回面談の臨み方等、直近で大切な家族を亡くした相続人に対してどのように接するべきか、契約後の手続きをスムーズに進めるためにどのようなことをアナウンスして、どのような内容のヒアリングをすべきかにつき言及しています。また、相続税申告に必要となる資料についても、相続人にできるだけ負担なく収集してもらうためのコツや、税理士が代理取得できるものをどのようにスムーズに取得するか等のノウハウをわかりやすく解説します。

　第２章では、相続財産の評価について述べています。税理士の提案で財

産評価が引き下げられる論点について、不動産、非上場株式、その他の財産に分類し、実務上の頻出論点につき具体的数字を使いながら解説しています。

　第3章では、税理士が提案すべき遺産分割の論点をまとめました。相続人の遺産分割におけるニーズは相続税の節税だけではありませんが、相続税の負担をできるだけ抑えたいというニーズはどの案件でも共通します。税理士の提案により相続税の負担が大きく異なり、逆にいえば、税理士の提案により過大な納税を強いられた相続人から損害賠償請求をされる可能性もゼロではありません。遺産分割の実務現場では、相続人が満足できるような分割となるよう税理士はうまく立ち回らなければなりません。本書ではどのように税理士が提案すべきかについて、配偶者居住権等最新の税制改正の情報も含めて主要な論点をわかりやすく解説しました。

　最終章である第4章は、相続税申告後のアフターフォローとなります。相続税の税務調査はもちろん、相続した財産を譲渡した場合の譲渡所得税で気をつける論点や、税務以外で相続人にフォローできる部分についても網羅的に解説しています。

　本書が相続実務を取り扱う専門家の皆様の少しでも参考になれば幸いに存じます。

　なお、文中意見にわたる部分は筆者の個人的見解に基づくものであることを念のため申し添えます。最後に、本書を執筆する機会を与えてくださった株式会社清文社の皆様に心より厚く御礼申し上げます。

　令和2年9月

税理士法人トゥモローズ

税理士　角田壮平

税理士　大塚英司

CONTENTS

第1章 初回面談・資料収集の進め方

第2章　相続開始後でも評価額は下げられる！ 財産評価の工夫

相続税申告後のアフターフォロー

───────── 凡　例 ─────────

相法	相続税法
相令	相続税法施行令
相基通	相続税法基本通達
評基通	財産評価基本通達
所法	所得税法
所令	所得税法施行令
措法	租税特別措置法
措令	租税特別措置法施行令
措規	租税特別措置法施行規則
措置通	租税特別措置法関係通達
通則法	国税通則法
通則法令	国税通則法施行令

〈条数等の略記〉相法12①六………相続税法第12条第 1 項第 6 号

（注）本書の内容は、令和 2 年 9 月 1 日現在の法令等に基づいています。

初回面談・資料収集
の進め方

第 **1** 節

初回面談

1 初回面談の臨み方

　相続税申告の初回面談には２種類あります。生前から被相続人や相続人と付き合いのあった場合と、全く付き合いのなかった場合です。本書では後者の生前に被相続人や相談者である相続人と付き合いがなかった案件にフォーカスして解説していきたいと思います。このような案件は、ホームページを見た人、紹介会社、知人、取引先からの紹介等から初回面談に結びつくケースが多いと思います。

　相談者も税理士もお互い初対面であり、かつ、相続という相当センシティブな内容の話を進めていかなければなりません。当税理士法人では初回面談のときに、「目の前のこのお客様は、直近でとても大切な人を亡くされた人であるということ」を常に頭の中に入れておくことを心掛けています。

　相続税申告の初回面談は、明るすぎても駄目ですし、かといって、暗すぎるのはもってのほかです。丁度いい塩梅で相続人である相談者の心に寄り添いながら、感情的なことから事務的なことまで、限られた時間の中で話を進めていかなければなりません。また、自社の強みやサービスの紹介に重点を置くよりも、相続人の話を聞くことに注力したほうが良い面談となるでしょう。相続人の思いや被相続人の思いも相続人を通して確認できるくらい、様々な角度からのヒアリングが重要です。

2 初回面談の流れ

　詳細は ③ 〜 ⑧ で見ていきますが、初回面談の流れを最初に確認しましょう。

　まずはアイスブレイクで場の空気を和ませることと、お悔やみのお言葉からスタートします（アイスブレイクとは、初対面の人との面談のときにその緊張を解すための手法で、簡単な自己紹介をするなどその場を和ませることをいいます）。相続人によっては普段の生活で税理士と接点がなく税理士が身近な存在でない場合もあり、初回面談に緊張していることも想定されます。中には税理士を税務署の職員と同様に考えている人もいるほどです。相談者から短い時間で色々な話を聞き出すためには、その緊張を解すアイスブレイクが大切になるのです。

　次に本件相続の基本情報を確認します。基本情報とは、相続開始日、被相続人と相続人の関係、遺言書の有無等です。なお、基本情報は初回面談の予約時の電話やメールで事前に確認しておくとスムーズに面談を進めることができるでしょう。

　続いて、所得税の準確定申告についての案内となります。被相続人が毎年確定申告をしていた場合には、準確定申告が必要になるケースが多いでしょう。

　次に、相談者が被相続人の財産概要を把握している場合には、相続財産の概算評価をその場で計算します。その場で判断が難しい不動産評価や名義財産等がある場合には、複数の角度から相続税の概算をお伝えできればよいでしょう。

　次に、相続税申告に必要となる資料の説明をします。必要資料が一覧となっているような書面を作成しておくとよいでしょう。

　最後に契約後のスケジュールや税理士報酬の説明をして初回面談は終わりになります。案件にもよりますが1時間から2時間位が相場ではないで

しょうか。相談者の疲労や負担を考えると初回面談は2時間以内に収めた方がよいでしょう。

初回面談の流れ

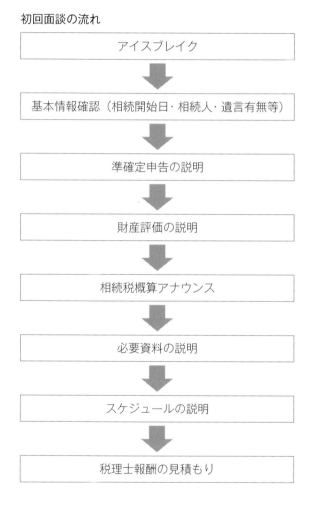

アイスブレイク

基本情報確認（相続開始日・相続人・遺言有無等）

準確定申告の説明

財産評価の説明

相続税概算アナウンス

必要資料の説明

スケジュールの説明

税理士報酬の見積もり

3 基本情報確認

基本情報として、初回面談では相談者に下記のようなことをヒアリングできればよいでしょう。ヒアリング項目とヒアリングする理由を下記にまとめます。

① 相続開始日

　理由：相続税申告や準確定申告の申告期限、相続放棄期限、適用税制の確認のため

② 被相続人と相続人の関係

　理由：基礎控除や生命保険金等非課税枠の確認、相続税算出のため

③ 遺言書の有無

　理由：遺産の分け方の把握、相続税算出のため

❶ 被相続人について

被相続人については、下記のことを主にヒアリングします。

1 財産蓄財経緯

- 一代で築いたものなのか
- 先祖代々から引き継いだものなのか

2 職歴

- どのような職業に就いていたか（どのくらいの生涯年収があったかどうかの目安となります）
- 海外勤務があった場合には、海外財産の漏れがないかどうか

- 転勤が多かった場合には、転勤先での預金口座等が漏れていないかどうか

3 趣味

- 書画骨董を収集する趣味があったかどうか
- ゴルフ好きだった場合には、ゴルフ会員権の有無
- 不動産投資や証券投資等の投資状況

4 意思能力

- 被相続人が認知症等であったか否か
- 認知症等であったならばいつから意思能力が欠如していたのか（贈与の成立の観点から必要な情報となります）

❷ 相続人について

相続人については、下記のことを主にヒアリングします。

1 家族情報（配偶者の有無や子の人数）

名義財産や贈与の状況把握のために、相続人の家族情報まで確認する必要があります。また、二次相続や相続人の相続対策の観点からも相続人の家族情報を確認しておいたほうがよいでしょう。

2 職業

無職なのか現役なのかを確認します。現役の方の場合には、平日に資料収集等が難しいので、税理士で代行取得できる資料の説明もします。

また、職業によりある程度の財産の蓄財状況が把握できるため、被相続人からの資金移動による蓄財がないかどうかも確認できます。例えば、子

である相続人が学生であった場合に、その子名義の預金が5,000万円もあったならば名義預金の可能性を疑わなければなりません。また、配偶者名義の財産の原資も重要になるため、配偶者が専業主婦であったのかどうかも必ずヒアリングします。

③ 住居状況

持ち家なのか賃貸なのかにより、小規模宅地等の特例（家なき子）の要件に当てはまるかどうか、また、持ち家の場合には、被相続人からの資金援助があったかどうかも確認します。

❸ お困りのことや税理士に求めるもの

意外に忘れがちなのが相続人のニーズの確認です。困っていることは何なのか？　例えば、遺産分割をどのようにしたらいいか困っている、納税資金のことを心配している、申告以外の相続手続きについて相談したいなど、相談者ごとに困っていることも様々です。

また、相談者が税理士に対して求めることも多種多様です。相続税の節税を一番に考えたい、税務調査に入られないような申告書を作ってもらいたい、できるだけ税理士報酬を抑えたい等、税理士に求めることも初回面談でヒアリングすべきでしょう。

4 準確定申告の説明、ヒアリング

準確定申告は、被相続人の相続開始年の1月1日から相続開始日までの期間に係る所得税の確定申告のことです。初回面談では準確定申告の概要、申告義務の判定、届出関係、必要資料の説明等をします。

❶ 申告義務の判定

　被相続人の不動産所得、事業所得の有無、年金収入が400万円以下かどうか等のヒアリングをすることで、準確定申告が必要かどうかその場で回答します。被相続人が毎年確定申告をしていたような場合には準確定申告も必要なケースが多いでしょう。また、特殊なケースとして、限定承認の場合や国外転出時課税の適用がある場合なども準確定申告が必要となるので注意が必要です。準確定申告の申告義務の判定については、第2節 3 で詳しく解説します。

❷ 青色申告承認申請書等の届出関係の確認

　被相続人が事業をしていた場合に、相続人がその事業を引き継ぎ、かつ、相続開始年から青色申告を行うときは、青色申告承認申請書の申請期限（第4章286頁参照）に注意しなければなりません。

　また、青色申告承認申請書以外にも下記のような届出書にそれぞれ期限がありますので、アナウンスが漏れないように注意しましょう。

①　「消費税課税事業者選択（又は不適用）届出書」

　　→　相続開始日の属する課税期間の末日までに提出で適用可能

②　「消費税簡易課税制度選択（又は不適用）届出書」

　　→　相続開始日の属する課税期間の末日までに提出で適用可能

③　「個人事業の開業（廃業）届出書」

　　→　相続開始日から1ヶ月以内

④　「青色事業専従者給与に関する届出書」

　　→　相続開始日から2ヶ月以内

5 財産評価と概算相続税のアナウンス

　ヒアリングとともに概算の財産評価も初回面談で実施すべきでしょう。初回面談でおおよその概算相続税を伝えてあげると相続人は安心するものです。ただし、適当な概算相続税を伝えてしまうと後日相続人を落胆させたり、クレームにつながることもあるので、できるだけ確度の高い金額を伝えられるようにしましょう。

　ここでは、概算相続税を算出するために、財産ごとに確認すべき事項と概算評価の方法を解説します。なお、初回面談時に概算相続税を伝えられる程度の情報を得られない場合には、無理に概算相続税は伝える必要はありません。ただし、できれば概算相続税は伝えられるようにしたいので、面談の予約の電話等で固定資産税の課税明細や他の財産の概要のわかる資料を当日持参してもらうように伝えるべきです。

❶ 土地

　相続税の財産評価でも主要な部分を占める土地について、概算評価の段階では路線価と地積と主要な補正のみを加味すれば十分だと思います。初回面談時に固定資産税の課税明細を持ってきてもらうことで地積や地目は確認できます。路線価はその場で住所を聞いて調べましょう。主要な補正、例えば不整形地補正や規模格差補正についてはざっくりでもよいので加味してあげると丁寧です。貸家建付地や貸宅地についても加味することを忘れないようにしましょう。

　また、路線価を使わないで固定資産税評価額に1.14を乗じて概算相続税評価額を算出するケースもあります。補正が多そうな特殊な土地については、こちらの方法のほうが確度の高い概算評価額が算出されることが多い

です。ちなみに、なぜ1.14を乗じるかですが、固定資産税評価額が公示価格の70％程度とされていて、相続税評価額が公示価格の80％程度とされているため、80％／70％≒1.14というわけです。

なお、マンションの敷地権を評価する場合には敷地権割合が必要となります。当日マンションの全部事項証明書がない場合には敷地権割合もわかりませんが、建物全体の固定資産税評価額が課税明細に記載されていれば、「その部屋の固定資産税評価額／建物の全体の固定資産税評価額」の算式で概算の敷地権割合を求めてもよいでしょう。

❷ 小規模宅地等の特例

土地の評価が算出できたら、小規模宅地等の特例の適用有無の確認です。小規模宅地等の特例の適用関係を初回面談時でズバッと回答できれば相続人も安心します。初回面談時には遺産分割協議が決まっていないことが多いため、ケース別に適用関係をその場で整理してあげるとよいでしょう。

❸ 建物

固定資産税の課税明細に記載されている固定資産税評価額にて把握します。土地同様、貸家の場合には貸家評価を忘れないようにしましょう。また、相続開始直前にリフォームをしている場合にも、維持修繕以外の部分の未償却残高の70％を加算することも忘れずに。

❹ 有価証券

上場株式や投資信託のような証券口座に保管されている有価証券は、その証券口座の相続開始日に近い取引レポートを持ってきてもらってその数

値で計算してもよいでしょう。

　非上場株式の場合には、決算書を持ってきてもらえているときは、その決算書の純資産価額等を参考に概算評価額を算出しましょう。

❺ 現預金

　預貯金については相続開始日の残高を集計します。

　また、手許現金のヒアリングも忘れずにしましょう。直前引き出し、タンス預金、貸し金庫の中身など漏れなく確認が必要です。

❻ 生命保険

　死亡保険金額と受取人を確認しましょう。相続人以外が受取人となっている場合には生命保険の非課税枠が使えませんので注意が必要です。また、漏れがちな財産としては、生命保険契約に関する権利です。被相続人が保険料を負担していて、被保険者が被相続人以外となっている契約も必ず確認しましょう。

❼ 名義財産・生前贈与

　名義財産や生前贈与は初回面談時に判明しないことが多いですが、相続人で既に把握しているケースもあるので必ず確認しましょう。特に大きくなりがちなのが配偶者名義の財産です。当税理士法人では、一次相続の初回面談のときには配偶者名義の財産の種類、金額等を必ず確認します。そしてその原資が被相続人なのか、配偶者の給料等の蓄財なのかも確認して、名義財産として相続財産に計上すべき概算の金額を決定します。

❽ その他財産

前述以外の財産として、貸付金、自動車、書画骨董、死亡退職金、金地金、ゴルフ会員権等の財産がないかどうか確認します。

❾ 債務・葬式費用

被相続人が亡くなった後に支払った医療費や葬式費用をわかる範囲でヒアリングします。また、被相続人が賃貸不動産を所有していた場合には、アパートローンの残債の有無や預り敷金の確認をします。

❿ 税額控除

相続税には複数の税額控除が用意されておりますが、概算相続税算出のため頻出する税額控除は下記の通りです。

① 配偶者の税額軽減

相続人の中に配偶者がいる相続案件、いわゆる一次相続の案件の場合には、配偶者の取得割合に応じて納付すべき相続税が異なってきます。初回面談時には、「配偶者が〇％相続した場合には、相続税はこのくらい、□％相続した場合には、相続税はこのくらいになります。」とアナウンスしてあげられたら丁寧な対応となるでしょう。

② 障害者控除、未成年者控除

相続人の中に障害者や未成年者がいないかどうかも必ず確認します。配偶者の税額軽減と異なり、障害者控除や未成年者控除には申告要件がありません。したがって、これらの控除を使うことによって相続税がゼロとな

る場合には、その案件は申告すら不要になる可能性があるのです（小規模
宅地等の特例等を使ってゼロになる場合には申告が必要）。納税者にしてみれ
ば、申告をする必要がなかった案件について税理士報酬を払ってまでやる
意義はありません。納税者に無駄なコストをかけさせないためにも初回面
談の段階で適切に指示できるようにしましょう。

③ 相次相続控除

　相次相続控除も確認が漏れがちな税額控除です。被相続人が亡くなる前
10年間に相続税の納付をしたかどうかの確認を忘れずに行いましょう。

6 必要資料の説明

　初回面談時に相続税申告に必要な資料も説明できたほうがその後の流れ
がスムーズに進むでしょう。当税理士法人では次頁のような必要資料の一
覧を作成し、この一覧に基づき必要資料の説明をします。
　相続人はこうした書類を収集するのに慣れているわけではないため、で
きるだけ丁寧に説明するように心掛けます。また、職権や委任状で代理取
得できるものは代理取得が可能な旨もアナウンスしましょう。平日昼間に
仕事をしている相続人にとっては、平日昼間しか窓口が開いていない役所
や金融機関から資料を取得するのは大きな負担となります。できるだけ相
続人の負担を減らせるよう税理士が立ち回るべきでしょう。

相続税申告必要資料一覧

分類	No	内容	詳細	該当
戸籍関係等	1-1	被相続人の出生から死亡までの戸籍	市区町村役場にて取得します。	☐
	1-2	被相続人の住民票の除票		☐
	1-3	相続人の戸籍謄本		☐
	1-4	相続人全員のマイナンバーカード	表面及び裏面の両方のコピー （注）マイナンバーカードがない場合には、下記①及び②の書類を両方ともご準備ください。 ①マイナンバーが記載された住民票（通知カードの名前・住所が住民票と一致している場合には通知カードでも可） ②運転免許証の写し、パスポートの写し、身体障害者手帳の写し、在留カードの写し等のいずれか一つ	☐
	1-5	相続人全員の印鑑証明書	市区町村役場にて取得します。	☐
不動産	2-1	固定資産税の課税明細書	毎年4月～6月頃に都税事務所や市役所から送られてくる通知書になります。	有☐ 無☐
	2-2	登記簿謄本	法務局で取得します。	有☐ 無☐
	2-3	公図及び地積測量図		有☐ 無☐
	2-4	賃貸借契約書	土地の貸借：借地権者又は底地権者との契約書や駐車場の使用者との契約書など 建物の貸借：賃貸アパートの賃借人との契約書など	有☐ 無☐
有価証券	3-1	証券会社の残高証明書	証券会社で取得します。	有☐ 無☐
	3-2	配当金の支払通知書	配当があった都度、発行会社から発送される書類になります。相続開始後に受ける配当金のうち一定のものは相続財産に該当します。また、端株の有無を確認する上でも参考となる資料です。	有☐ 無☐
	3-3	取引レポート	証券会社から送られてくる相続開始前直近の取引レポートがございましたらご準備願います。	有☐ 無☐
	3-4	被相続人の6年前の1月1日から相続開始後の取引明細、顧客勘定元帳	証券会社で取得します。	有☐ 無☐

	3-5	非上場株式	過去3期分の税務申告書、決算報告書、勘定科目内訳書をご用意ください。	有☐	無☐
現預金	4-1	残高証明書	銀行、信用金庫、信用組合、農協等で取得します。	有☐	無☐
	4-2	既経過利息計算書		有☐	無☐
	4-3	被相続人の過去6年前の1月1日から相続開始後の通帳・定期預金の証書	通帳等を紛失してしまった場合に、その口座の入出金が多い場合には、取引履歴の取得をお願いします。	有☐	無☐
	4-4	相続人の過去6年前の1月1日から相続開始後の通帳・定期預金の証書		有☐	無☐
	4-5	手許現金	財布、タンス、金庫、銀行の貸し金庫の中にあった相続開始日（お亡くなりになられた日）現在の現金残高をご教示ください。亡くなる前に引き出した現金も上記残高に含めて記載してください。	有☐	無☐
生命保険	5-1	死亡保険金支払通知書	保険会社から送られてきます。	有☐	無☐
	5-2	生命保険権利評価額証明書	保険会社に発行依頼をお願いします。	有☐	無☐
	5-3	保険契約関係のわかる資料	生命保険証書のコピー、契約時の書類、定期的に保険会社から送られてくる契約のしおり等、契約者、被保険者、保険金受取人などのわかる資料をご準備ください。	有☐	無☐
その他財産	6-1	ゴルフ会員権	預託金証書又は証券のコピー等をご用意ください。	有☐	無☐
	6-2	貸付金、預け金、立替金	金銭消費貸借契約書及び残高のわかるもののコピーをご用意下さい。	有☐	無☐
	6-3	公租公課の還付金など	お亡くなりになった日以後に入金のあった所得税、後期高齢者医療保険料、介護保険料等の還付金、高額療養費等に係る決定通知書等をご用意下さい。	有☐	無☐
	6-4	その他	自動車、書画骨董、貴金属等価値のあるものがあれば詳細のわかる資料をご準備ください。	有☐	無☐
生前贈与	7-1	暦年課税贈与	過去3年分の贈与税申告書をご準備ください。	有☐	無☐
	7-2	精算課税贈与	相続時精算課税制度選択届出書、過去全ての贈与税申告書をご準備ください。	有☐	無☐
	7-3	特例贈与	住宅取得資金、教育資金、結婚子育て資金の各種贈与があった場合には、その贈与税申告書をご準備ください。	有☐	無☐

	7-4	贈与契約書	上記に係る贈与契約書をご準備ください。	有□	無□
債務	8-1	借入金	お亡くなりになられた日時点の借入金残高証明書、返済予定表、金銭消費貸借契約書などをご準備ください。	有□	無□
	8-2	その他の債務	税金、医療費、公共料金等の請求書、領収書をご用意ください。	有□	無□
	8-3	葬儀費用	葬式費用の領収書、請求書、明細書等をご用意ください。	有□	無□
その他	9-1	被相続人の所得税の確定申告書	過去3年分及び準確定申告書をご用意ください。	有□	無□
	9-2	遺言書のコピー	自筆証書遺言の場合には、検認証明書もご用意ください。	有□	無□
	9-3	名義資産、負債	被相続人以外の名義で被相続人が資金を負担し、かつ、管理していた預金、有価証券、生命保険がある場合には資料をご用意ください。	有□	無□
	9-4	海外財産、債務	被相続人の海外居住歴又は海外財産（海外に所在する不動産、預金、有価証券等）がある場合にはその資料をご準備ください。	有□	無□
	9-5	障害者手帳のコピー	身体障害者手帳、精神障害者保健福祉手帳等の写しをご用意ください。	有□	無□
	9-6	過去の相続税申告	被相続人が過去10年以内に両親、兄弟等から相続を受け相続税を支払った場合には、その時の相続税申告書をご準備ください。	有□	無□
	9-7	被相続人の略歴	所定の雛型にわかる範囲でご記載ください。		□

　16頁の4-3及び4-4の預金通帳の期間がなぜ過去6年前の1月1日から必要なのかと相続人から聞かれます。これには贈与税の除斥期間が関係してきます。贈与税の除斥期間は原則6年、悪質な場合でも7年とされています。例えば、令和3年（2021年）3月に相続開始した案件があった場合には、平成27年（2015年）1月からの通帳を確認します。仮に平成26年（2014年）に被相続人から相続人に対する資金移動があったとした場合、それが贈与税の対象となる資金移動だったときは、贈与税の申告期限は平成27年（2015年）3月15日となり、除斥期間は令和3年（2021年）3月15日までとなります。したがって、過去6年前の1月1日からの資金移動を確認しておけば、相続税の税務調査の時期には、その前の資金移動は贈与

税の除斥期間を経過していることとなります。もちろん、名義預金の疑い
がある場合には贈与税の除斥期間は関係ないこととなりますので6年とい
う期間に縛られずにそれより前の通帳等を確認することもあります。

7 スケジュールの説明

　初回面談で相続税申告や相続手続きの一連の流れを説明すると、相談者
も全体像や最終的なゴールを把握できるため有用です。また、税理士と相
談者での役割分担やそれぞれの項目の期限を共有することも重要です。一
般的なスケジュールは次頁の通りです。

　なお、申告期限まである程度余裕がある案件は、資料収集に1ヶ月程
度、資料が一通り揃ってから2ヶ月程度で財産目録が完成し、遺産分割協
議を経て、相続税申告書等の提出までは財産目録完成後1ヶ月程度が標準
的なスケジュールとなります。初回の面談から遅くとも6ヶ月程度で案件
が完了するイメージです。

　これに対し、相続税申告期限まで1ヶ月を切るような案件の場合には上
記のような悠長なスケジュールでは期限後申告となってしまいます。

　申告期限まで猶予がない案件は、初回の面談がとても重要となります。
その初回面談の場で確度の高い相続税試算、納税資金の有無、遺産分割の
方針確認、必要資料の収集スケジュール等を網羅的に確認しなければなり
ません。特に土地評価、小規模宅地等の特例の要件、名義財産の検討等そ
の案件の重要論点を漏れなく初回面談時に把握する嗅覚が求められます。

スケジュール

期限	項目	役割分担	
		相続人	専門家
	初回面談	○	○
	委任契約締結	○	○
	必要書類の収集	○	△
3ヶ月以内	相続放棄	○	△
4ヶ月以内	準確定申告	△	○
	財産目録作成	−	○
	遺産分割	○	△
	ご署名、ご捺印	○	○
10ヶ月以内	相続税申告書提出、相続税の納付	○	○
	申告書、お預かり資料のご返却	−	○
	各種名義変更手続き	○	△
相続開始年の2年後の夏頃	意見聴取、税務調査	○	○

備考:
- 必要書類の収集:専門家で代行取得できる書類もあります
- 準確定申告:相続人自身で実施することも可能です
- 遺産分割:二次相続シミュレーション等の分割提案が可能です
- 相続税申告書提出、相続税の納付:納税は相続人、申告書提出は専門家
- 各種名義変更手続き:専門家で代行手続き可能です
- 意見聴取、税務調査:意見聴取は専門家のみの対応です

8 税理士報酬の見積もり

　一通りの説明が終わったあとに税理士報酬の見積もりを提示します。税理士事務所によっては業務完了時に税理士報酬の見積もりをするというスタイルのところもあるかもしれませんが、相続人の立場で考えると事前に報酬を知っていたほうが安心できるので、初回面談時や資料預かり時など早い段階で見積もりは提示すべきだと考えています。

　相続税申告の税理士報酬の決め方は事務所によって様々です。遺産総額の〇％という事務所、遺産総額のレンジに応じて基本報酬を設定し、土地の数や相続人の数に応じて加算報酬をとっている事務所などがあるようです。なお、最終的な税理士報酬は遺産総額（債務控除前、生命保険非課税枠控除前、小規模宅地等の特例適用前）の0.5％〜1％程度になるのが一般的な相場ではないでしょうか。

　参考までに平成14年に廃止された旧税理士法の報酬規定と、税理士法人トゥモローズの報酬規定を載せておきます。

〈旧税理士法相続税報酬規定〉

以下の(1)～(4)の金額の合計額が報酬限度額。
(1) 税務代理に関わる基本報酬
   10万円
(2) 税務代理に関わる加算報酬　①
   遺産総額により以下の表の通り。

遺産総額	報酬
5,000万円未満	200,000円
7,000万円〃	350,000円
1億円〃	600,000円
3億円〃	850,000円
5億円〃	1,100,000円
7億円〃	1,350,000円
10億円〃	1,700,000円
10億円以上	1,800,000円
1億円増すごとに	100,000円を加算

(3) 税務代理に関わる加算報酬②
   イ) 上記加算報酬①については、相続人1人増すごとに10%相当額を加算
   ロ) 業務が著しく複雑な場合は、上記加算報酬①に最大100%相当額を加算
(4) 税務書類の作成報酬
   上記(1)～(3)に関わる税務代理に関わる報酬額の50%相当額を加算

〈税理士法人トゥモローズの相続税申告報酬規定〉

	遺産総額※	報酬額
【基本報酬】	～5,000万円	20万円
	5,000万円～7,000万円	28万円
	7,000万円～1億円	40万円
	1億円～2億円	60万円
	2億円～3億円	90万円
	3億円～5億円	130万円
	5億円～	別途お見積

※ 遺産総額は、債務・葬式費用控除前、生命保険・退職金の非課税枠控除前、小規模宅地等の特例の適用前の金額となります。

	項目	報酬額
【加算報酬】	土地の数	5万円/1箇所
	非上場株式	10万円～/1社
	相続人が複数の場合	基本報酬×10％×(相続人の数－1)
	書面添付加算	5万円
	その他特殊項目加算	別途お見積 ※1

※1 準確定申告、延納、物納、納税猶予、名義財産検討、その他特殊事項がある場合には別途お見積りします。
※2 申告期限まで3ヶ月未満のお客様は、上記報酬総額の20％の加算報酬を頂戴します。

第 2 節

契約から資料入手

1 　相続税委任契約書

　初回面談後、相続税申告の受任をした場合に、まずやるべきことは委任契約の締結です。税理士業務要覧の参考書式等に掲載されている相続税の委任契約書は下記の通りです。

50

参考書式4．相続税の契約例

印
紙

委 任 契 約 書

委任者の代表　　　　　　　（以下、甲という。）は、被相続人故　　　　氏にかかる相続に関し、

受任者税理士（または税理士法人）　　　　　　（以下、乙という。）に対し、税理士の業務に関

して下記のとおり契約を締結した。

第1条　委任業務の範囲
　　　甲は、乙に対し、次の業務を委任する。
　　1　本件相続にかかる相続税の税務代理、税務相談、税務書類の作成（相続税申告書、延納
　　　申請書、物納申請書）
　　2　本件相続にかかる税務調査の立会い。

第2条　資料等の提供及び責任
　　1　甲は、委任業務の遂行に必要な説明、書類、記録その他の資料（以下、資料等という。）
　　　をその責任と費用負担において乙に提供しなければならない。
　　2　甲は、乙から資料等の請求があった場合には、速やかに提出しなければならない。資料
　　　の提出が乙の正確な業務遂行に要する期間を経過した後であるときは、それに基づく不利
　　　益は甲において負担する。
　　3　甲の資料提供の不足、誤りに基づく不利益は甲において負担する。
　　4　甲の資料等の提示に誤りまたは虚偽があったことにより、第三者または乙自身が受けた
　　　損害については、甲がその責任を負う。
　　5　乙は、業務上知り得た甲の秘密を正当な理由なく他に漏らし、または窃用してはならな
　　　い。

第3条　情報の開示と説明及び免責
　　1　乙は甲の委任事務の遂行に当たり、一般に認められている税法の解釈の範囲内において、
　　　とるべき処理の方法が複数存在し、いずれかの方法を選択する必要があるとき、並びに相
　　　対的な判断を行う必要があるときは甲に説明し、承諾を得なければならない。
　　2　前項の乙の説明は、その時において、現に施行されている法律等に基づいてなされるも
　　　のとする。
　　3　甲が前項の乙の説明を受け承諾したときは、当該項目につき後に生じる不利益について
　　　は乙はその責任を負わない。

（出典）東京税理士会　税理士業務要覧

第4条　業務の報酬

本件にかかる報酬は乙の報酬規定による（但し、弁護士、司法書士、不動産鑑定士等の費用は含まない。）

第5条　その他

本契約に定めのない事項並びに本契約の内容につき変更が生じることとなった場合は、甲乙協議のうえ、誠意をもってこれを解決するものとする。

第6条　特記事項

本契約を証するに当たり、乙は甲に契約書内容を説明し、甲はこれを承諾したので、本契約書を作成し、甲及び乙並びに甲以外の相続人は各々記名押印のうえ、各自保管する。

　　　　　　　　　　年　　　月　　　日

　　　　　　　住　　　所

　　　　　　　委任者の代表（甲）相続人　　　　　　　　　　　　　　印

　　　　　　　住　　　所

　　　　　　　委任者　　　相続人　　　　　　　　　　　　　　　　　印

　　　　　　　住　　　所

　　　　　　　委任者　　　相続人　　　　　　　　　　　　　　　　　印

　　　　　　　住　　　所

　　　　　　　委任者　　　相続人　　　　　　　　　　　　　　　　　印

　　　　　　　事務所所在地（または税理士法人所在地）

　　　　　　　受任者　乙　税理士氏名（または税理士法人名）　　　　　印

　当税理士法人では、上記委任契約書をベースにして下記のような条項も追加しています。

❶ 契約期間

　顧問業務と違いスポットの契約であるため契約期間の条項を下記のように設けています。

> 　本契約の契約期間は本契約締結日から相続税の申告期限である令和○年○月○日までとする。

❷ 特定個人情報等の取り扱い

　相続人等のマイナンバーを取り扱うことから、下記の条項を設けて、別途「特定個人情報等の外部委託に関する合意書」（次頁参照）を締結します。

> 　乙は甲との「特定個人情報等の外部委託に関する合意書」に則り、から乙に開示又は提供された個人番号及び特定個人情報（以下「特定個人情報等」という。）を適切に取り扱うものとする。

特定個人情報等の外部委託に関する合意書

特定個人情報等の外部委託に関する合意書（ひな型）

<u>○○○</u>（以下「甲」という。）と＊＊＊（以下「乙」という。）は、甲乙間に＊年＊月＊日締結の業務契約書に基づき甲が乙に業務契約書第1条に規定する業務（以下「本件業務」という。）を委託するに当たり、甲から乙に開示又は提供する特定個人情報等の取扱いに関して、以下のとおり合意する。

（定義）
第1条　個人情報とは、甲から乙に開示又は提供される個人に関する情報であって、次の各号のいずれかに該当するものをいい、その開示又は提供媒体を問わない。
　　　① 当該情報に含まれる氏名、生年月日その他の記述等により当該個人を識別することができるもの（他の情報と容易に照合することができ、それにより当該個人を識別することができることとなるものを含む。）
　　　② 個人識別符号が含まれるもの
　2.　個人番号とは、住民票コードを変換して得られる番号であって、当該住民票コードが記載された住民票に係る者を識別するために指定されるもの（個人番号に対応し、当該個人番号に代わって用いられる番号、記号その他の符号であって、住民票コード以外のものを含む。以下同じ。）をいう。
　3.　特定個人情報とは、個人番号をその内容に含む個人情報をいう。
　4.　特定個人情報等とは、個人番号（生存する個人のものだけでなく死者のものも含む。）及び特定個人情報をいう。

（特定個人情報等の適切な取扱い）
第2条　乙は、特定個人情報等を甲の機密事項としてその保護に努め、これを適法かつ適切に管理・取り扱うものとする。

（利用目的）
第3条　乙は、特定個人情報等を、本件業務の遂行のためにのみ利用するものとし、番号法により例外的取扱いができる場合を除き、その他の目的には利用しないものとする。

（第三者への非開示等）
第4条　乙は、特定個人情報等を、両当事者以外の第三者に開示又は漏えいしないものとする。
　2.　乙は、特定個人情報等の紛失、破壊、改ざん、漏えい等の危険に対して、合理的な安全管理措置を講じるものとする。

（特定個人情報等の持出し）
第5条　乙は、特定個人情報等の記録された磁気媒体等又は書類等を持ち出す場合は、安全管理措置を講じるものとする。
　2.　乙は、特定個人情報等の記録された磁気媒体等又は書類等を持ち帰る場合についても、前項に準じた安全管理措置を講じるものとする。

（従業者に対する監督・教育）
第6条　乙は、従業者が特定個人情報等を取り扱うにあたり、必要かつ適切な監督を行うものとする。
　2.　乙は、従業者に対し、特定個人情報等の適正な取扱いを周知徹底するとともに適切な教育を行うものとする。

1

（出典）日本税理士会連合会ホームページ

（再委託）
第7条　乙は、本件業務に関する特定個人情報等の取扱いを、甲の許諾を得た場合に限り第三者に再委託できるものとする。

　　2.　　乙は、甲の許諾を得て第三者に本件業務に関する特定個人情報等の取扱いを再委託する場合においても、当該第三者に対し本合意書と同様の義務を課すものとし、当該第三者の行為につき、甲に対し当該第三者と連帯して責めを負うものとする。

（管理状況の報告・調査）
第8条　乙は、本件業務に関する特定個人情報等の管理状況について、甲の求めに応じ報告しなければならない。

　　2.　　甲は、本件業務に関する特定個人情報等の管理状況を調査することができる。

（事故発生時の措置）
第9条　乙は、万が一特定個人情報等の紛失、破壊、改ざん、漏えい等の事故が発生した場合には、直ちに甲に通知するとともに、当該事故による損害を最小限にとどめるために必要な措置を、自らの責任と負担で講じるものとする。

　　2.　　前項の場合には、乙は、発生した事故の再発を防ぐため、その防止策を検討し、甲と協議の上決定した防止策を、自らの責任と負担で講じるものとする。

　　3.　　万が一、乙において特定個人情報等の紛失、破壊、改ざん、漏えい等の事故が発生し、甲が第三者より請求を受け、また第三者との間で紛争が生じた場合には、乙は甲の指示に基づき、自らの責任と負担でこれに対処するものとする。この場合、甲が損害を被った場合には、甲は乙に対して当該損害の賠償を請求できるものとする。

（特定個人情報等の返還）
第10条　乙は、甲からの本件業務の委託が終了したときは、速やかに甲から提供された特定個人情報等及びその複製物を返還するとともに、磁気媒体等に記録した特定個人情報等がある場合には、これを完全に削除し、以後特定個人情報等を保有しないものとする。

　　2.　　前項の規定に関わらず、乙は、本人である甲、税務当局等からの本件業務に関する内容の照会、情報提供の要請等（以下「内容照会等」という。）に対応するために必要がある場合には、甲の許諾を得て、当該内容照会等を処理する期間を限度として、特定個人情報等を保有することができる。

上記合意の証として本書2通を作成し、甲乙記名捺印の上、各1通を保有する。

　　　　　　　　　　　平成　年　月　日　　　　甲

　　　　　　　　　　　　　　　　　　　　　　　乙

❸ 未分割申告となる場合

　申告期限までに遺産分割協議が整わない場合に備えて、下記の条項も設けています。

　相続税の申告書の提出期限までに相続又は遺贈により取得した財産の全部又は一部が分割されてない場合において、その分割されていない状態で相続税の申告書を提出したときは、当該相続税の申告書を提出した時を業務完了とする。

2　必要資料の収集

　相続税申告業務を効率的に完了させられるかどうかはどれだけ要領よく必要資料を収集できるかにかかってきます。必要資料は①役所や金融機関等で相続に際して新たに発行するものと②被相続人や相続人の自宅等に保管してあるものの2つに分けることができます。前者については税理士にて代行取得が可能ですが、後者については相続人等に準備してもらうことになります。

　それぞれの主な資料の取得方法、取得先、取得コストについて留意点等を含め解説していきます。なお、資料は自治体によってコンビニエンスストア等で取得できる場合もあります。

❶ 役所や金融機関等で取得するもの

[1] **戸籍関係**

①　被相続人の全ての相続人を明らかにする戸籍の謄本

　被相続人の出生から死亡までの戸籍謄本、除籍謄本、改製原戸籍及び相続人の戸籍謄本をいいます。なお、戸籍謄本とは、現在の形式による戸籍でその戸籍に存在している人がいるものをいい、除籍謄本とはその戸籍内に誰もいなくなったものをいい、改製原戸籍とは、戸籍法改正により古くなった形式の戸籍をいいます。結婚による除籍や本籍地移転による転籍等がある場合には、その除籍、転籍前の戸籍に遡って取得します。

■用途
- 相続税申告

　　相続税の基礎控除や相続税の総額を計算するために必要。また、配偶者の税額軽減や小規模宅地等の特例等の各種特例の適用を受けるための添付書類として必要。

- その他

　　相続人を確定する上で必要。また、残高証明書、生命保険の請求、公的年金等の手続き、遺産の名義変更等でも必要。

■取得場所
被相続人及び相続人の本籍地の市区町村役場

■取得方法
- 相続人等が取得する場合

　　市区町村役場に訪問するか郵送で取得します。

　　主な必要資料は下記の通りです。

　　　□請求書　□印鑑　□本人確認書類　□手数料

- 税理士が職務上請求書により取得する場合

　　相続人等の代わりに税理士が戸籍を代行取得することも多々あります。代行取得する場合には委任状による場合と職務上請求書による場合の2通りに方法が考えられますが、ここでは職務上請

求書により取得する場合を解説します。

必要資料は下記の通りです。

□職務上請求書

□定額小為替証書

□税理士証票コピー

□返信用封筒

なお、職務上請求書の記載例は下記をご参照ください。

【記載例】相続税申告

<日本税理士会連合会統一用紙> 【第1号様式】

No.18-1-00-A-000001

戸籍謄本・住民票の写し等職務上請求書

(戸籍法第10条の2第3項、第4項及び住基法第12条の3第2項、第20条第4項による請求)

〇〇市　　　　　長　殿　　　　　　　　　〇　年　〇　月　〇　日

請求の種別	☑戸籍　☑除籍　☑原戸籍　（謄本）・抄本	各 1 通
	□住民票　□除票　□戸籍の附票　　　　　の写し	
	□住民票記載事項証明書	
本籍・住所　　※1	東京都品川区××－××－×	
筆頭者の氏名 世帯主の氏名　　※2	国税　太郎	
請求に係る者の 氏名・範囲　　※3	氏名（ふりがな）こくぜい　たろう 　　　　国税　太郎 生年月日　明.大.⑲平.　.西暦　45　年　10　月　10　日	
住基法第12条の3第7 項による基礎証明事 項以外の事項　　※4	□世帯主　□世帯主の氏名及び世帯主との続柄　□本籍又は国籍・地域 □その他　（　　　　　　　　　　　　　　　　　　）	
利用目的の種別	請求に際し明らかにしなければならない事項	
1　税理士法第2条第1項 　第1号に規定する不服 　申立て及びこれに関 　する主張又は陳述に 　ついての代理業務に 　必要な場合	事件及び代理手続の種類： 戸籍・住民票等の記載事項の利用目的：	
2　上記1以外の場合で 　受任事件又は事務に 　関する業務を遂行する 　ために必要な場合	業務の種類：相続税の税務代理のため 依頼者の氏名又は名称：国税　太郎 □依頼者について該当する事由　□権利行使又は義務履行　☑国等に提出　□その他正当な理由 上記に該当する具体的事由： 〇年〇月〇日死亡した被相続人〇〇〇〇の相続による相続税申告手続を行う 際の添付資料として〇〇税務署に提出するため。	
【請求者】 事務所所在地 事務所名　　※5 税理士氏名 電話番号 登録番号	〇〇税理士会所属　法人番号　第　　　号 東京都品川区大崎×－×－× 日税太郎税理士事務所 日税　太郎 ××（××××）×××× 登録番号　第〇〇〇〇〇号	職印
【使者】 住　所　　※6 氏　名	住所 氏名　　　　　　　　　　　印	

〇〇税理士会事務局電話　　　　（　　　）

※1・2欄　戸籍謄本等、又は戸籍の附票の写しの請求の場合は、本籍・筆頭者を、また、住民票の写し等の請求の場合は、住所・世帯主を記載する。
※3欄　戸籍の抄本・記載事項証明又は住民票の写しの請求の場合は、請求に係る者の氏名、又は請求に係る者の範囲を記載する。なお、請求に係る者の氏名のふりがな・生年月日は、判明している場合に記載する。
　　　　また、外国人住民にあっては氏名は通称を含むほか、生年月日は西暦を用いる。
※4欄　基礎証明事項とは、住基法第7条第1号から第3号まで及び第6号から第8号までに定める事項（外国人住民にあっては、法第7条第1項に
　　　　掲げる事項及び通称、同条第2号、第3号、第7号及び第8号に掲げる事項並びに法第30条の45に規定する外国人住民となった年月日）を
　　　　いい、これ以外の住民票の記載事項を記載した写し等を求める場合はその求める事項を記入する。
※5欄　職印は業務において通常使用しているものを押印する。
　　　　税理士法人が請求する場合は、法人の名称及び事務所の所在地、代表税理士の氏名及び法人番号を記載する。
※6欄　使者は自宅住所を記載する。事務職員身分証明書を有する場合は、事務所の所在地を記載する。

（出典）日本税理士会連合会ホームページ

■取得費用

戸籍謄本450円／１通

除籍謄本750円／１通

改製原戸籍750円／１通

■留意点

- 相続税申告書に添付する場合には、相続開始の日から10日を経過した日以後に作成されたものが必要。

- 以前は原本の提出が求められましたが、平成30年４月１日以降に提出する申告書からコピーでも可能となりました。

- 平成30年４月１日以降に提出する申告書については、戸籍の原本又はコピーに代えて法定相続情報一覧図の写しでも可能となりました（詳細は②参照）。

- 相続人等の依頼により他の相続人の戸籍を職務上請求書により取得した場合において、その市区町村が本人通知制度を導入していたときは、本人に戸籍を取得した旨が通知されることとなります。この件について留意すべき事例としては、公正証書遺言があって前妻の子や非嫡出子がいる場合など受遺者になっていない相続人がいる場合に、その相続人に被相続人の死を知られる可能性があることです。遺留分侵害額請求権の除斥期間は10年となります。公正証書遺言の場合には、検認が必要ないため前妻の子や非嫡出子が相続開始を知らずに10年を経過すれば遺留分侵害額請求権は消滅します。本人通知制度により除斥期間前に相続開始を知った場合には遺留分侵害額請求の機会を与える可能性があります。ちなみに、本人通知制度を導入している自治体は下記の通りです。

本人通知制度導入自治体一覧 （2020年4月1日）

	都道府県	自治体数	制度の種類	導入した市区町村名（導入予定も含む）
1	北海道	1	事前登録	大空町
2	群馬県	22	委任状	南牧村
			事前登録	前橋市 高崎市 伊勢崎市 富岡市 館林市 みどり市 太田市 渋川市 下仁田町 邑楽町 榛東村 桐生市 藤岡市 沼田市 玉村町 板倉町 明和町 千代田町 大泉町 安中市 甘楽町
3	栃木県	15	事前登録	栃木市 小山市 佐野市 鹿沼市 宇都宮市 足利市 日光市 上三川町 高根沢町 下野市 壬生町 野木町 矢板市 真岡市 那須塩原市
4	埼玉県	63	事前登録	全市町村
			被害告知	58市町村＋5市町村長決裁
5	東京都	12	被害告知	墨田区 葛飾区 足立区 大田区 港区 目黒区 荒川区 品川区 台東区 江戸川区 江東区 練馬区
6	神奈川県	32	被害告知	藤沢市 相模原市 鎌倉市 伊勢原市 秦野市 小田原市 川崎市 厚木市 横須賀市 平塚市 逗子市 茅ヶ崎市 横浜市 座間市 葉山町 三浦市 綾瀬市 大和市 南足柄市 大磯町 海老名市 二宮町 中井町 大井町 松田町 山北町 開成町 湯河原町 箱根町 真鶴町 愛川町
			委任状	厚木市 湯河原町
7	長野県	20	委任状	松本市 塩尻市 駒ヶ根市 佐久市 高森町 南牧村 木島平村
			事前登録	東御市 山形村 上田市 南相木村 佐久穂町 小海町 飯山市 中野市 須坂市 千曲市 小諸市 長野市
8	新潟県	19	事前登録	上越市 新発田市 胎内市 妙高市 糸魚川市 村上市 聖籠町 阿賀野市 関川村 長岡市 柏崎市 魚沼市 南魚沼市 十日町市 小千谷市 新潟市 見附市 佐渡市 弥彦村
9	石川県	3	被害告知	金沢市 小松市 羽咋市
10	三重県	2	事前登録	伊賀市 四日市市 桑名市 鈴鹿市
11	愛知県	40	事前登録	名古屋市 知立市 東海市 あま市 津島市 豊川市 扶桑町 春日井市 豊田市 みよし市 大治町 蟹江町 小牧市 豊橋市 安城市 稲沢市 日進市 長久手市 東郷町 一宮市 犬山市 尾張旭市 高浜市 豊明市 田原市 常滑市 江南市 大府市 岩倉市
			被害告知	名古屋市 知立市 東海市 あま市 津島市 豊橋市 豊田市 新城市 日進市 田原市 愛西市 清須市 北名古屋市 弥富市 一宮市 扶桑町 豊山町 豊根村 大治町 蟹江町 みよし市 長久手市 安城市 飛島村 幸田町 豊明市 常滑市
12	岐阜県	38	事前登録	岐阜市 大垣市 山県市 関市 美濃市 可児市 多治見市 瑞浪市 恵那市 土岐市 海津市 輪之内町 神戸町 揖斐川町 養老町 池田町 藤井寺 安八町 高山市 中津川市 羽島市 美濃加茂市 各務原市 瑞穂市 本巣市 岐南町 笠松町 関ヶ原町 大野町 北方町 御嵩町 富加町 川辺町 白川町 東白川村 飛騨市 八百津町 郡上市
			被害告知	岐阜市 養老町 東白川村 池田町
13	奈良県	39	事前登録	全市町村
			被害告知	三郷町 川西町 平群町 川西町 三宅町 田原本町
14	和歌山県	30	事前登録	全市町村
			被害告知	和歌山市 海南市 岩出市 橋本市 紀の川市 新宮市 田辺市 御坊市 有田市 有田川町 紀美野町 湯浅町 広川町 由良町 美浜町 日高町 みなべ町 白浜町 上富田町 すさみ町 串本町 太地町 那智勝浦町 北山村 九度山町 かつらぎ町 高野町 古座川町
15	大阪府	43	事前登録	全市町村
			被害告知	大阪市 豊中市 泉大津市 貝塚市 阪南市 茨木市 吹田市 忠岡町 田尻町
16	京都府	26	事前登録	全市町村
			被害告知	全市町村
17	兵庫県	41	事前登録	丹波市 加東市 三田市 加西市 三木市 加古川市 相生市 篠山市 西脇市 朝来市 多可町 市川町 神河町 福崎町 香美町 新温泉町 豊岡市 養父市 宍粟市 姫路市 稲美町 川西市 赤穂市 たつの市 高砂市 明石市 尼崎市 芦屋市 播磨町 洲本市 宝塚市 上郡町 淡路市 猪名川町 佐用町 南あわじ市 小野市 西宮市
			被害告知	神戸市 三田市 太子町
18	滋賀県	18	事前登録	草津市 栗東市 湖南市 甲賀市 彦根市 守山市 野洲市 近江八幡市 東近江市 米原市 長浜市 高島市 竜王町 愛荘町 豊郷町 多賀町 大津市 近江八幡市 長浜市
			被害告知	草津市 栗東市 湖南市 甲賀市 彦根市 守山市 野洲市 東近江市 愛荘町 甲良町 多賀町
19	岡山県	1	事前登録	美作市
20	広島県	13	事前登録	福山市 神石高原町 安芸太田町 東広島市 府中市 北広島町 竹原市 安芸高田市 三原市 尾道市 世羅町
			被害告知	福山市 尾道市 竹原市 大崎上島町 呉市
			登録不要	大崎上島町
21	鳥取県	19	事前登録	全市町村
			被害告知	南部町 北栄町 琴浦町
			登録不要	江府町 智頭町
22	島根県	10	事前登録	大田市 美郷町 邑南町 川本町 浜田市 益田市 津和野町 吉賀町 松江市 出雲市
23	山口県	19	事前登録	全市町村
24	香川県	17	事前登録	全市町村
25	徳島県	3	事前登録	阿南市 藍住町 徳島市
26	高知県	8	事前登録	高知市 須崎市 南国市 土佐清水市 宿毛市 香南市 中土佐町 土佐市
27	愛媛県	3	事前登録	宇和島市 四国中央市 松山市
28	福岡県	60	事前登録	古賀市 宗像市 福津市 朝倉市 筑前町 東峰村 新宮町 飯塚市 桂川町 糸島市 宇美町 筑後市 筑紫野市 福岡市 直方市 志免町 須恵町 小竹町 筑紫野市 篠栗町 太宰府市 春日市 大野城市 那珂川町
			被害告知	福岡市 宗像市 福津市 筑後市 太宰府市 柳川市 八女市 筑紫野市 大川市 小郡市 うきは市 みやま市 飯塚市 行橋市 宮若市 柳川市 大刀洗町 大木町 広川町 桂川町 築上町 新宮町 芦屋町 水巻町 岡垣町 中間市 嘉麻市 田川市 春日市 添田町 川崎町 赤村 糸島市 大任町 福智町 吉富町 上毛町 苅田町 みやこ町 和屋町 朝倉市 筑前町 東峰村 鞍手町 北九州市 直方市 志免町 須恵町 久山町 宇美町 篠栗町
29	大分県	18	事前登録	全市町村
30	長崎県	2	事前登録	長崎市 五島市
31	佐賀県	20	登録不要	吉野ヶ里町
			事前登録	佐賀市 唐津市 多久市 小城市 神埼市 伊万里市 鳥栖市 武雄市 鹿島市 嬉野市 みやき町 基山町 玄海町 有田町 白石町 江北町 大町町 太良町 上峰町
			被害告知	佐賀市 鳥栖市 みやき町 有田町
32	熊本県	21	事前登録	高森町 八代市 南阿蘇村 産山村 菊陽町 小国町 菊池市 合志市 大津町 南小国町 益城町 宇城市 南関町 御船町 嘉島町 美里町 山都町 荒尾市 宇土市
33	宮崎県	11	事前登録	日向市 宮崎市 小林市 延岡市 三股町 宮崎県 都城市 都農町 門川町 三股町
34	鹿児島県	10	事前登録	鹿児島市 伊佐市 霧島市 湧水町 西之表市 志布志市 串木野市 いちき串木野市 薩摩川内市 阿久根市
	合計	699		

事前登録＝第三者の請求で戸籍等を交付した場合、事前に登録しているものに交付したことを通知する。
被害告知＝戸籍等の不正取得が判明した場合、取られたものの全員に不正に取得されたことを告知する。
委任状＝委任状によって戸籍等を交付した場合、委任した本人に交付したことを通知する。
登録不要＝事前登録がなくても第3者の請求で戸籍等を交付した場合、すべて市民に通知する。

（出典）「STOP！ 個人情報漏えい・登録しよう本人通知制度」 市民ネットワーク 市民ネットワーク事務局（NPO法人ニューメディア人権機構）ホームページ

② 法定相続情報一覧図

法定相続情報一覧図とは、法定相続人が誰であるかが記載された書面（いわゆる相続関係説明図）であり、法務局の登記官によりその確からしさが証明された書類をいいます。相続登記の促進のために平成29年5月に始まった制度ですが、平成30年4月より相続税申告の添付資料として認められるようになりました。

■用途

● 相続税申告

上記①の戸籍の代用として添付可能。

● その他

各種遺産名義変更等の戸籍一式の代用として使用可能。

■取得場所

以下の地を管轄する登記所のいずれか。

(1) 被相続人の死亡時の本籍地

(2) 被相続人の最後の住所地

(3) 申出人の住所地

(4) 被相続人名義の不動産の所在地

■取得方法

● 相続人等が取得する場合

上記①の戸籍等（下記参照）を収集し、相続関係説明図を相続人等で作成します。

法定相続情報一覧図の申し出に必要な資料

● 法定相続情報一覧図の保管及び一覧図の写しの交付の申出の手続に当たって，用意していただく必要のある書類

～必ず用意する書類～

	書類名	取得先	確認
①	✓ **被相続人（亡くなられた方）の戸除籍謄本** 出生から亡くなられるまでの連続した戸籍謄本及び除籍謄本を用意してください。	被相続人の本籍地の市区町村役場	☐
②	✓ **被相続人（亡くなられた方）の住民票の除票** 被相続人の住民票の除票を用意してください。	被相続人の最後の住所地の市区町村役場	☐
③	✓ **相続人の戸籍謄抄本** 相続人全員の現在の戸籍謄本又は抄本を用意してください。	各相続人の本籍地の市区町村役場	☐
④	✓ **申出人（相続人の代表となって，手続を進める方）の氏名・住所を確認することができる公的書類** 具体的には，以下に例示（※1）する書類のいずれか一つ ◆ 運転免許証のコピー（※2） ◆ マイナンバーカードの表面のコピー（※2） ◆ 住民票記載事項証明書（住民票の写し）　など ※1上記以外の書類については，登記所に確認してください。 ※2原本と相違がない旨を記載し，申出人の記名・押印をしてください。	―	☐

(注) 被相続人の兄弟姉妹が法定相続人となるときなど，法定相続人の確認のために上記①の書類に加えて被相続人の親等に係る戸除籍謄本の添付が必要な場合があります。

～必要となる場合がある書類～

	書類名	取得先	確認
⑤	✓ **（法定相続情報一覧図に相続人の住所を記載する場合）各相続人の住民票記載事項証明書（住民票の写し）** 法定相続情報一覧図に相続人の住所を記載するかどうかは，相続人の任意によるものです。	各相続人の住所地の市区町村役場	☐
⑥	✓ **（委任による代理人が申出の手続をする場合）** ⑥-1　**委任状** ⑥-2（親族が代理する場合）**申出人と代理人が親族関係にあることが分かる戸籍謄本**（①又は③の書類で親族関係が分かる場合は，必要ありません。） ⑥-3（資格者代理人が代理する場合）**資格者代理人団体所定の身分証明書の写し等**	⑥-2について，市区町村役場	☐
⑦	✓ **（②の書類を取得することができない場合）被相続人の戸籍の附票** 被相続人の住民票の除票が市区町村において廃棄されているなどして取得することができない場合は，被相続人の戸籍の附票を用意してください。	被相続人の本籍地の市区町村役場	☐

（出典）法務局ホームページ

下記申出書に必要事項を記載し、戸籍一式と作成した相続関係説明図を登記所に提出します。

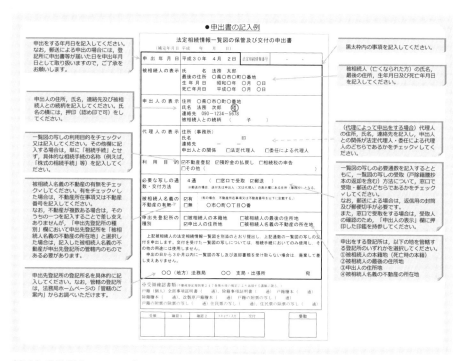

（出典）法務局ホームページ

●税理士が委任状により取得する場合

　　相続人等の代わりに税理士が法定相続情報一覧図を代理で取得することが可能です。その場合には下記委任状を使用します。

37

委 任 状

（代理人）

　　　　住　所 _____

　　　　氏　名 _____

私は，上記の者に対し，以下の被相続人の相続に係る次の権限を委任する。

1　法定相続情報一覧図を作成すること
2　法定相続情報一覧図の保管及び一覧図の写しの交付の申出をすること
　　　（希望する法定相続情報一覧図の写しの交付通数　　　　　通）
3　法定相続情報一覧図の写し及び返却される添付書面を受領すること
4　上記1から3までのほか，法定相続情報一覧図の保管及び一覧図の写しの
　交付の申出に関して必要な一切の権限

　　被相続人の最後の住所（又は本籍）
　　_____

　　被相続人の氏名
　　_____

　　死亡年月日
　　_____

　　　令和　　年　　月　　日
　　　　　　（委任者）

　　　　　　　住　所 _____

　　　　　　　氏　名 _____ ㊞___

■取得費用

　無料（戸籍の取得には費用がかかります）

■留意点

- 法定相続情報一覧図は、図形式のもののみ相続税申告に使用が可能。

- 被相続人や相続人が日本国籍を有しないなど、戸除籍謄抄本を提出することができない場合は、法定相続情報一覧図の発行は不可。

③　被相続人の戸籍の附票

　戸籍の附票とは、住所の移り変わりを記録した書類です。戸籍の附票には、戸籍の表示、氏名、住所、住所を定めた年月日の4項目のみが記載されています。

■用途

- 相続税申告

　　小規模宅地等の特例（被相続人が老人ホーム等へ入所していた場合）を適用する場合、相続時精算課税に係る特定贈与者がいる場合に必要。

- その他

　相続登記等で必要。

■取得場所

　被相続人の本籍地の市区町村役場

■取得方法

　上記①参照

■取得費用

　300円／1通

④　相続人の戸籍の附票

■用途

● 相続税申告

相続時精算課税適用者がいる場合に必要。

● その他

相続登記等で必要。

■取得場所

相続人の本籍地の市区町村役場

■取得方法

上記①参照

■取得費用

300円／1通

⑤　相続人の印鑑証明書

■用途

● 相続税申告

配偶者の税額軽減や小規模宅地等の特例等の各種特例の適用を受けるための添付書類として必要。

● その他

相続登記、金融資産等の名義変更等でも必要。

■取得場所

相続人の住所地の市区町村役場

■取得方法

下記資料を持参して市区町村役場にて取得します（代理人による取得も可能）。

● 印鑑登録証（印鑑登録カード）又はマイナンバーカード

● 本人確認書類（免許証・健康保険証など）

■取得費用（役所により若干異なります）

役所窓口　300円

■留意点

　上記①～④の資料と異なり、役所から発行された原本を税務署に提出する必要があります。

---

② 残高証明書

① 預貯金

■取得方法

　取引店又は近くの店舗窓口での手続きになります。まずは取引店へ相続が発生し、残高証明書が必要となった旨を連絡します[1]。金融機関や取引内容によっては取引店でしか手続きができない可能性もあります[2]。

[1]　三菱UFJ銀行は、相続オフィス（電話番号：0120-39-1034）へ相続が発生した旨の連絡が必要。
　　　ゆうちょ銀行は、近くのゆうちょ銀行又は郵便局の貯金窓口へ必要書類を持参します。

[2]　金融機関によっては来店予約が必要な店舗もあるため事前に確認したほうがよいです。また、金融機関や取引内容によっては、郵送での手続きが可能な場合もあります。

■必要書類

● 被相続人が亡くなったことがわかる戸籍謄本等

● 依頼者が相続人、遺言執行者、相続財産管理人であることが確認できる書類

● 依頼者の実印及び印鑑証明書（発行後6ヶ月以内のもの）

（注）期限が設けられていない金融機関もあります。

● 被相続人の取引内容のわかるもの（通帳、証書、キャッシュカード等）

● 依頼者の本人確認書類（運転免許証等）

（注）不要な場合もあります。

■発行までの期間

　概ね１週間〜２週間ほどで郵送されます（取引店以外での手続きや取引内容によっては更に日数がかかる場合があります）。

■主な金融機関の取得費用

- 三菱UFJ銀行　１通770円
- 三井住友銀行　１通880円
- みずほ銀行　　　１通880円
- ゆうちょ銀行　１通520円
- りそな銀行　　　１通880円
- 三井住友信託銀行　１通220円
- JA　１通220円〜770円（地域により異なる）

■留意点

- 残高証明書の発行依頼によってその預貯金口座が凍結されてしまうため、賃料収入の入金や水道光熱費等の口座引落等の取引がある口座については事前に相続人等の口座に名義変更をしていたほうがよいです。
- 法務局発行の「法定相続情報一覧図の写し」を提出する場合は、戸籍謄本等は原則不要となります。
- 戸籍謄本や法定相続情報一覧図の写し、印鑑証明書等は、原本の提出が必要です。
- 金融機関や取引内容によっては、戸籍謄本等の必要範囲が異なる場合があります。被相続人の出生から死亡までの戸籍が必要な場合や手続きをされる方だけでなく相続人全員の戸籍謄本等が必要な場合もあります。また、印鑑証明書も相続人全員のものが必要になる場合があります。

② 有価証券

■取得方法

　ほとんどの証券会社が郵送での手続きとなっています。

　まずは取引店へ相続が発生し、残高証明書が必要となった旨を連絡します。手続き用の資料が郵送されたら必要書類の準備や記入をして郵送で提出します。

■必要書類

- 被相続人が亡くなったことが確認できる戸籍謄本等
- 依頼者が相続人、遺言執行者、相続財産管理人であることが確認できる書類
- 依頼者の実印及び印鑑証明書（発行後6ヶ月以内のもの）
  （注）期限が設けられていない金融機関もあります。

■発行までの期間

　概ね2週間〜3週間ほどで郵送されます。

■取得費用

　無料の証券会社が多いですが、残高証明書が必要と申し出た際に確認されたほうがよいでしょう。

■留意点

- 法務局発行の「法定相続情報一覧図の写し」を提出する場合は、戸籍謄本等は原則不要となります。
- 戸籍謄本や法定相続情報一覧図の写し、印鑑証明書等は、基本的には原本の提出が必要ですが、証券会社によってはコピーでよい場合があります。
- 証券会社や取引内容によっては、戸籍謄本等の必要範囲が異なる場合があります。被相続人の出生から死亡までの戸籍が必要な場合や、手続きをされる方だけでなく相続人全員の戸籍謄本等が必要な場合もあります。また、印鑑証明書も相続人全員のものが必

要になる場合があります。

③　税理士で代行取得する場合

■取得方法

　　基本的には相続人の方が手続きをする場合と同じです。

　　追加となる必要書類があるので、詳しくは以下の「必要書類」の項目をご参照ください。

　　まずは相続人の代理で残高証明書の取得手続きをしたい旨、取引店へ連絡をします。金融機関や取引内容によっては取引店でしか手続きができない可能性もあります。

■必要書類

- 被相続人が亡くなったことが確認できる戸籍謄本等
- 依頼者が相続人、遺言執行者、相続財産管理人であることが確認できる書類
- 依頼者の実印及び印鑑証明書（発行後6ヶ月以内のもの）

　（注）期限が設けられていない金融機関もあります。

- 代理人である税理士又は税理士法人の印鑑証明書（発行後6ヶ月以内のもの）[1]
- 委任状[2]

※1　税理士個人でなく税理士法人が代理人となる場合、法人の登記事項証明書（発行後6ヶ月以内のもの）も必要になります。
※2　ゆうちょ銀行など、指定の委任状を使用しなければならない金融機関もあります。

■発行までの期間

　　概ね1～3週間程で郵送されます（取引店以外での手続きや、お取引内容によっては更に日数がかかる場合があります）。

■主な金融機関の取得費用

　　上記①②と同様

3 **取引履歴**

　通帳が紛失してしまっている場合には過去の入出金を把握するために取引履歴を取得することがあります。取得費用以外は残高証明書とほぼ同じです。

　　■主な金融機関の取得費用

　　　●三菱 UFJ 銀行　　１ヶ月当たり330円

　　　●三井住友銀行　（５年以内の期間分）１年当たり1,100円

　　　　　　　　　　　　（５年超の期間分）５年分の手数料5,500円に加えて、１ヶ月当たり550円

　　　●みずほ銀行　　　１ヶ月当たり330円

　　　●ゆうちょ銀行　　１冊の通帳に係る回答につき520円

　　　●りそな銀行　　　１ヶ月当たり220円

　　　●三井住友信託銀行　１ヶ月当たり220円

4 **不動産評価資料**

　不動産の評価に当たり必要となる主な資料及び取得先は下記の通りです。

①固定資産税評価証明書又は名寄帳

　　評価証明書や名寄帳は都税事務所や市区町村役場にて入手します。なお、相続人から固定資産税課税明細書を入手できる場合には評価証明書や名寄帳を取得しない場合もあります。

②路線価又は倍率表

　　国税庁ホームページ

③調整率表

　　国税庁ホームページにて、各種補正率が一覧となっている下記の表を確認します。

土地及び土地の上に存する権利の評価についての調整率表（平成31年1月分以降用）

① 奥行価格補正率表

奥行距離m＼地区区分	ビル街	高度商業	繁華街	普通商業・併用住宅	普通住宅	中小工場	大工場
4未満	0.80	0.90	0.90	0.90	0.90	0.85	0.85
4以上6未満		0.92	0.92	0.92	0.92	0.90	0.90
6 〃 8 〃	0.84	0.94	0.95	0.95	0.95	0.93	0.93
8 〃 10 〃	0.88	0.96	0.97	0.97	0.97	0.95	0.95
10 〃 12 〃	0.90	0.98	0.99	0.99	1.00	0.96	0.96
12 〃 14 〃	0.91	0.99	1.00	1.00		0.97	0.97
14 〃 16 〃	0.92	1.00				0.98	0.98
16 〃 20 〃	0.93					0.99	0.99
20 〃 24 〃	0.94					1.00	1.00
24 〃 28 〃	0.95				0.97		
28 〃 32 〃	0.96		0.98		0.95		
32 〃 36 〃	0.97		0.96	0.97	0.93		
36 〃 40 〃	0.98		0.94	0.95	0.92		
40 〃 44 〃	0.99		0.92	0.93	0.91		
44 〃 48 〃	1.00		0.90	0.91	0.90		
48 〃 52 〃		0.99	0.88	0.89	0.89		
52 〃 56 〃		0.98	0.87	0.88	0.88		
56 〃 60 〃		0.97	0.86	0.87	0.87		
60 〃 64 〃		0.96	0.85	0.86	0.86	0.99	
64 〃 68 〃		0.95	0.84	0.85	0.85	0.98	
68 〃 72 〃		0.94	0.83	0.84	0.84	0.97	
72 〃 76 〃		0.93	0.82	0.83	0.83	0.96	
76 〃 80 〃		0.92	0.81	0.82			
80 〃 84 〃		0.90	0.80	0.81	0.82	0.93	
84 〃 88 〃		0.88		0.80			
88 〃 92 〃		0.86			0.81	0.90	
92 〃 96 〃	0.99	0.84					
96 〃 100 〃	0.97	0.82					
100 〃	0.95	0.80			0.80		

② 側方路線影響加算率表

地区区分	加算率 角地の場合	加算率 準角地の場合
ビル街	0.07	0.03
高度商業、繁華街	0.10	0.05
普通商業・併用住宅	0.08	0.04
普通住宅、中小工場	0.03	0.02
大工場	0.02	0.01

③ 二方路線影響加算率表

地区区分	加算率
ビル街	0.03
高度商業、繁華街	0.07
普通商業・併用住宅	0.05
普通住宅、中小工場	0.02
大工場	0.02

④ 不整形地補正率を算定する際の地積区分表

地区区分＼地積区分	A	B	C
高度商業	1,000㎡未満	1,000㎡以上1,500㎡未満	1,500㎡以上
繁華街	450㎡未満	450㎡以上700㎡未満	700㎡以上
普通商業・併用住宅	650㎡未満	650㎡以上1,000㎡未満	1,000㎡以上
普通住宅	500㎡未満	500㎡以上750㎡未満	750㎡以上
中小工場	3,500㎡未満	3,500㎡以上5,000㎡未満	5,000㎡以上

⑤ 不整形地補正率表

かげ地割合＼地区区分	高度商業、繁華街、普通商業・併用住宅、中小工場 A	B	C	普通住宅 A	B	C
10%以上	0.99	0.99	1.00	0.98	0.99	0.99
15% 〃	0.98	0.99	0.99	0.96	0.98	0.99
20% 〃	0.97	0.98	0.99	0.94	0.97	0.98
25% 〃	0.96	0.98	0.99	0.92	0.95	0.97
30% 〃	0.94	0.97	0.98	0.90	0.93	0.96
35% 〃	0.92	0.95	0.98	0.88	0.91	0.94
40% 〃	0.90	0.93	0.97	0.85	0.88	0.92
45% 〃	0.87	0.91	0.95	0.82	0.85	0.90
50% 〃	0.84	0.89	0.93	0.79	0.82	0.87
55% 〃	0.80	0.87	0.90	0.75	0.78	0.83
60% 〃	0.76	0.84	0.86	0.70	0.73	0.78
65% 〃	0.70	0.75	0.80	0.60	0.65	0.70

⑥ 間口狭小補正率表

間口距離m＼地区区分	ビル街	高度商業	繁華街	普通商業・併用住宅	普通住宅	中小工場	大工場
4未満	—	0.85	0.90	0.90	0.90	0.80	0.80
4以上6未満	—	0.94	1.00	0.97	0.94	0.85	0.85
6 〃 8 〃	—	0.97		1.00	0.97	0.90	0.90
8 〃 10 〃	0.95	1.00			1.00	0.95	0.95
10 〃 16 〃	0.97					1.00	0.97
16 〃 22 〃	0.98						0.98
22 〃 28 〃	0.99						0.99
28 〃	1.00						1.00

⑦ 奥行長大補正率表

奥行距離／間口距離＼地区区分	ビル街	高度商業	繁華街	普通商業・併用住宅	普通住宅	中小工場	大工場
2以上3未満	1.00		1.00		0.98	1.00	1.00
3 〃 4 〃			0.99		0.96	0.99	
4 〃 5 〃			0.98		0.94	0.98	
5 〃 6 〃			0.96		0.92	0.96	
6 〃 7 〃			0.94		0.90	0.94	
7 〃 8 〃			0.92			0.92	
8 〃			0.90			0.90	

⑧ 規模格差補正率を算定する際の表

イ 三大都市圏に所在する宅地

地積㎡	記号	普通商業・併用住宅 普通住宅 Ⓑ	Ⓒ
500以上1,000未満		0.95	25
1,000 〃 3,000 〃		0.90	75
3,000 〃 5,000 〃		0.85	225
5,000 〃		0.80	475

ロ 三大都市圏以外の地域に所在する宅地

地積㎡	記号	普通商業・併用住宅 普通住宅 Ⓑ	Ⓒ
1,000以上3,000未満		0.90	100
3,000 〃 5,000 〃		0.85	250
5,000 〃		0.80	500

⑨ がけ地補正率表

がけ地地積／総地積＼がけ地の方位	南	東	西	北
0.10以上	0.96	0.95	0.94	0.93
0.20 〃	0.92	0.91	0.90	0.88
0.30 〃	0.88	0.87	0.86	0.83
0.40 〃	0.85	0.84	0.82	0.78
0.50 〃	0.82	0.81	0.78	0.73
0.60 〃	0.79	0.77	0.74	0.68
0.70 〃	0.76	0.74	0.70	0.63
0.80 〃	0.73	0.70	0.66	0.58
0.90 〃	0.70	0.65	0.60	0.53

⑩ 特別警戒区域補正率表

特別警戒区域の地積／総地積	補正率
0.10以上	0.90
0.40 〃	0.80
0.70 〃	0.70

（資4−85−A4統一）

④住宅地図又はブルーマップ

　　ゼンリンが有名です。ゼンリンのホームページで入手します。

⑤地図（公図）

　　法務局で入手します。インターネット（登記情報提供サービス）でも入手可能です。

⑥地積測量図

　　法務局で入手します。インターネット（登記情報提供サービス）でも入手可能です。また、法務局になくとも納税者が独自に測量している場合もあります。

⑦全部事項証明書（登記簿謄本）

　　法務局で入手します。インターネット（登記情報提供サービス）でも入手可能です。

⑧都市計画図

　　対象地が所在する市区町村で入手します。

⑨道路関係資料（道路台帳、道路種別）

　　対象地が所在する市区町村で入手します。

⑩固定資産税路線価図

　　インターネット（全国地価マップ）で入手します。

⑪土砂災害マップ

　　対象地が所在する市区町村で入手します。

　上記以外にも対象不動産の状況や地目等に応じて、都市計画道路計画線詳細図、農地台帳、森林簿、埋蔵文化財包蔵地図等を取得するケースもあります。

5　生命保険関係

　相続税の申告に必要となる生命保険関係の資料は、被相続人が保険料を

負担した保険契約に係る保険証券の写しと、契約内容に応じて下記の資料
となります。

① 被相続人が被保険者である保険契約

死亡保険金の支払通知書

② 被相続人以外が被保険者である保険契約

生命保険権利評価額証明書（相続開始時点の解約返戻金額のわかる
資料）

6 **過去の贈与関係**

相続人の自宅に過去の贈与税申告書がない場合や、相続人間で争いのあ
る案件で他の相続人の贈与関係が不明な場合には、税務署に対し過去の贈
与税申告状況の開示請求をします。

① 制度の概要

相続又は遺贈により財産を取得した者は、相続税の申告書等作成上必要
となる場合において、その者以外の他の共同相続人等が被相続人から相続
開始前3年以内の贈与や精算課税制度による贈与を受けているときは、そ
の贈与税申告書に記載された贈与税の課税価格の合計額について、被相続
人の死亡の時における住所地の所轄税務署長にその開示の請求をすること
ができます（相法49①）。

通常の相続税申告案件であれば、相続人間でコミュニケーションが取れ
ているため、実務上この開示請求をすることはあまりないですが、未分割
案件については、相続人間で争っている場合が多く、お互いに被相続人か
らどのような贈与を受けたかがヴェールに包まれているケースが多いた
め、この開示請求が実施されることが多々あります。

なお、この開示請求制度で請求できる内容は、相続税申告書を作成する
上で必要な情報である下記の内容に限られますので注意が必要です。

● 相続開始前3年以内贈与により取得した財産

● 相続時精算課税制度により取得した財産

また、上記開示請求を受けた税務署長は、当該請求後2月以内に請求内容の開示をしなければなりません（相法49②）。

② 開示請求の方法

上記①の開示請求をする者は、次頁以降の開示請求書等に必要事項を記載し、必要資料を添付した上で被相続人の住所地の所轄税務署長に提出しなければなりません（相令27①）。

税理士が代理で請求する場合には、54頁の委任状が必要となります。

相続税法第49条第1項の規定に基づく開示請求書

_____ 税務署長　　　　　　　　　　　　　　　　　　平成　年　月　日

【代理人記入欄】

住　所

氏　名　　　　　　　　　㊞

連絡先

	住所又は居所	〒　　　　　　　Tel（　－　－　）
開示請求求	（所在地）	
	フリガナ	
	氏名又は名称	㊞
	個人番号	
	生年月日	被相続人との続柄

　私は、相続税法第49条第1項の規定に基づき、下記1の開示対象者が平成15年1月1日以後に下記2の被相続人からの贈与により取得した財産で、当該相続の開始前3年以内に取得したもの又は同法第21条の9第3項の規定を受けたものに係る贈与税の課税価格の合計額について開示の請求をします。

1　開示対象者に関する事項

住所又は居所（所在地）	
過去の住所等	
フリガナ	
氏名又は名称（旧姓）	
生年月日	
被相続人との続柄	

2　被相続人に関する事項

住所又は居所	
過去の住所等	
フリガナ	
氏　名	
生年月日	
相続開始年月日	平成　年　月　日

3　承継された者(相続時精算課税選択届出者)に関する事項

住所又は居所	
フリガナ	
氏　名	
生年月日	
相続開始年月日	平成　年　月　日
精算課税適用者である旨の記載	上記の者は、相続時精算課税選択届出書を_____署へ提出しています。

4　開示の請求をする理由（該当する□に✓印を記入してください。）

相続税の　□ 期限内申告　□ 期限後申告　□ 修正申告　□ 更正の請求　に必要なため

5　遺産分割に関する事項（該当する□に✓印を記入してください。）

□ 相続財産の全部について分割済（遺産分割協議書又は遺言書の写しを添付してください。）
□ 相続財産の一部について分割済（遺産分割協議書又は遺言書の写しを添付してください。）
□ 相続財産の全部について未分割

6　添付書類等（添付した書類又は該当項目の全ての□に✓印を記入してください。）

□ 遺産分割協議書の写し　□ 戸籍の謄(抄)本　□ 遺言書の写し　□ 住民票の写し
□ その他（　　　　　　　　　　　　　　　　　　　　　　　　　　　　）
□ 私は、相続時精算課税選択届出書を_____署へ提出しています。

7　開示書の受領方法（希望される□に✓印を記入してください。）

□ 直接受領(交付時に請求者又は代理人であることを確認するものが必要となります。)　□ 送付受領(請求時に返信用切手,封筒及び住民票の写し等が必要となります。)

※　税務署整理欄（記入しないでください。）

番号確認	身元確認	確認書類			
	□ 済 □ 未済	個人番号カード ／ 通知カード・運転免許証 その他（　　　）			確認者
委任の確認	開示請求者への確認（　・　・　）				
	委任状の有無　□ 有　□ 無（　　　）				

（資4－90－1－A4統一）　（平28.6）

書 き か た 等 （開 示 請 求 書）

1 「開示請求者」欄には、開示請求者の住所又は居所（所在地）、フリガナ・氏名（名称）、個人番号、生年月日及び被相続人との続柄（長男、長女等）を記入してください。

　　なお、相続税法第21条の17又は第21条の18の規定により相続時精算課税適用者から納税に係る権利又は義務を承継したことにより開示の請求を行った場合において、その承継する者が2名以上いるときは、本開示請求書を連名で提出しなければなりません。この場合は、開示請求者の代表者の方を本開示請求書の「開示請求者」欄に記入し、他の開示請求者の方は開示請求書付表（「相続税法第49条第1項の規定に基づく開示請求書付表」）の【開示請求者】（開示請求者が2人以上の場合に記入してください。）欄に記入してください（開示書は代表者に交付することになります。）。

2 「1 開示対象者に関する事項」欄には、贈与税の課税価格の開示を求める方（開示対象者）の住所又は居所（所在地）、過去の住所等、フリガナ・氏名又は名称（氏名については旧姓も記入してください。）、生年月日及び被相続人との続柄（長男、長女等）を記入してください。

　　なお、開示対象者が5名以上いる場合は、5人目以降を開示請求書付表「1 開示対象者に関する事項（開示対象者が5人以上いる場合に記入してください。）」欄に記入してください。

　　（注）「1 開示対象者に関する事項」には、相続又は遺贈（被相続人から取得した財産で相続税法第21条の9第3項の規定の適用を受けるものに係る贈与を含みます。）により財産を取得した全ての方を記入してください（開示請求者を除きます。）。

3 「2 被相続人に関する事項」欄には、被相続人の住所又は居所、過去の住所等、フリガナ・氏名、生年月日及び相続開始年月日（死亡年月日）を記入してください。

4 「3 承継された者(相続時精算課税選択届出者)に関する事項」には、相続税法第21条の17又は第21条の18の規定により納税に係る権利又は義務を承継された者の死亡時の住所又は居所、フリガナ・氏名、生年月日、相続開始年月日(死亡年月日)及び「精算課税適用者である旨の記載」欄に相続時精算課税選択届出書を提出した税務署名を記入してください。

5 「4 開示の請求をする理由」欄及び「5 遺産分割に関する事項」欄は、該当する□にレ印を記入してください。

6 「6 添付書類等」欄には、添付している書類の□にレ印を記入してください。

　　なお、添付書類は、開示請求者及び開示対象者が相続等により財産を取得したことを証する書類として、下記のものを提出してください。

　　(1) 全部分割の場合：遺産分割協議書の写し

　　(2) 遺言書がある場合：開示請求者及び開示対象者に関する遺言書の写し

　　(3) 上記以外の場合：開示請求者及び開示対象者に係る戸籍の謄(抄)本

　　開示請求者が被相続人を特定贈与者とする相続時精算課税適用者である場合には、「私は、相続時精算課税選択届出書を＿＿＿＿署へ提出しています。」の前の□にレ印を記入するとともに相続時精算課税選択届出書を提出した税務署名を記入してください。

　　開示請求者が承継した者である場合には、承継した者全員の戸籍の謄(抄)本も提出してください。

7 「7 開示書の受領方法」欄には、希望される受領方法の□にレ印を記入してください。

　　なお、「直接受領」の場合は、受領時に開示請求者本人又は代理人本人であることを確認するもの（運転免許証など）が必要となります（代理人が「直接受領」をする場合は、開示請求者の委任状も必要となります。）。

　　「送付受領」の場合には、開示請求時に返信用切手、封筒及び住民票の写し等の住所を確認できるものを提出してください。

　　（注）「送付受領」の場合の送付先は、開示請求者本人の住所となります。

8 この請求書の控えを保管する場合においては、その控えには個人番号を記載しない（複写により控えを保管する場合は、個人番号が複写されない措置を講ずる）など、個人番号の取扱いには十分ご注意ください。

相続税法第49条第1項の規定に基づく開示請求書付表

	開示請求者(代表者)の氏名	

1　開示対象者に関する事項（開示対象者が5人以上いる場合に記入してください。）

住所又は居所 （所在地）				
過去の住所等				
フ リ ガ ナ				
氏名又は名称 （旧　姓）				
生 年 月 日				
被相続人との続柄				
住所又は居所 （所在地）				
過去の住所等				
フ リ ガ ナ				
氏名又は名称 （旧　姓）				
生 年 月 日				
被相続人との続柄				

【開示請求者】（開示請求者が2人以上の場合に記入してください。）

	1	2
住 所 又 は 居 所	〒　　　Tel（　－　　－　　）	〒　　　Tel（　－　　－　　）
フ リ ガ ナ		
氏　　　名	㊞	㊞
個 人 番 号		
生 年 月 日		
被相続人との続柄		
	3	4
住 所 又 は 居 所	〒　　　Tel（　－　　－　　）	〒　　　Tel（　－　　－　　）
フ リ ガ ナ		
氏　　　名	㊞	㊞
個 人 番 号		
生 年 月 日		
被相続人との続柄		

※　税務署整理欄（記入しないでください。）

1			2		
番号確認	身元確認	確認書類	番号確認	身元確認	確認書類
□ 済 □ 未済		個人番号カード ／ 通知カード・運転免許証 その他（　　　）	□ 済 □ 未済		個人番号カード ／ 通知カード・運転免許証 その他（　　　）

3			4		
番号確認	身元確認	確認書類	番号確認	身元確認	確認書類
□ 済 □ 未済		個人番号カード ／ 通知カード・運転免許証 その他（　　　）	□ 済 □ 未済		個人番号カード ／ 通知カード・運転免許証 その他（　　　）

（資4－90－2－A4統一）　　（平28.6）

書 き か た 等

1　「開示請求者（代表者）の氏名」欄には、開示請求書の「開示請求者」欄に記載している方の氏名を記入してください。

2　「1 開示対象者に関する事項（開示対象者が5人以上いる場合に記入してください。）」欄には、5人目以降の開示対象者の住所又は居所（所在地）、過去の住所等、フリガナ・氏名又は名称（氏名については旧姓も記入してください。）、生年月日及び被相続人との続柄（長男、長女等）を記入してください。

3　「【開示請求者】」欄には、開示請求者（開示請求書の「開示請求者」欄に記載している方以外の方）の住所又は居所、フリガナ・氏名、個人番号、生年月日及び被相続人との続柄（長男、長女等）を記入してください。

4　この請求書付表の控えを保管する場合においては、その控えには個人番号を記載しない（複写により控えを保管する場合は、個人番号が複写されない措置を講ずる）など、個人番号の取扱いには十分ご注意ください。

委　任　状

（代理人）住　所＿＿＿＿＿＿＿＿＿＿＿＿＿＿＿＿＿＿

　　　　　氏　名＿＿＿＿＿＿＿＿＿＿＿＿＿＿＿＿＿＿

　私は、上記の者を代理人と定め、下記の事項を委任します。

記

1　相続税法第49条第1項の規定に基づく贈与税の申告内容の開示の請求に関する権

限。

2　相続税法第49条第1項の規定に基づく贈与税の申告内容の開示の請求に対する開

示書の受領に関する権限。

平成＿＿＿＿年＿＿＿＿月＿＿＿＿日

　　　（委任者）住　所＿＿＿＿＿＿＿＿＿＿＿＿＿＿＿＿＿＿＿

　　　　　　　（必ず、委任者の方が自署押印してください。）

　　　　　　　氏　名＿＿＿＿＿＿＿＿＿＿＿＿＿＿＿＿＿印

第_____号

平成

住所又は居
　所
（所在地）　_____

氏名又は名称 _____　殿

平成_____

税務署長_____

相続税法第49条第1項の規定に基づく請求に対する開示書

　　　　　　　　　に相続税法第49条第1項の規定に基づく請求があった贈与税の
課税価格については、下記のとおり開示します。
　　なお、この開示書は、平成　　　　　日現在の課税価格に基づいて作成しています。

記

1　開示対象者（開示対象者が7名以上の場合は開示書付表に記載しています。）

住　所　又　は　居　所　（　所　在　地　）	氏　名　又　は　名　称
以下余白	

2　相続開始前3年以内の贈与（3に該当する贈与を除く）

贈 与 税 の 課 税 価 格 の 合 計 額	該当なし 円

3　相続税法第21条の9第3項に該当する贈与（相続時精算課税適用分）

贈 与 税 の 課 税 価 格 の 合 計 額	24,000,000 円

❷ 被相続人や相続人の自宅等に保管されているもの

1 マイナンバーカード

マイナンバーカードがある場合には両面のコピーが必要です。

(注) マイナンバーカードがない場合には、下記①及び②の書類両方が必要。
① マイナンバーが記載された住民票（通知カードの名前・住所が住民票と一致している場合には通知カードでも可）
② 運転免許証の写し、パスポートの写し、身体障害者手帳の写し、在留カードの写し等のいずれか一つ

2 不動産評価資料

上記❶で掲げた資料以外に被相続人の自宅等に保管されている下記の資料が必要となります。

① 固定資産税の課税明細書

毎年4月～6月頃に都税事務所や市区町村役場から納税者宛に郵送されます。

② 地積測量図

法務局に保管されているもの以外に所有者が過去の建築時や近隣との境界確定時に作成している可能性があります。

③ 賃貸借契約書

相続財産に賃貸物件がある場合には賃貸借契約書を入手します。貸付事業用宅地等（特定貸付事業の用に供された宅地等を除く）に該当する可能性がある宅地等については、相続開始前3年超の期間の賃貸借契約書を入手します（経過措置対象宅地等の場合には平成30年3月31日以前からの賃貸借契約書）。

3 被相続人及び相続人の口座通帳、証書等

被相続人や相続人の過去6年前の1月1日から相続開始後の通帳・定期

預金の証書が必要です（理由については17頁参照）。

4 生命保険関係

保険証券のコピーや契約内容のわかる資料が必要です。

5 非上場株式

　過去3期分の決算書（勘定内訳書等の添付書類を含む）、税務申告書（法人税、地方税、消費税等）の写し、その法人が不動産を所有する場合にはその不動産の固定資産税課税明細書、非上場株式を所有する場合にはその会社の決算書や税務申告書が必要です。

6 その他の財産

　下記の財産の種類に応じてそれぞれの資料が必要となります。
①自動車：車検証のコピー、車種、色、相続開始時の走行距離のメモ
②死亡退職金：支払通知書、源泉徴収票、退職金規定等
③ゴルフ会員権：預託金証書又は証券のコピー
④貸付金：金銭消費貸借契約書及び相続開始時の残高のわかるもののコピー
⑤貴金属・書画骨董：写真、作品名、購入時期、購入金額等のわかる資料
⑥公租公課の還付金：相続開始日以後に入金のあった所得税、後期高齢者医療保険料、介護保険料等の還付金、高額療養費等に係る決定通知書等

7 債務控除

　下記債務控除の種類に応じてそれぞれの資料が必要となります。
①借入金：相続開始時点の借入金残高証明書、返済予定表、金銭消費貸

借契約書

②未納公租公課：所得税、住民税、固定資産税、事業税、高齢者医療保
　　　　　　　　険料、介護保険料等の納税通知書

③その他債務：医療費、老人ホーム、公共料金等の請求書、領収書

④葬式費用：葬儀関係費用（葬儀代、食事代、お布施、心付けなど）の請
　　　　　　求書、領収書

8 贈与関係書類

贈与契約書及び下記贈与の種類に応じてそれぞれの資料が必要となりま
す。

　　歴年贈与：相続開始前 5 年分の贈与税申告書（生前贈与加算の対象は
　　　　　　　3 年間ですが参考資料として 5 年間を確認します）

　　相続時精算課税制度による贈与：相続時精算課税制度選択届出書、過
　　　　　　　　　　　　　　　　　去全ての贈与税申告書

　　特例贈与：住宅取得資金、教育資金※、結婚子育て資金の各種贈与が
　　　　　　　あった場合には、その贈与税申告書。

　　※　平成31年 4 月 1 日以降の教育資金贈与のうち一定のものは相続財産に持ち戻
　　　す可能性があるため要注意です。

9 過去の所得税申告書

準確定申告書や過去の所得税確定申告書の控えが必要です。

10 遺言書

自筆証書遺言（検認の証明書）や公正証書遺言が必要です。

11 その他の資料

上記の他、名義財産に関する資料、障害者手帳の写し、過去の相続税申

告書の控え、老人ホーム入居契約書、被相続人の略歴など案件に応じて必要な資料が別途あります。

3 準確定申告

準確定申告は全ての相続案件で必要となる手続きではありませんが、生前被相続人が確定申告をしていた場合などでは相続人から依頼を受けることもあります。ここでは準確定申告における実務上の主な留意点について解説していきます。

❶ 準確定申告が必要な人

相続が発生したら、相続人は準確定申告が必要かどうか確認をします。この必要かどうかの判断基準は、通常の確定申告と同様であり、具体的には主に次の事項に当てはまる人を指します。

① 個人で事業を行っていた人

② アパートや駐車場などの賃貸収入があった人

③ 2,000万円を超える給与収入があった人

④ 2か所以上から給料をもらっていた人

⑤ 給与所得以外に20万円を超える所得（副収入など）があった人

⑥ 400万円を超える年金収入があった人

⑦ 不動産や株式の売却収入があった人

⑧ 保険の満期金を受領した人

上記に該当しない場合でも、準確定申告をすることにより年金等から源泉徴収されていた所得税の還付を受けることもできますので、相続人に対するアナウンスを忘れないようにしましょう。

❷ 申告義務者、期限、提出先

　準確定申告は、被相続人に代わって「相続人」が「相続の開始があった
ことを知った日の翌日から4ヶ月以内」に「被相続人の住所地の管轄税務
署」へ提出します。

誰が？	➡	相続人が
いつまでに？	➡	相続の開始があったことを知った日の翌日から4ヶ月以内に
どこに？	➡	被相続人の住所地の管轄税務署に提出

　納税義務者は、相続人全員です。よって、2名以上いる場合、基本的に
は相続人全員で連署により行う必要があります。その際、各相続人の氏
名、住所、続柄などを記入した準確定申告書の付表を添付します。

〈相続人が複数いる場合〉

死亡した者の <u>平成</u> <u>令和</u> 元 年分の所得税及び復興特別所得税の確定申告書付表
(兼相続人の代表者指定届出書)

（平成二十九年分以降用）

受付印				
1 死亡した者の住所・氏名等				
住所	(〒XXX XXXX) ○○市△△町 X－XX－X	氏名 フリガナ コクゼイ タロウ 国税 太郎	死亡年月日	平成 令和 元 年 12 月 1 日
2 死亡した者の納める税金又は還付される税金		第3期分の税額 還付される税金のときは頭部に△印を付けてください。		13,100 円…A
3 相続人等の代表者の指定		代表者を指定されるときは、右にその代表者の氏名を書いてください。	相続人等の代表者の氏名	
4 限定承認の有無		相続人等が限定承認をしているときは、右の「限定承認」の文字を○で囲んでください。		限定承認

5 相続人等に関する事項	(1) 住所	(〒XXX XXXX) ○○市△△町 X－XX－X	(〒XXX XXXX) ○○市△△町 X－XX－X	(〒XXX XXXX) ○○市△△町 X－XX－X	(〒)
	(2) 氏名	フリガナ コクゼイ ヨシコ 国税 良子 印	フリガナ コクゼイ イチロウ 国税 一郎 印	フリガナ コクゼイ ジロウ 国税 二郎 印	フリガナ 印
	(3) 個人番号	XXXXXXXXXXXX	XXXXXXXXXXXX	XXXXXXXXXXXX	
	(4) 職業及び被相続人との続柄	職業 なし 続柄 妻	職業 会社員 続柄 子	職業 なし 続柄 子	職業 続柄
	(5) 生年月日	明・大・昭・平・令 40 年 7 月 20 日	明・大・昭・平・令 4 年 3 月 10 日	明・大・昭・平・令 5 年 6 月 1 日	明・大・昭・平・令 年 月 日
	(6) 電話番号	XX－XXXX－XXXX	XX－XXXX－XXXX	XX－XXXX－XXXX	－ －
	(7) 相続分…B	法定・指定 1/2	法定・指定 1/4	法定・指定 1/4	法定・指定
	(8) 相続財産の価額	35,000,000 円	17,500,000 円	17,500,000 円	円
6 納める税金等	各人の納付税額 A×B (各人の100円未満の端数切捨て)	6,500 円	3,200 円	3,200 円	00 円
	各人の還付金額 (各人の1円未満の端数切捨て)	円	円	円	円
7 還付される税金の受取場所	振込みを希望する場合	銀 行 金庫・組合 農協・漁協	銀 行 金庫・組合 農協・漁協	銀 行 金庫・組合 農協・漁協	銀 行 金庫・組合 農協・漁協
	支店名等	本店・支店 出 張 所 本所・支所	本店・支店 出 張 所 本所・支所	本店・支店 出 張 所 本所・支所	本店・支店 出 張 所 本所・支所
	預金の種類	預 金	預 金	預 金	預 金
	口座番号				
	貯金口座の記号番号				
	郵便局名等				

全ての相続人や包括受贈者の個人番号を記入します。

○この付表を確定申告書と一緒に提出してください。

(注) 「5 相続人等に関する事項」以降については、相続を放棄した人は記入の必要はありません。

(出典) 国税庁ホームページ

〈相続人が１人の場合は下記記載でも可能〉

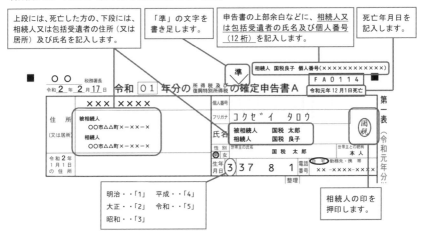

（出典）国税庁ホームページ

　なお、相続放棄をすると、その人は最初から相続人ではなかったとみな
されるため、準確定申告をする必要はありません。では、相続人がいない
場合（相続人全員が放棄した場合も含む）は誰が準確定申告を行うのでしょ
うか。遺言書があり、包括受遺者がいる場合は、包括受遺者が行います。
包括受遺者もいない場合は、相続財産法人の管理人が行います。納税義務
者は、相続の開始があったことを知った日（一般的には死亡した日）の翌
日から４ヶ月以内に被相続人の住所地の管轄税務署へ申告と納税をしなく
てはなりません。なお、還付申告の場合は還付請求権の時効前（５年以
内）であれば、いつでも提出が可能です。

　また、被相続人が死亡する前年の確定申告をする前に亡くなった場合、
例えば令和２年（2020年）３月10日に亡くなり、2019年分の所得について
も確定申告が済んでいない場合、2019年の所得と令和２年（2020年）１月
１日から３月10日までの所得について、申告が必要となります。この場合
の準確定申告の期限は、前年分、本年分ともに相続の開始があったこと
知った日の翌日から４ヶ月以内です。

相続開始日

2019.1.1　　　　12.31　　3.10　　3.15　　　　　　　　7.10

2019年分の本来の　2019年分と2020年分の
確定申告期限　　　準確定申告期限

❸ 必要書類

　準確定申告をするために必要な書類について説明します。準備する書類
は所得の種類によって様々ですが、主な書類は以下の通りになります。

> ● 事業の売上や不動産家賃収入のわかる資料と必要経費のわかる資料
> ● 給与所得の源泉徴収票
> ● 公的年金等の源泉徴収票
> ● 配当金の通知書や計算書
> ● 医療費の領収書
> ● 社会保険料（国民年金や国民健康保険）の控除証明書
> ● 生命保険料の控除証明書
> ● 地震保険料の控除証明書
>
> など

　給与所得の源泉徴収票は被相続人の勤務先の企業から交付を受けます。
　年金の源泉徴収票は、日本年金機構より死亡の届出者宛に送付されま
す。また、保険料の控除証明書は、通常であれば1年分の保険料の控除証
明書が社会保険庁や保険会社から送付されますが、死亡の場合は個別に依
頼することが必要です。

❹ 主な所得の準確定申告での取り扱い

　確定申告はその年の1月1日から12月31日までの所得を税額計算の対象
としますが、準確定申告で所得計算の対象となる期間は、「1月1日から
亡くなった日まで」となります。つまり、亡くなった日までに収入すべき
ことが確定した金額が準確定申告で対象となり、亡くなった日以降に確定
した金額は含まれません。

　各所得ごとに準確定申告における「収入すべきことが確定した金額」を
計算する際の注意点を確認します。

① 不動産所得

① 　賃貸料

　　　不動産所得の総収入金額の収入すべき時期は、別段の定めのある
　　場合を除き、それぞれ次に揚げる日によります。

　　　a　契約や慣習で賃貸料の支払日が定められている場合は、その
　　　　定められた支払日

　　　b　支払日が定められていなくて、請求があった時に支払うべき
　　　　と定められている場合は、その請求の日、又は実際に支払いを
　　　　受けた日

　　　c　賃貸借契約の存否の係争等に係る判決、和解等により不動産
　　　　の所有者が受けることになった既往の期間に対応する賃貸料相
　　　　当額については、その判決、和解等のあった日

　　　例えば、被相続人の相続開始日が7月25日で、契約上の家賃の支
　　払が「当月末日までに翌月分の家賃を支払う」と定められている場
　　合、被相続人の収入すべきことが確定している家賃収入は6月30日
　　が支払期日である7月分の家賃までの合計であり、8月分の家賃は
　　たとえ期日前に支払があったとしても準確定申告の計算上の収入に

含まれません。

② 頭金、権利金、名義書換料、更新料

不動産等貸付けをしたことに伴い一時に収受する頭金、権利金、名義書換料、更新料に係る不動産所得の総収入金額の収入すべき時期は、それぞれ次に揚げる日となります（法令解釈通達36-6）。

　　a　貸し付ける資産（建物や土地など）の引き渡しを必要とするものは、引渡しのあった日

　　b　引き渡しを必要としないものは、契約の効力発生の日

③ 必要経費に算入する固定資産税

固定資産税はその年の1月1日現在に、土地や家屋を所有している者に課税されます。このうち、準確定申告において必要経費に算入できる固定資産税は、相続開始日までに納付すべきことが確定している金額となります。つまり、その年の納税通知書が相続開始前に被相続人に届いている場合は必要経費に算入することが可能であり、届いていない場合は、経費に算入することはできません。

納税通知書到来時期	準確定申告の必要経費算入	
相続開始前	選択可	全額
		納期到来分
		納付済分
相続開始後	算入不可	

④ 必要経費に算入する減価償却費

準確定申告で必要経費に算入できる減価償却費は、1年間の償却費に相当する額を12で除し、これにその年の1月1日からその死亡の日までの期間の月数を乗じて計算した金額となります。1ヶ月に満たない端数が生じた場合は、これを1ヶ月として計算します。

例えば、6月10日に相続が発生した場合、1月から6月までの

　　　　6ヶ月分を減価償却費に計上します。また、事業を承継した相続人
　　　は6月から12月までの7ヶ月分計上しますので、結果として相続が
　　　発生した年は合計13ヶ月分の減価償却費が計上可能です。

〈国税庁　質疑応答事例〉

平成19年4月1日以降に相続により減価償却資産を取得した場合

【照会要旨】

　Bは、令和元年5月10日にAから木造アパートを相続しました。この
アパートの取得価額等は次のとおりですが、Aの準確定申告及びBの確
定申告における令和元年分の償却費の額はいくらですか。

（1）　取得年月：平成8年1月
（2）　取得価額：10,000,000円
（3）　法定耐用年数：22年（旧定額法及び定額法の償却率0.046）
（4）　平成31年1月1日の未償却残額：500,000円（取得価額の5％相
　　　当額）

【回答要旨】

　Aの準確定申告において必要経費に算入される償却費の額は41,667
円、Bの確定申告において必要経費に算入される償却費の額は306,667
円となります。

（1）　Aの準確定申告における減価償却費の計算

　平成19年3月31日以前に取得した一定の減価償却資産で、各年分の不
動産所得等の金額の計算上、必要経費に算入された金額の累積額が償却
可能限度額（建物についてはその取得価額の95％相当額）に達している
場合には、未償却残額をその達した年分の翌年分以後の5年間で、1円
まで均等償却することとされています（所得税法施行令第134条第2
項）。

　また、年の中途で死亡した場合の必要経費に算入される金額は、その
償却費の額に相当する金額を12で除し、これにその年1月1日からその

死亡の日までの期間の月数を乗じて計算した金額とされています（同条第3項）。

　したがって、Aの準確定申告における減価償却費の計算は次のようになります。

　（500,000円－1円）÷5年×5/12

　＝41,667円（相続時の未償却残額458,333円）

（注）　1円までの5年均等償却は、平成20年分以後の所得税について適用されます（平成19年政令第82号附則第12条第2項）。

（2）　Bの令和元年分の確定申告における減価償却費の計算

　平成19年4月1日以後に取得した建物の減価償却の方法は、定額法とされ（所得税法施行令第120条の2第1項第1号）、この「取得」には、相続、遺贈又は贈与によるものも含まれます（所得税基本通達49－1）。

　ただし、減価償却資産の取得価額及び未償却残額は、相続により取得した者が引き続き所有していたものとみなされます（所得税法施行令第126条第2項）。

　したがって、Bの令和元年分の確定申告における減価償却費の計算は次のようになります。

　10,000,000円×0.046×8/12＝306,667円（未償却残額151,666円）

② **給与所得**

　企業は、給与の支払を受ける者が死亡した場合、死亡前に支払が確定している給与の合計額を記載した給与所得の源泉徴収票を相続人に交付することとなっています。よって、源泉徴収票に記載があるのは、相続開始日時点で支給期が到来した給与であり、相続開始後に支給期の到来する給与は含みません。所得税の課税対象となるのは、この源泉徴収票に記載の額であり、死亡後に支給期が到来する給与は相続財産となります。

〈国税庁　質疑応答事例〉

死亡後に支給期が到来する給与

【照会要旨】

　当社の役員Ａは、３月15日に死亡しました。当社の給与支給日は、毎月25日のため、同年３月25日にＡに対する３月分の役員報酬50万円をＡの妻に支払いました。

　この報酬は、「給与所得の源泉徴収票」の「支払金額」欄に含める必要はありますか。

【回答要旨】

　死亡した者に係る給与等で、その死亡後に支給期の到来するものについては、本来の相続財産として、相続税の課税対象となるため、「給与所得の源泉徴収票」の「支払金額」欄に含める必要はありません。

　なお、死亡時までに支給期の到来している給与等については、「給与所得の源泉徴収票」の「支払金額」欄に含める必要があります（この分も含め、年末調整を行います。）。

(注)　「支給期」とは、所得税法基本通達36−９に定めるところによります。

≪参考≫

（１）　死亡後に支給期が到来する場合１

　　　　　　　　　3/15 死亡　　3/25 支給期・支払
　　　　　　　　　　▽　　　　　▼

（２）　死亡後に支給期が到来する場合２

　　　　　　　　　3/15 死亡　　3/25 支給期　　4/10 支払
　　　　　　　　　　▽　　　　　▼　　　　　　▼

（３）　死亡前に支給期が到来する場合

　　　　　　3/10 支給期　　3/15 死亡　　3/25 支払
　　　　　　　▼　　　　　　▽　　　　　　▼

　（1）及び（2）については、死亡後に支給期が到来するため、相続財産となり、（3）については、死亡前に支給期が到来しているため、死亡時には未払であったとしても、役員Aの給与所得になり、「給与所得の源泉徴収票」に含めて記載する必要があります。

③ 配当所得

　配当所得の収入金額の収入すべき時期は、配当等について定めたその効力を生ずる日とされています。

　効力の生ずる日とは、例えば上場株式なら、配当確定日（配当金支払日）であり、一般的には株主総会の決議日となります。

　つまり、その年の1月1日から相続開始日までに株主総会で決議された配当が準確定申告の対象となります。相続開始日が効力の生ずる日以降である場合は、たとえ配当金を未受領であっても配当金額を準確定申告に含めることになります。

❺ 所得控除

　準確定申告における所得控除の留意点について説明します。

① 医療費控除

　対象となるのは、相続開始日までに被相続人が実際に支払った医療費です。相続開始後に相続人が支払った医療費は準確定申告の対象に含めることができません。ただし、その相続人が被相続人と生計一であった場合には、相続人の確定申告で医療費控除の対象となります。また、相続開始後に支払った医療費は、相続税申告の際、未払金として債務控除が可能です。

2 社会保険料、生命保険料、地震保険料控除

　対象となるのは、相続開始日までに被相続人が実際に支払った保険料です。

　相続開始日が年末に近い場合、その年の控除証明書が既に送付されている可能性もありますが、通常送付される控除証明書は1年間分の保険料が記載されているため、使用できません。相続開始日までの控除証明書の交付を個別に依頼することが必要です。

3 配偶者控除、扶養控除等

　適用の有無に関する判定（親族関係やその親族の1年間の合計所得金額の見積り等）は、相続開始日の現況により行います。つまり、相続開始日時点で要件を満たしている場合には、各種控除を受けることが可能です。なお、相続開始日がいつであっても、配偶者控除額、配偶者特別控除額及び扶養控除額の月割按分はせず満額所得控除が可能です。

　所得要件については、その年の1月1日から12月31日までの合計所得金額を見積もって判定します。1月1日から相続開始日までの合計所得で判断するのではないということに注意が必要です。ただ、その判定後に偶発的な事由により所得が発生したとしても、それはこの判定に影響を与えません。また、準確定申告で控除対象者となった者が、その後その年中において他の納税者の控除対象者にも該当する場合は、両方で控除が可能です。

❻ 限定承認の場合の譲渡所得

　相続の限定承認（相続財産の範囲においてのみ債務及び遺贈の義務を負う）を行った場合、所得税法上、被相続人が相続人に財産を時価で譲渡したとみなされます。これを「みなし譲渡」と言い、実際に売却をしていなくて

も、譲渡所得税が発生します。

　この譲渡所得税は、本来であれば被相続人に課されるものですが、亡くなった被相続人に代わって相続人が準確定申告をして、税金を納めることになります。

　不動産や有価証券など譲渡所得の基因となる財産がある場合において、取得費に比べ相続開始日の時価が上昇しているときは、譲渡所得の対象となるでしょう。

第 **2** 章

相続開始後でも
評価額は下げられる!
財産評価の工夫

第 1 節

不動産評価

1　評価額への影響大！　分筆相続の提案

　相続財産価額全体に占める土地の割合は現金、預貯金等と並んで約4割と、相続財産のなかで高い割合を占めています。

相続財産の金額の構成比の推移

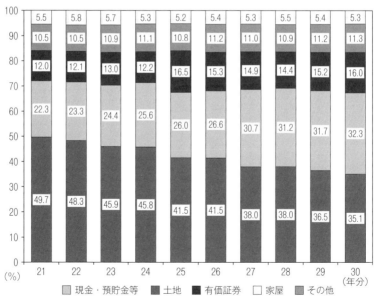

（注）上記の計数は、相続税額のある申告書（修正申告書を除く。）データに基づき作成している。

（出典）国税庁「平成30年分相続税の申告事績の概要」（令和元年12月）

　そのため、土地の評価を合理的な手法をもってどれだけ減額できるかが相続税申告を行う際の税理士の腕の見せ所の１つであるともいえます。

　この節では、相続が発生した後でもクライアントに提案できることとして、「分筆相続」の手法について解説します。

　「分筆相続」とは、「土地登記簿上、一筆の土地」を分割して複数筆の土地として、遺産分割を行うことをいいます。

　なぜ「分筆相続」で土地の評価額を減額できることがあるのでしょうか。

　それは、土地の相続税評価額はその土地を１筆の土地として評価した場合と分筆した場合とで異なることがあるからです。

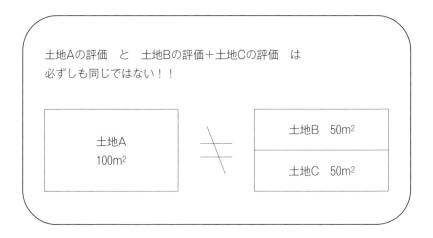

　ただし、いかなる「分筆相続」についても認められるわけではありません。現実の利用状況を無視した分割や有効な土地利用が図られず通常の用途に供することができないような分割など、相続税を回避するためだけの遺産分割は「不合理分割」に該当するものとされます。

　「不合理分割」に該当した場合には、分割前の状態で評価をしなければなりません。

この決まりは、財産評価基本通達7-2(1)の注書きに規定されています。

財産評価基本通達7-2(1)　注書き

　贈与、遺産分割等による宅地の分割が親族間等で行われた場合において、例えば、分割後の画地が宅地として通常の用途に供することができないなど、その分割が著しく不合理であると認められるときは、その分割前の画地を「1画地の宅地」とする。

「分筆相続」では、合理的な理由をもって分筆を行うことが肝となります。

それでは、土地の評価の基本を確認し、どのようにして「分筆相続」を行うのかということを解説していきます。

❶ 評価単位の概要

土地を評価するときに最初に行うことは、土地の「評価単位を決める」ことです。

評価する土地ごとに分ける作業のことを「評価単位を決める」といいます。合理的な分筆を考えるうえで、「評価単位」はとても重要です。

土地の「評価単位」は以下の3つの観点から検討します。

① 　地目

② 　権利

③ 　取得

具体的に1つずつ解説していきます。

1 地目

土地の評価単位は、原則として地目ごとに決められます。

相続税上の地目は下記の9つがあります（評基通7）。

① 宅地

② 田

③ 畑

④ 山林

⑤ 原野

⑥ 牧場

⑦ 池沼

⑧ 鉱泉地

⑨ 雑種地

ここまではとてもシンプルです。

では、応用編です。2以上の地目がある場合はどのように考えればよいのでしょうか。

財産評価基本通達7では、以下の2つについて言及されています。

　　(a)　一体の土地として利用されている土地については、2以上の地目であっても、主たる地目からなるものとして評価をする

　　(b)　市街地区域等で農地、山林、原野、雑種地が隣接していて一体の土地として評価した方が合理的な場合、一体の土地として評価をする

　(a) について、スーパーマーケットと駐車場を例に考えてみます。

　原則に従い、「地目」ごとに評価単位を決めるのであれば、スーパーマーケットとして使っている土地は宅地、駐車場として使っている土地は雑種地となります。

　しかしながら、駐車場はスーパーマーケットがあるからこそ、「駐車場」として存在できている、いわばスーパーマーケットと一蓮托生の関係です。

　それゆえに、駐車場とスーパーマーケットの土地は主たる地目である宅地として一体で評価する必要があるのです。

　次に、（b）について、市街地農地と市街地山林を例に考えてみます。

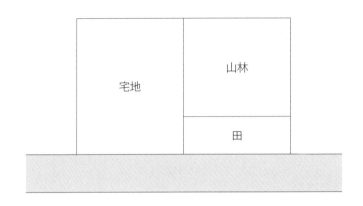

　（a）の例と同様に、原則に従い、「地目」ごとに評価単位を決めるのであれば、今回の例は宅地、田、山林の３つの評価単位に基づき評価を行うことになります。

　ただし、右側の田と山林を別々に評価すると田については奥行の短い狭小な土地となり、山林については道路に接しない無道路地となってしまい、市街地にある土地としては合理的な評価額が算出できません。したがって、その形状、地積の大小、位置等からみて一団として評価することが合理的と認められる場合には、例のような田と山林は一体評価としなければなりません。

② 権利

　地目をもとに評価単位を検討したあとは、その土地にどのような権利が発生しているかという観点で検討を進めます。

　もし、その土地に発生している権利が２以上ある場合は、その権利ごとに分けて評価を行います。

　具体的に、被相続人Ａの所有する土地に被相続人Ａの自宅と被相続人Ａの所有する賃貸アパートが建っているという例で考えてみましょう。

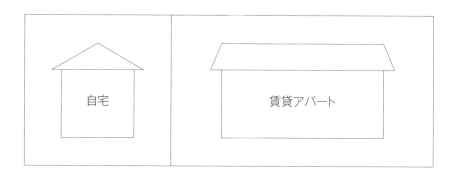

　被相続人Aの自宅部分の土地は、被相続人Aが使用していますので「自用地」となります。

　一方、賃貸アパート部分の土地は居住者に「借家権」が発生しているので、被相続人Aの自宅部分の土地とは土地に対して発生している権利が異なります。

　そのため、自宅部分の土地と賃貸アパート部分の土地はそれぞれ別に評価します。

③ 取得

　「地目」、「権利」を検討したのちに、最後は「誰がその土地を取得するか」ということをもとに評価単位を検討します。

　具体的には、土地を取得する人が取得する土地ごとに評価単位を分けるという考え方です。

　「地目」や「権利」の検討において「一体として評価する」という結論が出た土地についても、その土地を取得する人が複数いる場合はそれぞれが取得する土地ごとに評価が必要になります。

　「地目」を検討した際に例として挙げた駐車場とスーパーマーケットを例に再度考えてみましょう。

　「地目」の検討を行った際には駐車場とスーパーマーケットは一蓮托生の関係にあるため、一体として評価するとしました。

　ただし、もし駐車場の土地をA氏、スーパーマーケットの土地をB氏が取得する場合は、一体評価ではなく、駐車場とスーパーマーケットに評価単位を分けることになります。

　以上により、「地目」、「権利」、「取得」の3つを検討してようやく評価単位を決定することができます。

　評価単位の概要についてご理解いただいたうえで、ここからは個別の事例6つを用いて、どのようなケースにおいて分筆相続の提案が可能になるかについてご説明いたします。

❷   分筆相続・共有相続　6つの事例

ケース1　側方路線影響加算

複数の道路に面している土地は、正面路線の路線価に側方路線の影響を加味して土地の評価を行います。

このことを「側方路線影響加算」といいます。

具体的な計算方法の詳細については、国税庁のホームページなどで確認いただくこととして、今回は「側方路線影響加算」がある土地についてなぜ分筆相続の提案ができる可能性があるかに絞ってご説明いたします。

スーパーマーケットと駐車場を例に考えてみましょう。

下記のような条件において、スーパーマーケットと駐車場を一体評価する場合と評価単位を分けて評価する場合との評価額とを比較してみます。

【前提条件】

被相続人：父

相　続　人：長男・二男

地　　　積：300m²（スーパーマーケット敷地150m²、駐車場150m²）

地区区分：普通住宅地区

スーパーマーケットの所有者及び事業運営者：被相続人

（側方路線影響加算を除く奥行価格補正率等、各種補正は省略）

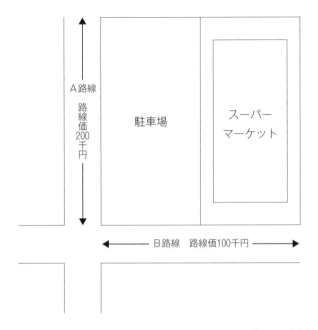

　まず、スーパーマーケットと駐車場を一体として評価した場合の評価額を算出します。

　土地を評価する場合、まず「正面路線価」の判定を行います。

　今回のケースでは奥行価格補正率等の各種補正は省略しているため、路線価の高いA路線が正面路線となります。

　次に、側方路線影響加算率を加味したうえで $1 \mathrm{m}^2$ 当たりの路線価を算出します。

　具体的には、以下のように算出します。

　　正面路線価＋側方路線価×側方路線影響加算率

側方路線影響加算率表

地 区 区 分	加算率	
	角地の場合	準角地の場合
ビ ル 街	0.07	0.03
高度商業、繁華街	0.10	0.05
普通商業・併用住宅	0.08	0.04
普通住宅、中小工場	0.03	0.02
大 工 場	0.02	0.01

（国税庁「土地及び土地の上に存する権利の評価について
の調整率表（平成31年1月分以降用）」より抜粋）

今回の土地の場合は、下記より203,000円が1㎡当たりの路線価となります。

正面路線価200千円＋側方路線価100千円×側方路線影響加算率0.03
＝203,000円

したがって、下記より土地の評価額は60,900,000円となります。

1㎡当たりの価格203,000円×300㎡＝60,900,000円

さて、前述の ❶評価単位の概要 の 1 ～ 3 で以下のように説明しました。
「地目」をもとに考えた場合：

● スーパーマーケットは宅地、駐車場は雑種地といったように地目が異なる場合においても、スーパーマーケットと駐車場はどちらかがなければ機能を果たすことができない、いわば一蓮托生の関係

● そのため、一体評価が必要になる

「取得」をもとに考えた場合：

● スーパーマーケットは長男、駐車場は二男が取得する場合、スーパーマーケットと駐車場に評価単位を分けて評価する

　今回例として挙げているスーパーマーケットと駐車場の土地を一体評価する場合は、土地の評価額は上記の通り60,900,000円となります。

　一方、もしスーパーマーケットは長男、駐車場は二男が取得する場合、スーパーマーケットと駐車場で評価単位を分けて評価することとなります。

　そのため、1 m^{2}当たりの価格は、長男が取得するスーパーマーケットは100,000円、二男が取得する駐車場は203,000円（正面路線価200千円＋側方路線価100千円×側方路線影響加算率0.03）になります。

　すなわち、下記より土地の評価額は45,450,000円となります。

　　スーパーマーケット：1 m^{2}当たりの価格100,000円×150m^2

　　　　　　　　　　　　＝15,000,000円

　　駐　　　車　　　場：1 m^{2}当たりの価格203,000円×150m^2

　　　　　　　　　　　　＝30,450,000円

【比較表1】

	共有相続	分筆相続	差額
スーパーマーケット	60,900,000	15,000,000	差額
駐車場		30,450,000	
合計	60,900,000	45,450,000	15,450,000

ケース2　旗竿地評価

　評価対象地が整形地ではない「不整形地」の評価手法として、「旗竿地評価」という評価手法があります。

　具体的には、評価対象地が整形地ではない場合の評価手法として、評価対象地と隣接する整形地を合わせた土地の価額から隣接する整形地の土地の価額を差し引いた価額に「不整形地補正率」を乗じた金額をもとに評価対象地の評価額を算出します。

　なぜ、「旗竿地評価」ができる可能性のある土地について分筆相続の提案を検討すべきなのでしょうか。

　2棟の建物の敷地を例に説明いたします。

　下記のような前提条件において、一体評価する場合と評価単位を分けて評価する場合との評価額とを比較してみます。

【前提条件】

　被 相 続 人：父

　相　　続　　人：長男・二男

　地　　　　　積：400m^2（父自宅200m^2、長男自宅200m^2）

　土地所有者：被相続人

　　　　　　　（長男から父への地代の支払はなし）

　地 区 区 分：普通住宅地区

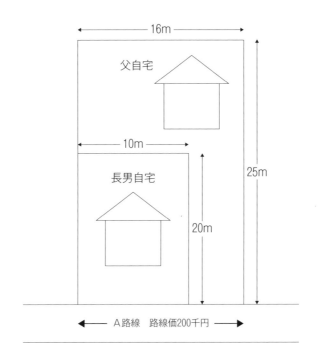

　まず、対象地を長男と次男が共有相続した場合の評価額を算出してみましょう。対象地に 2 つの建物が存在しますが、ともに自用地であるため共有相続をした場合には一体評価となります。

　対象地の場合に適用される補正は奥行価格補正のみとなります。

　奥行価格補正率をはじめとする調整率は、国税庁が公表している「土地及び土地の上に存する権利の評価についての調整率表」で確認します。

奥行価格補正率表

奥行距離m ＼ 地区区分	ビル街	高度商業	繁華街	普通商業・併用住宅	普通住宅	中小工場	大工場
4未満	0.80	0.90	0.90	0.90	0.90	0.85	0.85
4以上 6未満		0.92	0.92	0.92	0.92	0.90	0.90
6 〃 8 〃	0.84	0.94	0.95	0.95	0.95	0.93	0.93
8 〃 10 〃	0.88	0.96	0.97	0.97	0.97	0.95	0.95
10 〃 12 〃	0.90	0.98	0.99	0.99	1.00	0.96	0.96
12 〃 14 〃	0.91	0.99	1.00	1.00		0.97	0.97
14 〃 16 〃	0.92	1.00				0.98	0.98
16 〃 20 〃	0.93					0.99	0.99
20 〃 24 〃	0.94					1.00	1.00
24 〃 28 〃	0.95				(0.97)		
28 〃 32 〃	0.96		0.98		0.95		
32 〃 36 〃	0.97		0.96	0.97	0.93		
36 〃 40 〃	0.98		0.94	0.95	0.92		
40 〃 44 〃	0.99		0.92	0.93	0.91		
44 〃 48 〃	1.00		0.90	0.91	0.90		
48 〃 52 〃		0.99	0.88	0.89	0.89		
52 〃 56 〃		0.98	0.87	0.88	0.88		
56 〃 60 〃		0.97	0.86	0.87	0.87		
60 〃 64 〃		0.96	0.85	0.86	0.86	0.99	
64 〃 68 〃		0.95	0.84	0.85	0.85	0.98	
68 〃 72 〃		0.94	0.83	0.84	0.84	0.97	
72 〃 76 〃		0.93	0.82	0.83	0.83	0.96	
76 〃 80 〃		0.92	0.81	0.82			
80 〃 84 〃		0.90	0.80	0.81	0.82	0.93	
84 〃 88 〃		0.88		0.80			
88 〃 92 〃		0.86			0.81	0.90	
92 〃 96 〃	0.99	0.84					
96 〃 100 〃	0.97	0.82					
100 〃	0.95	0.80			0.80		

（出典）国税庁ホームページ

　今回のケースでは奥行は25mのため、奥行価格補正率は0.97となります。

　以下より、この土地の評価額は77,600,000円となります。

　　　1 m² 当たりの路線価200,000円×0.97＝194,000円
　　194,000円×400m²＝77,600,000円

　次に、この土地について、長男の自宅部分の土地を長男、父の自宅部分の土地を二男が分筆相続する場合について考えてみましょう。
　この場合は、長男が取得する土地と二男が取得する土地とに評価単位を分けて土地の評価を行います。

　長男の自宅部分の土地の評価額を算出します。
　長男の自宅部分の奥行は20m のため、奥行価格補正率は1.0ですので、長男の自宅部分の評価額は、40,000,000円となります。
　　　1 m² 当たりの路線価200,000円×200m²＝40,000,000円

　次に、次男が取得した父の自宅部分の土地の評価額を算出します。
　冒頭で紹介した旗竿地評価を実施します。
　　土地全体の評価額77,600,000円－長男の自宅部分の土地の評価額
　　　40,000,000円（200,000円×1.0（奥行価格補正率）×200m² ）
　　　＝37,600,000円
　　旗竿地評価による奥行価格補正考慮後の1 m² 当たりの評価額
　　37,600,000円÷200m²＝188,000円

　この評価額に「不整形地補正率」を乗じます。
　「不整形地補正率」は「かげ地割合」に応じて定められていますので、まずは「かげ地割合」を算出してみましょう。
　父の自宅部分を評価対象地とする際の「かげ地割合」とは、父の自宅部分と長男の自宅部分を合わせた土地（「想定整形地」）に占める長男の自宅部分（「かげ地」）の割合をいいます。

具体的には、以下のようにして算出します。

$$かげ地割合 = \frac{400m^2(想定整形地の地積) - 200m^2(評価対象地の地積)}{400m^2(想定整形地の地積)}$$

上記により、「かげ地割合」は50％となります。

よって、「かげ地割合」の不整形地補正率は以下より「0.79」になります。

不整形地補正率を算定する際の地積区分表

地区区分＼地積区分	A	B	C
高　度　商　業	1,000m² 未満	1,000m² 以上 1,500m² 未満	1,500m² 以上
繁　　華　　街	450m² 未満	450m² 以上 700m² 未満	700m² 以上
普通商業・併用住宅	650m² 未満	650m² 以上 1,000m² 未満	1,000m² 以上
普　通　住　宅	500m² 未満	500m² 以上 750m² 未満	750m² 以上
中　小　工　場	3,500m² 未満	3,500m² 以上 5,000m² 未満	5,000m² 以上

不整形地補正率表

地区区分 地積区分 かげ地割合	高度商業、繁華街、普通商業・併用住宅、中小工場			普通住宅		
	A	B	C	A	B	C
10%以上	0.99	0.99	1.00	0.98	0.99	0.99
15% 〃	0.98	0.99	0.99	0.96	0.98	0.99
20% 〃	0.97	0.98	0.99	0.94	0.97	0.98
25% 〃	0.96	0.98	0.99	0.92	0.95	0.97
30% 〃	0.94	0.97	0.98	0.90	0.93	0.96
35% 〃	0.92	0.95	0.98	0.88	0.91	0.94
40% 〃	0.90	0.93	0.97	0.85	0.88	0.92
45% 〃	0.87	0.91	0.95	0.82	0.85	0.90
50% 〃	0.84	0.89	0.93	(0.79)	0.82	0.87
55% 〃	0.80	0.87	0.90	0.75	0.78	0.83
60% 〃	0.76	0.84	0.86	0.70	0.73	0.78
65% 〃	0.70	0.75	0.80	0.60	0.65	0.70

（出典）国税庁ホームページ

　したがって、父の自宅部分の土地の評価額は以下より29,704,000円になります。

　　奥行価格補正後の1m²当たりの評価額188,000円×0.79

　　＝148,520円

　　148,520円×200m²＝29,704,000円

　以上より分筆相続とした場合の評価額は以下より69,704,000円になります。

　　40,000,000円（長男自宅部分の評価額）

　　＋29,704,000円（父自宅部分の評価額）＝69,704,000円

　父の自宅部分と長男の自宅部分を一体として評価した場合の評価額は77,600,000円でしたので、分筆することで評価額を減額することができることがわかります。

【比較表2】

	共有相続	分筆相続	
父の自宅部分	77,600,000	29,704,000	差額
長男の自宅部分		40,000,000	
合計	77,600,000	69,704,000	7,896,000

　ただし「旗竿地評価」も、たとえば父自宅部分の間口が1mとなるような建築基準法の接道義務を満たさない等の分割は、「不合理分割」とみなされてしまいますのでご注意ください。

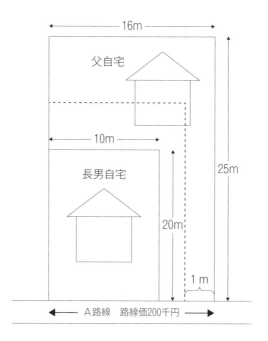

ケース3　地積規模の大きな宅地

　前回のケースまでは「分筆相続をする」ことで土地の評価減が見込める
例についてご説明しました。

　今回のケースでは「分筆相続をしない」ことで土地の評価減の可能性が
ある例として「地積規模の大きな宅地」の評価について説明します。

　三大都市圏では500m^{2}以上の宅地、三大都市圏以外の地域では1,000m^2
以上の宅地のことを「地積規模の大きな宅地」といいます。

　地積以外の要件もありますが、国税庁から公表されている次頁のような
フローチャートを用いると簡単に確認することが可能です。

　「地積規模の大きな宅地」に該当する場合は「規模格差補正率」という
土地の評価に対する減額補正が可能となります。「規模格差補正率」は96
頁のような計算式で算出します。

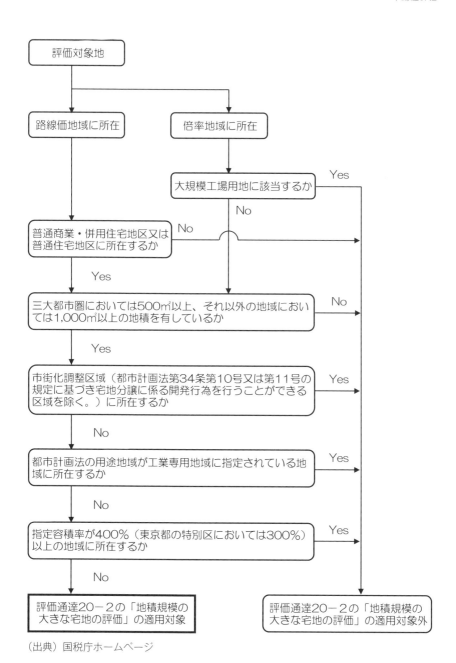

（出典）国税庁ホームページ

$$規模格差補正率 = \frac{Ⓐ \times Ⓑ + Ⓒ}{地積規模の大きな宅地の地積（Ⓐ）} \times 0.8$$

上記算式中の「Ⓑ」及び「Ⓒ」は、地積規模の大きな宅地の所在する地域に応じて、それぞれ次に掲げる表のとおりです。

(1)　三大都市圏⁽注⁾に所在する宅地

地積＼記号	普通商業・併用住宅地区、普通住宅地区	
	Ⓑ	Ⓒ
500㎡以上 1,000㎡未満	0.95	25
1,000㎡以上 3,000㎡未満	0.90	75
3,000㎡以上 5,000㎡未満	0.85	225
5,000㎡以上	0.80	475

(2)　三大都市圏以外の地域に所在する宅地

地積＼記号	普通商業・併用住宅地区、普通住宅地区	
	Ⓑ	Ⓒ
1,000㎡以上 3,000㎡未満	0.90	100
3,000㎡以上 5,000㎡未満	0.85	250
5,000㎡以上	0.80	500

（注）三大都市圏とは、次の地域をいいます（具体的な都市名は（参考1）をご覧ください。）。
　　1　首都圏整備法第2条第3項に規定する既成市街地又は同条第4項に規定する近郊整備地帯
　　2　近畿圏整備法第2条第3項に規定する既成都市区域又は同条第4項に規定する近郊整備区域
　　3　中部圏開発整備法第2条第3項に規定する都市整備区域

（出典）国税庁ホームページ

今回は下記の前提条件の土地の評価を例に具体的に考えてみましょう。

【前提条件】

被相続人：父

相続人：長男・二男

地　　積：700m²（父の自宅敷地400m²、長男の自宅敷地300m²）

地区区分：普通住宅地区

土地の所有者：被相続人

容積率：200%

◆市街化調整区域や工業専用地域ではない。

◆三大都市圏に所在。

（規模格差補正率以外の奥行価格補正率等の各種補正は省略）

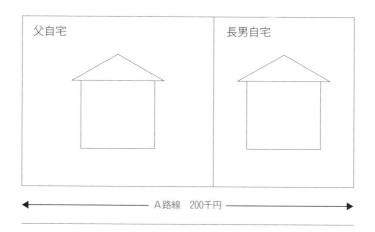

　この場合、父の自宅部分の土地と長男の自宅部分の土地とを分筆して相続した場合の土地の評価額は以下より140,000,000円となります。

　　（路線価200,000円×地積400m^2）＋（路線価200,000円×地積300m^2）
　　＝140,000,000円

　一方、今回のケースでは「地積規模の大きな宅地」に該当するため、父の自宅部分の土地と長男の自宅部分の土地とを一体として相続した場合の規模格差補正率と土地の評価額は以下のように算出されます。

　　規模格差補正率＝$\dfrac{\text{地積}700m^2×0.95＋25}{\text{地積}700m^2}$×0.8＝0.7885…　→　0.78

　（小数点以下第2位未満切り捨て）
　　正面路線価200,000円×規模格差補正率0.78×地積700m^2
　　＝109,200,000円

　このように「地積規模の大きな宅地」については一体として評価することで土地の評価額を下げることができる可能性があります。

【比較表3】

	共有相続	分筆相続	差額
父の自宅部分	109,200,000	80,000,000	
長男の自宅部分		60,000,000	
合計	109,200,000	140,000,000	30,800,000

ケース4　市街地農地の宅地造成費

　ここでは、農地の相続において「分筆相続」によって評価額を下げることができる可能性のあるケースについてご説明いたします。

　まず、財産評価上の農地は以下の4つに分類されます。

① 純農地

② 中間農地

③ 市街地周辺農地

④ 市街地農地

　農地は農地法などにより宅地への転用が制限されていたり、都市計画などにより地価も異なっていたりするため、それぞれの事情を加味して農地を4つの種類に分類し、その種類に応じて評価方法が定められています。

　今回は、農地のなかでも「市街地農地」を例として取り上げます。

　まず、「市街地農地」とは何かについて確認しましょう。

　財産評価基本通達では、「市街地農地」の定義が以下のように説明されています。

財産評価基本通達36-4

　市街地農地とは、次に掲げる農地のうち、そのいずれかに該当するものをいう。

(1)　農地法第4条≪農地の転用の制限≫又は第5条≪農地又は採草放牧地の転用のための権利移動の制限≫に規定する許可（以下「転用許可」という。）を受けた農地

(2)　市街化区域内にある農地

(3)　農地法等の一部を改正する法律附則第2条第5項の規定によりなお従前の例によるものとされる改正前の農地法第7条第1項第4号の規定により、転用許可を要しない農地として、都道府県知事の指

定を受けたもの

　簡単に言うと、「現時点では農地だけれども、いつでも宅地として利用できる土地」を「市街地農地」といいます。

　「市街地農地」は以下のような算式で評価額を算出します。

　　市街地農地の評価額
　　＝(「その農地が宅地であるとした場合の1 m^{2}当たりの価額」
　　　－「1 m^{2}当たりの宅地造成費の金額」)×地積

　「その農地が宅地であるとした場合の1 m^{2}当たりの金額」は、以下のように求めます。

①　路線価のある地域の場合

　　路線価は「その道路に面している標準的な宅地の1 m^{2}当たりの価額」のため、路線価のある地域の場合は、路線価を「その農地が宅地であるとした場合の1 m^{2}当たりの金額」とします。

②　倍率地域の場合

　　該当する農地の周辺で、道路からの位置や形状などが最も類似している宅地の評価額を「その農地が宅地であるとした場合の1 m^{2}当たりの金額」とします。

　　具体的には自治体に宅地としての1 m^{2}当たりの価額を問い合わせるか、全国地価マップ（https://www.chikamap.jp/chikamap/Portal?mid=216）で対象地の1 m^{2}当たりの価額を調べます。

次に、「1 m^{2}当たりの宅地造成費の金額」を求めます。

　「1 m² 当たりの宅地造成費の金額」は、地域ごとに国税局長が定めて
いますので国税庁のホームページから確認できます。

　さて、「市街地農地」の相続が発生した場合、どのような提案ができる
かについて具体的に考えてみましょう。

【前提条件】
　　被 相 続 人：父
　　相　　続　　人：長男・二男
　　地　　　　積：700m²（みかん畑）
　　土地所有者：被相続人
　　所　　在　　地：千葉県
　　◆当該地の地表面は道路よりも1 m 低くなっている。
　（各種画地補正率は省略）

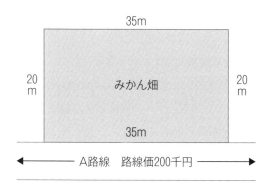

　このケースでは、「その道路に面している標準的な宅地の1 m² 当たり
の価額」はA路線の200千円となります。
　「1 m² 当たりの宅地造成費の金額」は国税庁ホームページにて確認し
ます。

令和2年分　千葉県　宅地造成費の金額表

工　事　費　目		造　成　区　分	金額
整地費	整　地　費	整地を必要とする面積1 m² 当たり	700 円
	伐採・抜根費	伐採・抜根を必要とする面積1 m² 当たり	1,000 円
	地盤改良費	地盤改良を必要とする面積1 m² 当たり	1,800 円
土　盛　費		他から土砂を搬入して土盛りを必要とする場合の土盛り体積1 m³ 当たり	6,900 円
土　止　費		土止めを必要とする場合の擁壁の面積1 m² 当たり	70,300 円

　今回は以下のように現地調査と測量をした結果、整地と伐採・伐根は全体にかかることと、土盛と土止が必要なことがわかったと仮定します。

　この場合、分筆相続しないで一体評価すると以下のような評価額になります。

　「その農地が宅地であるとした場合の1 m² 当たりの価額」：200,000円
　「1 m² 当たりの宅地造成費の金額」：
　整地費用　700円×地積700m²＝490,000円
　伐採・伐根費　1,000円×地積700m²＝700,000円
　土盛費　6,900円×地積700m²×地表面から道路まで1 m ＝4,830,000円
　土止費：(20m＋35m＋20m)× 1 m×70,300円＝5,272,500円
　⇒1 m² 当たりの宅地造成費
　　(整地費用＋伐採・伐根費＋土盛費＋土止費)/700m²＝16,132円

したがって、この農地の価額は以下より128,707,600円となります。
　市街地農地の評価額
　＝(「その農地が宅地であるとした場合の1 m² 当たりの価額200,000円」
　　－「1 m² 当たりの宅地造成費の金額16,132円」)×地積700m²

=128,707,600円

次に、みかん畑を下記の通り分筆して長男が左側、二男が右側をそれぞれ相続する場合について考えてみましょう。

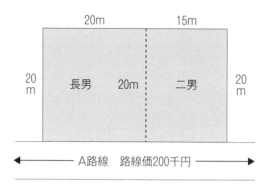

「その農地が宅地であるとした場合の1 m² 当たりの価額」は先ほどと同じく200,000円です。

「1 m² 当たりの宅地造成費の金額」は先ほどと異なります。

具体的には分筆して相続する場合、分筆の間もそれぞれ土止をする必要になることです。

宅地造成費のうち、土止費は評価単位ごとに計算されます。

みかん畑を一体として評価する場合に必要となる土止はすでに土止の役割を果たしている道路に面する部分を除く3辺となります。

一方、みかん畑を分筆して相続する場合は、道路に面する部分を除く3辺に加えて、分筆線について右側と左側の両方に土止が必要となります。今回のケースでは、それぞれの相続税評価額は以下のようになります。

〈長男取得部分（左側）〉

①宅地造成費

整地費用：700円×地積400m²＝280,000円

伐採・伐根費：1,000円×地積400m^2＝400,000円

土盛費：6,900円×地積400m^2×地表面から道路まで1m＝2,760,000円

土止費：(20m＋20m＋20m)×1m×70,300円＝4,218,000円

1m^{2}当たりの宅地造成費：

(整地費用＋伐採・伐根費＋土盛費＋土止費)/400m^2＝19,145円

②相続税評価額

(200,000円－①)×400m^2＝72,342,000円

〈二男取得部分（右側）〉

①宅地造成費

整地費用：700円×地積300m^2＝210,000円

伐採・伐根費：1,000円×地積300m^2＝300,000円

土盛費：6,900円×地積300m^2×地表面から道路まで1m＝2,070,000円

土止費：(20m＋15m＋20m)×1m×70,300円＝3,866,500円

1m^{2}当たりの宅地造成費：

(整地費用＋伐採・伐根費＋土盛費＋土止費)/300m^2＝21,488円

②相続税評価額

(200,000円－①)×300m^2＝53,553,600円

【比較表4】

	共有相続	分筆相続	差額
長男取得部分	128,707,600	72,342,000	差額
二男取得部分		53,553,600	
合計	128,707,600	125,895,600	2,812,000

　ただし、「市街地農地」の評価単位を分けて評価すれば必ずしも評価を下げることができる、というわけではないところに注意する必要があります。

　「市街地農地」は、**ケース3**でご説明した「地積規模の大きな宅地」の
要件を満たせば、「地積規模の大きな宅地」として評価することもできる
からです。

　「市街地農地」の評価の際には、「地積規模の大きな宅地」の適用ができ
ないか確認し、今回のケースのように評価単位を分けて評価した場合の評
価額との比較も大切な検討事項となります。

ケース5　都市計画道路予定地

　ケース5では「都市計画道路予定地」の区域内の土地を相続する場合に分筆することで土地の評価額減額の可能性があるケースについて紹介します。

　まずは、「都市計画道路予定地」であることが土地の評価に与える影響について説明します。

　都市計画法に基づき都市の利便性の向上などを目的に計画された道路予定地のことを「都市計画道路予定地」といいます。

　「都市計画道路予定地」の区域内にある土地は地区区分、容積率、地積の割合に応じて以下のように補正率が定められています（評基通24-7）。

地区区分／地積割合 容積率	ビル街地区、高度商業地区			繁華街地区、普通商業・併用住宅地区			普通住宅地区、中小工場地区、大工場地区	
	600%未満	600%以上700%未満	700%以上	300%未満	300%以上400%未満	400%以上	200%未満	200%以上
30%未満	0.91	0.88	0.85	0.97	0.94	0.91	0.99	0.97
30%以上60%未満	0.82	0.76	0.70	0.94	0.88	0.82	0.98	0.94
60%以上	0.70	0.60	0.50	0.90	0.80	0.70	0.97	0.90

（注）　地積割合とは、その宅地の総地積に対する都市計画道路予定地の部分の地積の割合をいう。

　「都市計画道路予定地」かどうかは、自治体が公表している都市計画図を確認したり、自治体に直接問い合わせしたりすることで確認することができます。

　では、「都市計画道路予定地」の区域内にある土地について具体的な例をもとに考えてみましょう。

【前提条件】

被 相 続 人：父

相 　続 　人：長男・二男

地 　　　積：240m^2（うち、都市計画道路予定地40m^2）

土地所有者：被相続人

地 区 区 分：ビル街地区

容 　積 　率：700%

（奥行価格補正率と間口狭小補正率以外の各種調整率は省略）

　まず、この土地を長男が全て取得した場合の評価額を算出してみましょう。

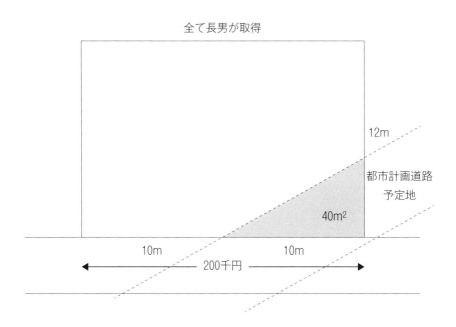

全て長男が取得

12m

都市計画道路
予定地

40m^2

10m　　　10m

200千円

　奥行距離は12m、間口は20m のため、下図より奥行価格補正率は0.91、間口狭小補正率は0.98となります。

奥行価格補正率表

地区区分 / 奥行距離 m	ビル街	高度商業	繁華街	普通商業・併用住宅	普通住宅	中小工場	大工場
4 未満	0.80	0.90	0.90	0.90	0.90	0.85	0.85
4 以上 6 未満		0.92	0.92	0.92	0.92	0.90	0.90
6 〃 8 〃	0.84	0.94	0.95	0.95	0.95	0.93	0.93
8 〃 10 〃	0.88	0.96	0.97	0.97	0.97	0.95	0.95
10 〃 12 〃	0.90	0.98	0.99	0.99	1.00	0.96	0.96
12 〃 14 〃	(0.91)	0.99	1.00	1.00		0.97	0.97
14 〃 16 〃	0.92	1.00				0.98	0.98
16 〃 20 〃	0.93					0.99	0.99
20 〃 24 〃	0.94					1.00	1.00
24 〃 28 〃	0.95				0.97		
28 〃 32 〃	0.96		0.98		0.95		
32 〃 36 〃	0.97		0.96	0.97	0.93		
36 〃 40 〃	0.98		0.94	0.95	0.92		
40 〃 44 〃	0.99		0.92	0.93	0.91		
44 〃 48 〃	1.00		0.90	0.91	0.90		

間口狭小補正率表

地区区分 / 間口距離 m	ビル街	高度商業	繁華街	普通商業・併用住宅	普通住宅	中小工場	大工場
4 未満	—	0.85	0.90	0.90	0.90	0.80	0.80
4 以上 6 未満	—	0.94	1.00	0.97	0.94	0.85	0.85
6 〃 8 〃	—	0.97		1.00	0.97	0.90	0.90
8 〃 10 〃	0.95	1.00			1.00	0.95	0.95
10 〃 16 〃	0.97					1.00	0.97
16 〃 22 〃	(0.98)						0.98
22 〃 28 〃	0.99						0.99
28 〃	1.00						1.00

（出典）国税庁ホームページ

　都市計画道路予定地における調整前のこの土地の評価額は以下より、42,806,400円となります。

正面路線価200,000×奥行価格調整率0.91×間口狭小補正率0.98

×地積240m²＝42,806,400円

さらに都市計画道路予定地の区域内にある宅地の補正率を求めます。

今回のケースにおける都市計画道路予定地部分の地積は40m²のため、都市計画道路予定地部分の地積割合は以下より16.66％となります。

都市計画道路予定地部分の地積40m²/総地積240m²＝16.66％

よって、下図より、都市計画道路予定地の区域内にある宅地の補正率は0.85となります。

地区区分 地積割合 容積率	ビル街地区、高度商業地区			繁華街地区、普通商業・併用住宅地区			普通住宅地区、中小工場地区、大工場地区	
	600%未満	600%以上 700%未満	700%以上	300%未満	300%以上 400%未満	400%以上	200%未満	200%以上
30%未満	0.91	0.88	0.85	0.97	0.94	0.91	0.99	0.97
30%以上 60%未満	0.82	0.76	0.70	0.94	0.88	0.82	0.98	0.94
60%以上	0.70	0.60	0.50	0.90	0.80	0.70	0.97	0.90

（注）　地積割合とは、その宅地の総地積に対する都市計画道路予定地の部分の地積の割合をいう。

これにより、この土地の評価額は、以下より36,385,440円となります。

都市計画道路予定地における調整前のこの土地の評価額42,806,400円

×都市計画道路予定地の区域内にある宅地の補正率0.85＝36,385,440円

それでは、この土地を以下のように長男が120m²、二男が120m²取得するとした場合の評価額を算出してみましょう。

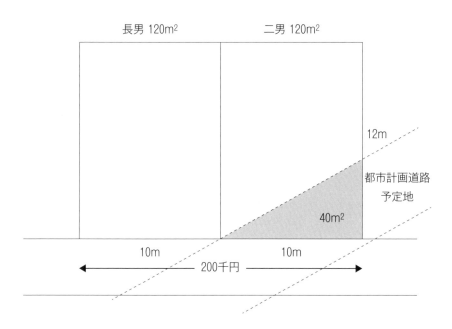

　長男取得部分は、都市計画道路予定地を含まないため、以下の通り、21,184,800となります。

正面路線価200,000円×奥行価格補正率0.91×間口狭小補正率0.97×120m^2＝21,184,800円

　二男取得部分は以下の通り、14,829,360円となります。

都市計画道路予定地における調整前の評価額：

正面路線価200,000円×奥行価格補正率0.91×間口狭小補正率0.97×120m^2＝21,184,800円

奥行価格補正率表

地区区分 / 奥行距離 m	ビル街	高度商業	繁華街	普通商業・併用住宅	普通住宅	中小工場	大工場
4 未満	0.80	0.90	0.90	0.90	0.90	0.85	0.85
4 以上 6 未満		0.92	0.92	0.92	0.92	0.90	0.90
6 〃 8 〃	0.84	0.94	0.95	0.95	0.95	0.93	0.93
8 〃 10 〃	0.88	0.96	0.97	0.97	0.97	0.95	0.95
10 〃 12 〃	0.90	0.98	0.99	0.99	1.00	0.96	0.96
12 〃 14 〃	(0.91)	0.99	1.00	1.00		0.97	0.97
14 〃 16 〃	0.92	1.00				0.98	0.98
16 〃 20 〃	0.93					0.99	0.99
20 〃 24 〃	0.94					1.00	1.00
24 〃 28 〃	0.95				0.97		
28 〃 32 〃	0.96		0.98		0.95		
32 〃 36 〃	0.97		0.96	0.97	0.93		
36 〃 40 〃	0.98		0.94	0.95	0.92		
40 〃 44 〃	0.99		0.92	0.93	0.91		
44 〃 48 〃	1.00		0.90	0.91	0.90		

間口狭小補正率表

地区区分 / 間口距離 m	ビル街	高度商業	繁華街	普通商業・併用住宅	普通住宅	中小工場	大工場
4 未満	―	0.85	0.90	0.90	0.90	0.80	0.80
4 以上 6 未満	―	0.94	1.00	0.97	0.94	0.85	0.85
6 〃 8 〃	―	0.97		1.00	0.97	0.90	0.90
8 〃 10 〃	0.95	1.00			1.00	0.95	0.95
10 〃 16 〃	(0.97)					1.00	0.97
16 〃 22 〃	0.98						0.98
22 〃 28 〃	0.99						0.99
28 〃	1.00						1.00

（出典）国税庁ホームページ

都市計画道路予定地の区域内にある宅地の補正率：

都市計画道路予定地部分の地積40m^2/総地積120m^2＝33.33％より0.70

地区区分／容積率／地積割合	ビル街地区、高度商業地区			繁華街地区、普通商業・併用住宅地区			普通住宅地区、中小工場地区、大工場地区	
	600%未満	600%以上700%未満	700%以上	300%未満	300%以上400%未満	400%以上	200%未満	200%以上
30%未満	0.91	0.88	0.85	0.97	0.94	0.91	0.99	0.97
30%以上60%未満	0.82	0.76	0.70	0.94	0.88	0.82	0.98	0.94
60%以上	0.70	0.60	0.50	0.90	0.80	0.70	0.97	0.90

（注）　地積割合とは、その宅地の総地積に対する都市計画道路予定地の部分の地積の割合をいう。

　　　都市計画道路予定地における調整前の評価額21,184,800円

　　　×都市計画道路予定地部分の区域内にある宅地の補正率0.70

　　　＝14,829,360円

　よって、長男が取得する土地と二男が取得する土地の合計評価額は36,014,160円となります。

【比較表5】

	共有相続	分筆相続	差額
長男取得部分	36,385,440	21,184,800	差額
二男取得部分		14,829,360	
合計	36,385,440	36,014,160	371,280

　ポイントは地積割合です。分筆相続することで土地に占める都市計画道路の割合を増やすことができれば、全体としての土地の評価額を下げることができる可能性が出てきます。

　たとえば、今回のケースのような容積率700％、地区区分ビル街の土地の場合、都市計画道路予定地割合が30％未満だと補正率は0.85ですが、都市計画道路予定地割合が60％以上になると補正率は0.50と大きく補正率に差が出てきます。

地区区分 容積率 地積割合	ビル街地区、高度商業地区			繁華街地区、普通商業・併用住宅地区			普通住宅地区、中小工場地区、大工場地区	
	600%未満	600%以上700%未満	700%以上	300%未満	300%以上400%未満	400%以上	200%未満	200%以上
30%未満	0.91	0.88	0.85	0.97	0.94	0.91	0.99	0.97
30%以上60%未満	0.82	0.76	0.70	0.94	0.88	0.82	0.98	0.94
60%以上	0.70	0.60	0.50	0.90	0.80	0.70	0.97	0.90

（注）　地積割合とは、その宅地の総地積に対する都市計画道路予定地の部分の地積の割合をいう。

　ただし、分筆することで土地計画道路予定地の割合が減少する土地も出てくるため、合計の評価額が必ずしも分筆前より減少するというわけでもないので、きちんとシミュレーションを行うことが重要です。

ケース6　不動産を共有相続する場合

　ここでは、不動産を共有相続する際の注意点についてご説明します。「共有相続」とは、1つの財産、ここでは土地や建物を複数人で相続することをいいます。まず、不動産を共有相続することによって、どのようなことが発生するか整理しましょう。

　不動産の管理や売買を1人の意思で進められる「単独名義」の不動産と異なり、「共有名義」の不動産は所有している人との話し合いが必要になります。

　具体的に、「共有名義」の不動産の場合どのような話し合いが必要になるか確認しましょう。

　自身が所有する持分部分のみの売却などの処分については、単独で行うことが可能です。

　一方、共同で所有している不動産全体に影響が及ぶ行為については、共有者の同意が必要となるものがあります。ここでいう「同意」は、下表のように内容によって意思決定に必要となる同意の度合いが異なります。

共有名義の不動産の意思決定に必要な同意

行為	例	必要な同意
共有物の変更	増改築、大規模修繕、売却、抵当権設定など	共有者全員の同意
共有物の管理	不動産の賃貸、賃貸借契約の解除など	持分の過半数の同意
共有物の保存	管理、保存登記、不法占拠者への明渡し請求など	各共有者の単独の意思

　不動産を「共有相続」することで発生する事項を理解したところで、次に、不動産を「共有相続」する際にどのようなことに注意する必要があるかご説明します。

> **注意点1**
> 不動産を「単独」ではなく「共有」で相続する場合は、そのメリットと
> デメリットをよく検討する必要がある。

　具体的に、「不動産」を「共有」で相続する場合のメリットとデメリットについて確認しましょう。

〈メリット〉

- 所有者の公平感が大きく、遺産分割協議がスムーズに進むことが多い
  …不動産そのものを分割しようとすると、その不動産の相続税評価額や市場価格によっては公平感を保つのが難しいケースもありますが、共有の場合は持分を設定するだけのため、相続人間で協議がまとまりやすい傾向があります。
- 不動産が収益物件の場合、持分に応じて賃料等の利益を受け取る権利も取得できる

〈デメリット〉

- 不動産を「共有」にすることで不動産の所有者の数が増える
  …「共有物の変更」や「共有物の管理」は単独で行うことができないため、所有者間の協議が必要になります。所有者の数が増えるほど、協議がまとまらないことが増える可能性があります。
  また、それぞれの持分部分の売却は各人で決定できるため、親族以外の他人が持分を所有することになるケースもあります。

> **注意点2**
> 不動産を「共有」で取得するか「単独」で取得するかで不動産の相続税
> 評価額が変わる可能性がある。

「共有」で取得するか「単独」で取得するかで「小規模宅地等の特例」
の適用範囲が変わるケースもあり、その場合、相続税評価額に違いが生じ
ます。

具体的なケースを確認してみましょう。

【前提条件】

　　被相続人：父

　　相 続 人：母（父と同居）、長男

　　土地の相続税評価額：20,000,000円

　　用途：土地地積のうち1／2は父と母の居住用、1／2は空き家

　　持分：父が単独所有

　　（各種補正率等の考慮は省略）

父母の居住用部分については、母が相続した場合に限り小規模宅地等の
特例適用が可能です。

一方、空き家部分については小規模宅地等の特例適用はできません。

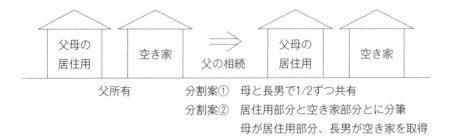

具体的な分割案を確認してみましょう。

〈分割案①：母と長男で1/2ずつ取得〉
● 居住用部分のうち母が取得する部分

　　相続税評価額　20,000,000円×1/2×1/2＝5,000,000円

　　小規模宅地等の特例適用後の課税価格　5,000,000円－（5,000,000円

　　×80%）＝1,000,000円

● 空き家部分のうち母が取得する部分

　　相続税評価額　20,000,000円×1/2×1/2＝5,000,000円

　　よって、母が取得する部分の小規模宅地等の特例適用後の課税価格は
6,000,000円となります。

　　次に長男が取得する部分についてみてみましょう。

　　　居住用部分のうち長男が取得する部分：

　　　　20,000,000円×1/2×1/2＝5,000,000円

　　　空き家部分のうち長男が取得する部分：

　　　　20,000,000円×1/2×1/2＝5,000,000円

　　よって、長男が取得する部分の課税価格は10,000,000円となります。

　　以上より、母と長男をあわせた課税価格は16,000,000円となります。

〈分割案②：分筆相続をし、母が居住用部分、長男が空き家部分を取得〉
● 母取得部分

　　相続税評価額　20,000,000円×1/2＝10,000,000円

　　小規模宅地等の特例適用後の課税価格

　　10,000,000円－（10,000,000円×80%）＝2,000,000円

● 長男取得部分

20,000,000円×1／2＝10,000,000円

以上より、母と長男をあわせた課税価格は12,000,000円となります。

【比較表6】

	分割案①	分割案②	
母取得部分	6,000,000	2,000,000	差額
長男取得部分	10,000,000	10,000,000	
合計	16,000,000	12,000,000	4,000,000

　ここまで6つのケースでは、「分筆相続をする」もしくは「しない」ことで土地の評価額を下げることができる例についてご紹介しました。
　このような検討をするうえで重要となるポイントについて最後に説明します。

● 分筆相続をする場合は、測量が必要
　測量を行い、測量図をもとに土地の評価をする必要があります。
　測量は、一般的に分筆完了まで3〜4ヶ月程度かかります。また、隣地等の境界確定が難航した場合には半年以上かかることもあるため、早めに検討を進める必要があります。
● 不合理な分筆は認められない
　ケースの中でもご説明しましたが、土地の利用目的を無視した分筆など不合理な分筆とみなされた場合は、分筆での評価が認められない可能性があるため、十分な検討が必要です。

　相続開始後でも土地の評価額を下げられるケースがありますが、評価額

を下げるためには調査や検討が必要になります。

　時間切れになってしまわないためにも、まずは早めに土地の評価に着手し、検討をすることが大切です。

2 特殊な土地は鑑定評価も検討

　相続税法では、地上権、永小作権、配偶者居住権等、定期金に関する権利、立木以外の財産の評価については「時価」によると規定されています。すなわち、土地についても「時価」によって評価することが定められています。

　この「時価」とは、財産評価基本通達において「時価とは、課税時期において、それぞれの財産の現況に応じ、不特定多数の当事者間で自由な取引が行われる場合に通常成立すると認められる価額をいう。」（評基通1）とされています。

　ただし、この「時価」＝「鑑定評価」ではなく、基本的には財産評価基本通達に定められた方法に基づいて一律に算出することとなっています。

　一方、財産評価基本通達に定められた方法では評価しがたい特殊な土地については「鑑定評価」を相続税申告時の「時価」として用いるケースもあります。

　実際に、「鑑定評価」が採用された事案を参考として掲載します。不動産鑑定士による「鑑定評価」そのものは認められなかったものの、特別な事情があるとして時価鑑定が採用された事案です。

【平成25年5月28日関東信越国税不服審判所裁決】（国税不服審判所ホームページ）

原処分庁は、請求人らが相続により取得した土地（本件土地）の相続開始時（本件相続開始時）における価額は、財産評価基本通達（評価通達）による評価額（原処分庁通達評価額）によるべきである旨主張し、請求人らは、本件土地の時価を評価するに当たり評価通達の定めにより難い特別な事情があることから、請求人らが依頼した不動産鑑定士による鑑定評価額（請求人鑑定評価額）によるべきである旨主張する。しかしながら、本件の場合、請求人鑑定評価額は、開発法につき都市計画法第33条《開発許可基準》に関する審査基準（本件審査基準）を満たしていないなどの理由により、本件土地の本件相続開始時における時価とは認められないが、他方、本件土地の開発に際しては、袋路状道路の敷設は認められないなど特殊な制約が本件相続開始時にあったことから、当審判所において不動産鑑定士に鑑定評価を依頼し、その評価額（審判所鑑定評価額）を検討したところ、開発法につき本件審査基準を満たしているなどの理由により、本件相続開始時における時価として妥当なものと認められた。そして、評価通達に定められた評価方法により算定された価額が時価を上回る場合には、評価通達の定めにより難い特別な事情がある場合に該当するといえ、その場合には、他の合理的な評価方法により評価することが許されると解されるところ、原処分庁通達評価額は審判所鑑定評価額を上回るものであることからすると、本件土地の価額を評価するに当たっては、評価通達の定めにより難い特別な事情があると認められる。したがって、本件土地の本件相続開始時における価額は、審判所鑑定評価額とするのが相当である。

特殊なケースだと思って鑑定評価を評価額とした場合でも、鑑定評価が認められなかった事案もありますのでしっかりとした検討が必要です。

鑑定評価が認められなかった新しい判決を参考として紹介します。

【平成31年 1 月18日東京地方裁判所判決】（TAINS コード Z888-2268）

　本件は、原告が相続により取得した土地及び建物の価額について鑑定評価
額により評価して相続税の申告をしたところ、処分行政庁から、その相続の
対象となった土地及び建物の価額を財産評価基本通達（評価通達）に基づき
評価すべきであるとして、相続税の更正処分等を受けたため、相続の対象と
なった土地及び建物のうち本件南麻布土地及び本件銀座土地（本件係争土地）
について、評価通達による本件係争土地の評価額はいずれも相続税法22条に
規定する時価を著しく超えるものであり、更正処分等には違法がある旨主張
して、更正処分等の取消しを求める事案である。

　評価対象の財産に適用される評価通達の定める評価方法が適正な時価を算
定する方法として一般的な合理性を有するものであり、かつ、当該財産の相
続税の課税価格がその評価方法に従って決定された場合には、その課税価格
は、その評価方法によるべきではない特別の事情がない限り、相続開始時に
おける当該財産の客観的交換価値としての時価を上回るものではないと推認
するのが相当である。

　路線価方式による宅地の価額は、路線価を基として評価されるものである
ところ、路線価は、売買実例価格、公示価格等を基として、 1 年間の地価変
動に対応するなどの評価上の安全性を考慮して公示価格の80％程度の水準を
目処として定められるものであるから、地価が 1 年間で20％を超えて下落す
るような事情がない限りは、路線価方式による宅地の価額が地価変動を理由
に時価を超えることはなく、路線価や公示価格の評価時点と相続開始日との
間に一定の時間差があることをもって、直ちに路線価方式の合理性が失われ
るものではない〔なお、本件係争土地について、平成23年 1 月 1 日から相続
開始時までの間に20％を超える地価の変動があったとはうかがわれない。〕。

　相続税法の趣旨からすれば、納税者が鑑定意見書等に基づいて財産の時価
を算出した場合に、仮に、当該鑑定意見書等による評価方法が一般に是認で
きるものであり、それにより算出された価格が財産の客観的な交換価値と評
価し得るものであったとしても、当該算出価格が評価通達の定める評価方法
に従って決定した評価額を下回っているというのみでは、評価通達の定める
評価方法に従って算出された価額が相続税法22条に規定する時価を超えるも

のということはできない。

　本件係争土地について評価通達の定める評価方法によるべきではない特別の事情がある旨主張する原告の主張はいずれも理由がなく、本件全証拠によっても、本件係争土地について評価通達の定める評価方法によるべきではない特別の事情があるとは認められない。

【平成30年10月30日東京地方裁判所判決】 (TAINS コード Z268-13203)

　相続税法の趣旨からすれば、評価対象の財産に適用される通達に規定する評価方法が適正な「時価」を算定する方法として一般的な合理性を有するものであり、かつ、当該財産の相続税の課税価格がその評価方法に従って決定された場合には、相続財産の価額は、同通達に規定する評価方法を画一的に適用することによって、当該財産の「時価」を超える評価額となり、適正な時価を求めることができない結果となるなど、同通達に規定する評価方法によるべきではない特別な事情がない限り、同通達に規定する評価方法によって評価するのが相当であり、同通達に規定する評価方法に従い算定された評価額をもって「時価」であると事実上推認することができるものというべきである〔最高裁平成25年判決（最高裁平成25年 7 月12日第二小法廷判決・民集67巻 6 号1255頁）参照〕。

　原告らは、評価通達に基づく価額は、A鑑定書に係る評価額及び本件各近隣土地に係る鑑定内容に比較して高額であり、「特別の事情」に該当すると主張する。しかし、納税者が鑑定意見書等に基づいて財産の時価を算出した場合、仮に当該鑑定意見書等による評価方法が一般に是認できるもので、それにより算出された価格が財産の客観的な交換価値として評価し得るものであったとしても、当該算出価格が評価通達の定める評価方法に従って決定した評価額を下回っているだけでは、評価通達の定める評価方法に従って決定した価額が当然に時価を超えるものとして違法になることはないといえる。

　この点、原告らは、「特別の事情」につき、評価通達の定める評価方法によって本件各土地（土地区画整理事業の施行地区内に所在する土地）に係る評価額が、A鑑定書及び本件各近隣土地に係る鑑定内容に比して高額である

と述べるにすぎず、評価通達を正しく適用したとしても本件各土地の時価を適切に算定することができないことを基礎付ける事情について何ら具体的に主張立証してない。

その点を措くとしても、A鑑定書は、本件土地2ないし4の取引事例比較法において、基準地（宅地見込地）から「一般住宅地区」にある本件土地2ないし4の価額を求めるに当たり、原告らは、種別の差異に基づく補正として、「周辺の利用状態　−17」として調整されていると主張するが、A鑑定書では、いかなる理由に基づいて上記割合の減算をしたのかについて合理的な説明がされていない。また、A鑑定書では、比準価格の査定において、本件土地1及び本件土地5につき、「規模大」であるとして、本件土地1につき30パーセント、本件土地5につき25パーセントの減価をしているが、地積過大であることを理由に減算するのであれば、いかなる理由に基づいて上記割合の減算したのかについて合理的な説明がされるべきであるところ、A鑑定書では何ら説明がされていない。

以上のとおり、A鑑定書については上記問題点を指摘することができるから、A鑑定書における評価額が本件各土地の時価であるとはいえず、A鑑定書における評価額をもって、本件各土地について、評価通達に規定する評価方法によるべきではない「特別の事情」があるとは認められない。

3　相続開始後に不動産を売却した場合の、売却価額での申告可否

[2]で、相続税法上、不動産の評価は「時価」で行うことが定められていること、その「時価」とは基本的には財産評価基本通達に定められた方法に基づいて一律に算出するものという説明をしました。

財産評価基本通達に定められた方法以外の算出方法として、「鑑定評価」のほかに、相続開始後に不動産を売却した場合、その売却価額を相続開始時の時価として申告する方法も考えられます。

　この売却価額を時価として申告する方法は、公表されている裁決ではことごとく納税者の主張が退けられています。具体的な裁決を確認してみましょう。

【平成31年2月26日東京国税不服審判所裁決】（国税不服審判所ホームページ）

> 　請求人らは、相続により取得した複数の不動産（本件不動産）について、当該不動産が存する各地域においては、財産評価基本通達に基づいて評価した額（通達評価額）と現実の取引額には相当の乖離があり、通達評価額は客観的交換価値を上回るものであって、請求人らによる売却額こそが時価であると旨主張する。しかしながら、請求人らによる売却額は、本件不動産が存する各地域について、複数の売買実例価格、標準地に係る精通者意見価格及び不動産鑑定評価額が示す土地単価額に比較して相対的にかなり低廉であるから、客観的交換価値であるとはいえず、上記推認を覆すものとは認められない。

【平成30年1月4日東京国税不服審判所裁決】（国税不服審判所ホームページ）

> 　請求人は、相続により取得した借地権の目的となっている土地（本件各土地）の価額について、本件各土地の売却価格（本件売買価格）を相続開始時点に時点修正した価額（請求人主張額）が時価であり、本件各土地を評価通達の定める方法により評価した価額（本件通達評価額）は請求人主張額を上回るから、本件通達評価額は相続税法第22条《評価の原則》に定める時価を上回る違法がある旨主張する。しかしながら、同条に規定する時価とは、相続開始時における相続財産の客観的な交換価値、すなわち、不特定多数の当事者間において自由な取引が行われる場合に通常成立すると認められる価額をいうところ、請求人は、本件各土地の売却に当たり、これを個別に各借地権者と交渉して売却することの煩わしさを回避したいと考え、本件各土地の一括売却を前提に売却先を底地の買取業者としたものである。また、本件各土地の買受人は、底地の転売による利益を確保するために、転売時の販売価

格として想定する価格の半額程度で買取価格を決定しており、実際に、本件各土地の一部については、請求人が時価と主張する金額の約1.5倍ないし約2.6倍の価格で売却されていることなどからすると、本件売買価格は、請求人が一括売却という取引方法を選択した結果、本件各土地の客観的な交換価値を下回ることとなったものと認められる。したがって、請求人主張額は、相続開始時における本件各土地の時価であるとはいえない。

それでは、売却価額で申告する方法は必ず認められないのでしょうか。筆者が調べた限りでは、国税不服審判所の非公開裁決事例で売却価額が相続開始時の時価として相当であると認められた事例が下記2事例存在しました。

【平成22年9月27日東京国税不服審判所裁決】（国税不服審判所ホームページ）

　原処分庁は、請求人らが、本件マンションの相続税評価額が本件マンションの売却価額を上回っていることから、当該売却価額を相続開始時に時点修正した金額が本件マンションの時価であると主張するのに対し、本件マンションの売却価額については、請求人らの売申込により売却したものであること及び他の売買実例との比較がなされていないこと並びに本件売買契約は本件相続開始日からおおむね6か月を経過後に締結されたものであることから、売却時における本件マンションの適正な時価ではないとした上で、本件マンションの近隣の公示地の公示価格と近隣の宅地の売買実例を基に算定した金額が、本件マンションの時価であると主張する。しかしながら、本件売買契約に至る経緯や本件マンションが外国人向けの仕様であり痛みがひどいこと等の固有の事情を考慮すれば、原処分庁算定の時価は適正な時価とはいえない一方、本件マンションの売却価額は、請求人らの売申込により売却したことによって、その売却価額が下落したといえる事情は認められないこと及び請求人らと本件買受人との間に特別な関係はなく、その売却価額にし意的要素が入る事情は認められないことから、売却時の本件マンションの適正な時価を反映していると認められる。したがって、本件マンションの売却価

額を基に時点修正を加え、本件マンションの相続開始時の時価を算定する方法には合理性があると認められる。

【平成14年10月29日東京国税不服審判所裁決】（国税不服審判所ホームページ）

　　原処分庁は、本件山林等の時価は、本件乙土地（造成費用の代物弁済とした土地）の譲渡価額が117,198,000円であるから、これにより算出した $1\ m^2$ 当たりの価格は49,708円となり、この価格は、取引事例から試算した価格に近似していることからも本件山林等の時価として相当である旨主張する。しかしながら、原処分庁が採用した取引事例は、本件山林等と状況が類似した取引事例であるとは認められず、また、本件乙土地の譲渡価額は94,698,000円であり、当該価額は、客観的な交換価値と認められるのであるから、本件乙土地の譲渡価額を当該土地の地積に当該地積に対応する本件公共用地の地積を加算した地積で除して算出した $1\ m^2$ 当たりの価格30,019円が本件相続開始日における本件山林等の $1\ m^2$ 当たり価格として相当と認められる。したがって、原処分庁の主張は採用することができない。

　非公開裁決事例であるため先例性はありませんが、実務上、「売却価額＝相続税申告には使えない」といいきれない証左になる裁決であると考えます。

　実務上の売却価額が相続開始時の時価として認められるかどうかは、下記のような要素で判断すべきでしょう。

- 売却先が第三者である
- 売却価額は不特定多数の当事者間で自由な取引が行われる場合に通常成立すると認められる価額に該当し、売り急ぎなど特別な事情は存在しない
- 相続開始時と売却時が近く、両時期の間で地価等の市況の変動がない

　財産評価基本通達に基づいて算出した評価額と売却価額が乖離している場合、必ずしも財産評価基本通達に基づいて算出した評価額を評価額として用いらなければいけないというわけでもないため、売却価額を相続開始時の時価として検討する必要はあります。

　ただし、売却先が親類縁者である場合や、相続税の納税資金確保のための売り急ぎがみられる場合等にはその売却価額が相続開始時の適正な地価として認められる可能性は低いでしょう。

4　遺産分割未了の不動産は法定相続分の計上が必要?

　ここでは、遺産分割未了の不動産の評価についてご説明します。

　相続税の申告期限までに遺産分割が完了しない場合は、法定相続分でいったん計上をし、分割が決まり次第、修正申告や更正の請求を行うことになります。

　しかし、全てのケースで「遺産分割未了の不動産は法定相続分の計上が必要」というわけではありません。「遺産分割未了の不動産」であっても「法定相続分の計上が不要」となるケースも存在します。

　具体例に基づき確認していきましょう。

【前提条件】

　被相続人：甲（配偶者は既に他界）

　相 続 人：長男、二男

　◆被相続人甲の父名義の不動産が未分割のまま残っている。

　◆被相続人甲の父の相続人は被相続人甲と乙、丙、丁の4名。

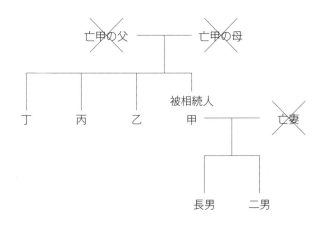

　このようなケースの場合、被相続人甲の父名義の不動産は被相続人甲の相続財産として計上する必要があるでしょうか。

　答えは、「計上する必要があるケースと計上する必要のないケースとどちらもある」です。

　まず、「計上する必要があるケース」についてご説明します。被相続人甲の父の相続人は、被相続人甲と乙、丙、丁の4名ですが、甲は亡くなっているため、甲の相続人である長男と二男がその立場を引き継ぎます。

　被相続人甲の父の不動産の相続について、相続人間で分割方針が固まらず、被相続人甲の相続税申告期限まで遺産分割協議がなされない場合、被相続人甲は被相続人甲の父の不動産の法定相続分を取得することとなります。そのため、被相続人甲の相続財産として、被相続人甲の父の不動産のうち法定相続分を計上する必要があります。

　被相続人甲の父の遺産分割協議が固まったあとの取り扱いについては、参考として、「法定相続分全てを取得することとなった場合」と「法定相続分を取得しないこととなった場合」の2つについて過去の裁決事例と税理士会への相談事例を掲載します。

〈法定相続分全てを取得することとなった場合〉

【平成30年6月25日大阪国税不服審判所裁決】（国税不服審判所ホームページ）

> 　請求人らは、本件被相続人に係る相続開始の日後に、本件被相続人の先代名義及び先々代名義の各不動産等に係る遺産分割調停及び遺産分割審判に基づき請求人の1人が取得した各不動産の持分（本件増加持分）は、本件被相続人に係る相続開始の時点においては分割されておらず、本件被相続人に帰属する財産ではなかったのであるから、課税相続財産に含まれない旨主張する。しかしながら、民法第909条《遺産の分割の効力》において遺産の分割の効力は相続開始の時に遡って生ずる旨規定しているところ、相続税法においても、遺産の分割の効力が相続開始の時に遡って生ずることを前提としていると解するのが相当であることから、本件増加持分は、本件被相続人に係る相続開始の時に遡って取得したものと認められ、課税相続財産となる。

〈法定相続分を取得しないこととなった場合〉

【相談事例　大阪国税局　第1次相続の分割確定に伴い第2次相続に係る相続税額に変動が生じた場合の更正の請求の可否】

> **【照会要旨】**
>
> 　第2次相続（被相続人乙）に係る相続税の申告書の提出後に、第1次相続（被相続人甲）についての分割協議が平成18年4月に確定した結果、被相続人乙が取得することとなった被相続人甲の相続財産が法定相続分よりも少なくなった。
>
> 　この場合、被相続人乙の相続人であるB及びCは、第2次相続について相続税法32条1号の規定に基づく更正の請求をすることができるか。

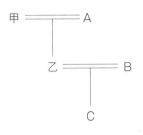

【回答要旨】

　B及びCは、第2次相続について相続税法第32条第1号の規定に基づく更正の請求をすることはできない。

　ただし、被相続人甲の相続財産に係る遺産分割が確定したことにより被相続人乙の相続財産が当初申告額より少なくなったにもかかわらず、これを納税者側から是正する手続きがない場合において、例えば、第1次相続の相続人Aが修正申告書を提出しているなど、これを放置することが課税上著しい不公平となると税務署長が認めるときには、調査結果に基づき通則法第71条第2号に規定する「・・・無効な行為により生じた経済的効果がその行為の無効であることに基因して失われたこと・・・又は取消しうべき行為が取り消されたこと・・・」に該当するものとして更正（減額）を行っても差し支えない。

　次に、計上する必要のないケースについて確認していきましょう。

　被相続人甲の相続税申告期限までに被相続人甲の父の不動産の遺産分割協議がなされた場合には、未分割遺産の被相続人に係る法定相続分は相続財産に計上する必要がないと考えます。

　仮に、被相続人甲の父の不動産を乙、丙、丁の3名が取得するなど、甲に係る取得分がない場合には、被相続人甲の相続財産に計上すべき被相続人甲の父の不動産はないことになります。

　もし、被相続人甲が被相続人甲の父の不動産の一部を取得する場合には、その取得した不動産について被相続人甲名義の相続財産として計上す

る必要があります。

　先代名義の不動産が見つかった場合には、上記のように法定相続分を被相続人の相続財産として計上しないという選択肢もあります。

　そのため、面談時に先代名義の不動産がないかの確認や、被相続人所有の不動産周辺に先代名義の不動産がないかの確認など早めに検討することが大切です。

第 2 節

非上場株式の評価

1　配当還元方式となるような分割提案

　非上場株式の評価は会社規模に従っていくつかの評価方式の内からもっとも低い価額を選択することが可能ですが、過去の利益の蓄積があり純資産価額が大きい会社や直近の利益を出している会社は、配当還元方式により評価ができれば、相続税を大きく減らすことが可能です。この評価方式の判定は、取得者の取得後の議決権割合で判定するため、遺産分割協議における株式の分割方法次第で相続開始後でも節税ができる提案となります。

❶ 相続税編

　同族株主※であっても、分割後に以下の2つの条件を満たせば配当還元方式での評価が可能です。なお本節では同族株主を前提とした分割案を提案しています。

　※　同族株主とは、本人と同族関係者の議決権が50％超、もしくは30％以上50％未満で他に50％超の株主グループがいない場合を指します。また同族関係者とは、配偶者、6親等以内の血族及び3親等以内の姻族、事実婚関係にある者、これらの者からの給与等で生計を維持している者及びこれらの者の生計一親族をいいます。またそれらが所有する一定の法人も同族株主の範囲に含めて考えます。

〈配当還元方式で評価するための条件〉

① "取得者"から見て、配偶者、直系血族、兄弟姉妹、一親等の姻族
　（これらの者と同族関係である会社でこれらの者の議決権割合が25％以上
　である会社を含む）の議決権割合が25％未満（以下「中心的な同族株主
　以外」といいます）であり、他に中心的な同族株主がいること。

　　　この「中心的な同族株主以外」というのが非上場株式を配当還元方
　式で評価する上でのキーポイントとなります。

② 　取得者の取得後の議決権割合が5％未満、かつ、役員以外（相続開
　始日から申告期限まで）であること。

フローチャートで全体の流れを確認します。

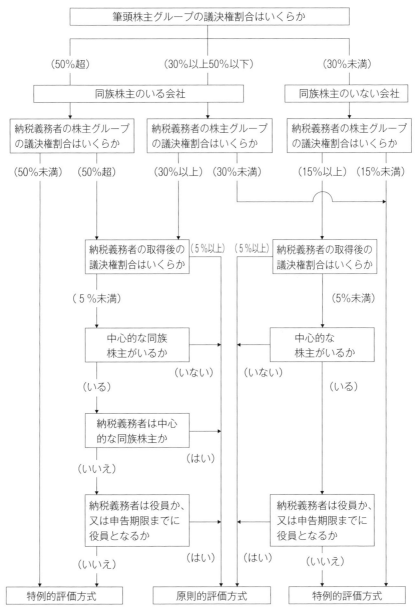

（出典）杉田宗久編著『実務家のための相続税ハンドブック（令和元年10月改訂版）』（コントロール社、2019年）

　それでは「中心的な同族株主」の範囲を下の図で確認してみましょう。上記で見たように、"取得者から見た"配偶者、直系血族、兄弟姉妹、一親等の姻族で括ります。

〈妻1から見た中心的な同族株主の範囲〉

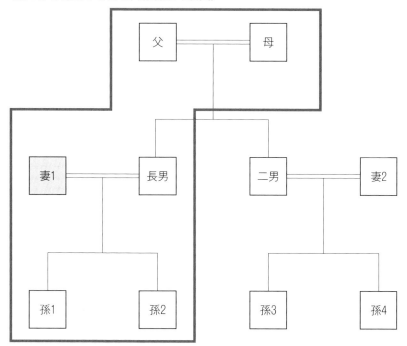

〈孫4から見た中心的な同族株主の範囲〉

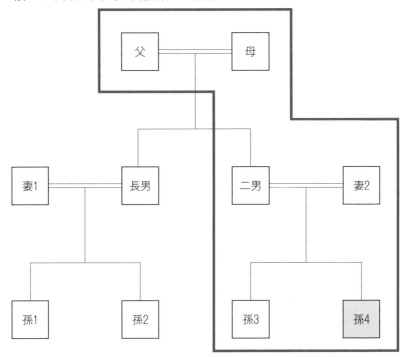

　続いては実際に相続事例で確認してみます。

　なお、ここでは、あくまで相続税申告における配当還元方式の適用の検討を前提としており、議決権の集約の問題点など、同族会社における親族間での運営等の観点は考慮していません。

【前提条件】
　　被相続人：長男
　　相 続 人：長男の妻、長男の子2人
　　長男の議決権：20%
　　二男の議決権：40%
　　三男の議決権：40%

〈配当還元方式で評価するための分割提案〉

● 妻に10.2%を取得させます。

● 長男の子2人にそれぞれ4.9%取得させます。

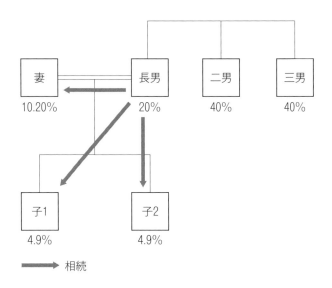

〈結論〉

　配偶者については、中心的な同族株主以外（配偶者、直系血族、兄弟姉妹、一親等の姻族の議決権が25%未満）となりますが、自分の議決権が5%以上のため、原則的評価方式となります。次に、子2人についてはこの場合も同様に中心的な同族株主以外となりますし、子2人については自分の議決権が5%未満なので役員以外であれば配当還元方式での評価が可能となります。

❷ 贈与税編

　上記❶相続税編において配当還元方式で評価できなかった場合は、相続後、2次相続対策として暦年贈与で配当還元方式が使えるような分割を提

案します。1次相続で配偶者に一定数の非上場株式を取得させ、子の配偶
者や孫に贈与します。なお配当還元方式で評価できる条件は上記❶と同じ
です。

【前提条件】
　　被相続人：父
　　相　続　人：配偶者、長男、二男
　　父の議決権：100％
　　◆長男には子が2人、二男には子が4人いる。

　上記の相続人が非上場株式を相続する場合の相続税評価は、必ず原則的
評価方式となります。そのため、その後の贈与により配当還元方式が使え
るか否かの検討をします。

〈配当還元方式で評価するための分割提案〉
● 配偶者の取得割合は24％とし、長男に残りの76％を取得させます。
● 配偶者は暦年贈与で二男の妻、二男の子4名に5％未満の非上場株式の
　贈与をします。

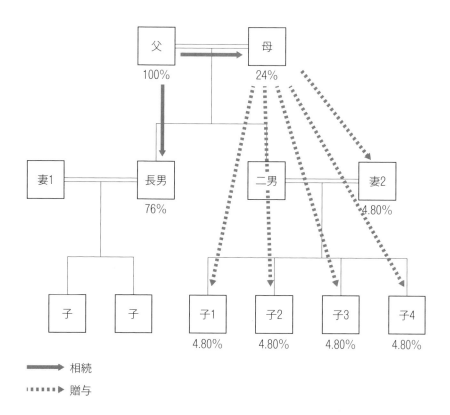

〈結論〉

　二男の妻2と子の中心的な同族株主を判定したとすると、長男は配偶者、直系血族、兄弟姉妹、一親等の姻族の範囲外なので、妻、子の議決権がそれぞれ5％未満、かつ、役員以外であれば、配当還元方式で評価することが可能となります。

2　死亡退職金・弔慰金の支給

死亡退職金、弔慰金については相続開始後に支給するかどうかを検討す

ることができますので、相続開始後の節税対策として有効な手段となります。

❶ 非課税枠

　死亡退職金・弔慰金にはそれぞれ、相続税の非課税枠が用意されています（相法12①六イ、ロ）。

〈非課税枠〉

- 死亡退職金（相法12①六）

　500万円×法定相続人の数

- 弔慰金（相基通3-20）

　以下①と②のいずれか大きい金額となります。

　　①　● 業務上の死亡の場合→死亡時普通給の3年分

　　　　● 業務上以外の死亡の場合→死亡時普通給与の半年分

　　②　● 特別法上の弔慰金※

　　　　※　特別法上の弔慰金とは労働者災害補償保険法に規定する遺族補償給付
　　　　　　及び葬祭料などで相基通3-23に規定するものとなります。

〈分割提案〉

- 非課税限度まで死亡退職金、弔慰金を支給する。

　死亡退職金と弔慰金の相続税の非課税枠を活用することができます。

❷ 非上場株式の評価の引き下げ

　原則的評価方式において純資産価額を計算する際は、支給した退職金（弔慰金については非課税枠を超える部分）が負債（未払退職金）として計上されます。その結果、いまだ支給していない退職金について非上場株式の

評価上マイナスすることができますので、退職金の支給は非上場株式の評価を下げる節税策として、相続開始後でも可能な節税提案となります。

① 大会社の場合

　　類似業種比準価額との有利選択において、純資産価額を採用した場合に影響があります。また、翌期以降、類似業種比準価額の算定における比準要素の計算で「純資産価額」及び「利益金額」などの算定に影響が生じます。

② 中会社の場合

　　類似業種比準価額と純資産価額の併用方式によりますが、当該併用方式と純資産価額とのいずれか低い価額の選択適用が可能です。

③ 小会社の場合

　　純資産価額と、類似業種比準価額×0.5＋純資産価額×0.5のいずれか低い金額の選択適用となります。

　上記の評価は相続税の節税効果だけでなく、退職金を支給し株価を下げた後に株式を贈与で移転させる場合においても有効な対策案となります。

　非上場株式を純資産価額で計算した場合の節税額について、具体的な数字で確認していきましょう。

【前提条件】
　　純資産価額：3億円
　　相　続　人：5名
　　退　職　金：2,500万円

弔　慰　金：600万円

月 額 報 酬：100万円

◆非業務上の死亡。

（単位：万円）

	退職金を支給した	退職金を支給しない
純資産価額	30,000	30,000
退職金支給額	2,500	0
差引純資産価額	27,500	30,000
相続税の最高税率（55%）	15,125	16,500
節税額	△1,375	

　非上場株式の評価において退職金（2,500万円）が未払金として負債計上ができますが、非課税枠内の弔慰金については債務計上ができません。

　最高税率55％の場合は非課税限度額まで支給することで△1,375万円の節税が可能です。

　また、死亡退職金2,500万円（500万円×法定相続人の数5人＝2,500万円）と弔慰金600万円（月額100万円×6ヶ月＝600万円）については相続税の非課税財産となります。

❸ 過大役員退職金

　支払い法人側は退職金が損金に計上されますので、法人税の節税となります。ただし、過大役員退職金については、不相当に高額な部分の金額は損金不算入となりますので慎重な対応が必要です。法人への貢献度や同業他社と比較して大きな乖離がないかなど多方面からの検討が必要となります。

　一方で、仮に過大な退職金とされて法人税法上損金不算入とされた金額

あったとして、当該不算入額について相続税申告上における非上場株式の純資産評価に影響を与えるのか疑問が生じます。この点に関しては、当税理士法人の意見としては法人税で否認されたからといって調整の必要はないと考えます。相続税法基本通達には以下の規定があり、この中で相続税計算における退職金の範囲について規定がされています。

相続税法基本通達 3-19　退職手当金等の判定

　被相続人の死亡により相続人その他の者が受ける金品が退職手当金等に該当するかどうかは、当該金品が退職給与規程その他これに準ずるものの定めに基づいて受ける場合においてはこれにより、その他の場合においては当該被相続人の地位、功労等を考慮し、当該被相続人の雇用主等が営む事業と類似する事業における当該被相続人と同様な地位にある者が受け、又は受けると認められる額等を勘案して判定するものとする。

つまり、退職金の範囲は以下のようになります。

①　退職金規定に基づいて支給されるもの
②　①以外の場合は被相続人の地位や功績を考慮して類似業種の支給実績を勘案して判断されるもの

　したがって、退職金規程をきちんと作成しており、それに基づいて支給されているものについては、相続税計算上、死亡退職金として認められると考えられます。

　ただし、以下の判決のように退職金には法人税上多くの論点があることも付け加えておきたいと思います。

【平成28年 4 月22日東京地方裁判所判決】（TAINS コード Z267-13076）

　役員給与及び役員退職給与についてそれぞれ不相当に高額な部分の有無及

> びその金額が争われ、役員給与については各類似法人の役員給与等の最高額
> の平均ではなく最高額、退職給与については類似法人中の役員給与最高額を
> 基準にした判断が示された事例

3 配偶者が取得し、二次相続前に株価対策

　同族会社の発行する非上場株式について、一次相続の際にまだ後継者が
決まっていないためその株式取得者も決まっていない場合や、株価対策が
充分でない場合には、当該非上場株式について、いったん、配偶者に取得
させることを検討してみます。一次相続においては配偶者の税額軽減を適
用させ相続税の納税を抑え、二次相続までの間に株価対策を実行し類似業
種比準価額を抑えた上で、後継者へ贈与、譲渡をすることが有効となる
ケースがあります。

　以下では、二次相続までの間にとりうる株価対策の例を紹介しています。

❶ 比準要素数が０又は１の会社の場合

　一般的に取引相場のない株式の評価については、純資産価額で評価する
よりも類似業種比準価額で評価したほうが有利となる場合が多いです。し
かし、比準要素数が０又は１の会社に該当した場合には、「特定の評価会
社」としての評価となり、原則は純資産価額をベースとした評価となりま
す。

　仮に比準要素数０の場合は、類似業種比準価額は使えませんが、比準要
素数１の会社であれば、類似業種比準価額の評価を25％加味することがで
き、比準要素数２以上の会社であれば50％以上加味することができます。

比準要素数１の会社の原則的評価方式

イ）　純資産価額※
ロ）　類似業種比準価額×0.25＋純資産価額※×（１－0.25）
ハ）　イ）≧ロ）∴低い方
　※　株式の取得者とその同族関係者の議決権割合が50％
　　　以下の場合は×80％をした価額

比準要素数０の会社の原則的評価方式

純資産価額

　比準要素は、「配当」「利益」「純資産」の３要素からなり、以下の通り
算出します。

● 評価会社の１株当たりの配当金額（ⓑ）
　（直前期末前２年間の配当金額の平均)/直前期末の発行済株式数※＝ⓑ
　※　一株50円とした場合の発行済株式数（以下同じ）

● 評価会社の１株当たりの利益金額（ⓒ）
　イ）　直前期末前１年間の利益金額/直前期末の発行済株式数
　ロ）　直前期末前２年間の利益金額の平均/直前期末の発行済株式数
　ハ）　イ）≧ロ）∴少ない金額＝ⓒ

● 評価会社の１株当たりの純資産価額（帳簿ベース）（ⓓ）
　直前期末の純資産価額/直前期末の発行済株式数＝ⓓ

上記の算定において、比準要素の２つが０の場合であり、かつ、直前々

期ベースで算定した比準要素も2つ以上が0のときは、「比準要素数1」の会社として比準要素を上げる調整が可能です。また、直前期末の比準要素が全て0の場合も「比準要素数0」の会社として同様の対策が可能です。その比準要素を上げる施策として、例えば、以下のような方法が挙げられます。

● 復配を検討する

　これまで配当を出していない上に比準要素も0という前提ですと、配当は難しい面があるかもしれませんが、配当が可能であれば検討します。

● 減価償却を止める

　減価償却費の計上は、法人税法上任意ですので、親会社の意向や金融機関等の外部要因がなければ減価償却費を計上しないことにより費用を抑えて利益を出すことが可能です。

　一次相続において、比準要素数1の会社の相続税評価額と、その後にこれらの対策を実行した場合の相続税評価額を比較してみます。

【前提条件】

　大会社

　資本金等：500万円

　発行済株式数：10万株

　配当：直前期以前3年間がゼロ

　利益：直前期以前3年間がゼロ

　純資産：直前期末　2,000万円

　◆一次相続後に1株当たり10円の配当を出し、減価償却費の計上をやめ500万円の利益が出た。

　　（注）1株当たりの純資産価額は200円とする。

類似業種比準価額　比準要素

比準株価Ⓐ	300円
配当Ⓑ	3円
利益Ⓒ	100円
純資産Ⓓ	1,000円

	一次相続の相続税評価額	二次相続の相続税評価額
配当ⓑ	0円	5円
利益ⓒ	0円	25円
純資産ⓓ	200円	200円
類似業種比準価額	12円	147円
相続税評価額	153円	147円

○一次相続の相続税評価額の計算

〈算式・類似業種比準価額〉

$$300円(Ⓐ) \times \frac{\dfrac{0(ⓑ)}{3(Ⓑ)} + \dfrac{0(ⓒ)}{100(Ⓒ)} + \dfrac{200(ⓓ)}{1,000(Ⓓ)}}{3} （小数点2位未満切り捨て）$$

$$\times 0.7（小数点3位未満切り捨て）= 12.6円（10銭未満切り捨て）$$

$$12円 \times 50円/50円 = 12円$$

〈算式・相続税評価額〉

イ）　純資産価額
　　　200円
ロ）　類似業種比準価額12円×0.25＋純資産価額200円×（1－0.25）
　　　153円
ハ）　イ）＞ロ）　∴小さい　ロ）153円

1次相続の株価　153円×10万株＝15,300,000円

○二次相続の相続税評価額の計算

〈算式・類似業種比準価額〉

$$300円（Ⓐ）× \frac{\frac{5（ⓑ）}{3（Ⓑ）}+\frac{25（ⓒ）}{100（Ⓒ）}+\frac{200（ⓓ）}{1,000（Ⓓ）}}{3}$$ （小数点2位未満切り捨て）

$$×0.7（小数点3位未満切り捨て）＝147円（10銭未満切り捨て）$$

$$147円×50円/50円＝147円$$

〈算式・相続税評価額〉

イ）　類似業種比準価額
　　　147円
ロ）　純資産価額
　　　200円
ハ）　イ）＜ロ）　∴小さい　イ）147円

二次相続の株価　147円×10万株＝14,700,000円
　∴差額　△600,000円

❷ 類似業種比準価額が高い場合

企業業績が好調で類似業種比準価額が高い場合は比準要素を抑える対策が必要です。各比準要素の引き下げ対策としては以下の通りの方法が考えられます。

① 　1株当たりの配当金額を調整する（ⓑ）
　〈減配、無配〉
　　　配当金額を下げることができれば、もちろん1株当たりの配当金額が下がりますので、類似業種比準価額を下げる要因になります。な

　お、対象となる配当金額は２期間の平均となります。また、この配当
金額には記念配当などのイレギュラーな配当は含みません。

② 　１株当たりの利益金額を調整する（ⓒ）
〈死亡退職金（弔慰金）の支給〉
　こちらは本節**2**で確認した内容ですが、一次相続の非上場株式の評
価の純資産価額を下げる要因となります。さらに二次相続対策における
類似業種比準価額についても、翌期以降の利益金額に影響を与えます。

③ 　一株当たりの純資産価額を調整する（ⓓ）
〈保有資産の処分〉
　保有資産の中に含み損を抱えた不動産があれば売却し、損を実現す
ることで１株当たりの純資産価額（ⓓ）及び１株当たりの利益金額を
下げることが可能です。過去バブル期に高い価格で購入した土地があ
る場合には効果が大きく期待できます。
　また、保有資産の中に減価償却をしていない資産があれば減価償却
費の計上を行うことや、買い替えなどをして含み損を実現させるかな
ど検討する必要があります。

---

4 仮決算、直後期末の検討

　非上場株式に係る純資産価額の算定は、財産評価基本通達185（純資産
価額）において、「課税時期における各資産をこの通達に定めるところに
より評価した価額の合計額から課税時期における各負債の金額の合計額及
び評価差額に対する法人税額等に相当する金額を控除した金額を課税時期
における発行済株式数で除して計算した金額とする。」としています。

　原則的には上記規定のとおり、課税時期において仮決算を組んで純資産価額を算定するものとなっています。しかし、課税時期直前の純資産価額によることが認められているため、実務上は業務の煩雑さなどから課税時期直前の純資産価額として前期末の決算の数字をそのまま使用することが多く見受けられます。

　以下は国税庁の取引相場のない株式の評価明細書の記載例です。

【令和元年10月1日以降用】

第5表　1株当たりの純資産価額（相続税評価額）の計算明細書

1　この表は、「1株当たりの純資産価額（相続税評価額）」の計算のほか、株式等保有特定会社及び土地保有特定会社の判定に必要な「総資産価額」、「株式等の価額の合計額」及び「土地等の価額の合計額」の計算にも使用します。

　　なお、この表の各欄の金額は、各欄の表示単位未満の端数を切り捨てて記載します。

2　「1．資産及び負債の金額（課税時期現在）」の各欄は、課税時期における評価会社の各資産及び各負債について、次により記載します。

（略）

(4)　1株当たりの純資産価額（相続税評価額）の計算は、上記(1)から(3)の説明のとおり課税時期における各資産及び各負債の金額によることとしていますが、評価会社が課税時期において仮決算を行っていないため、課税時期における資産及び負債の金額が明確でない場合において、直前期末から課税時期までの間に資産及び負債について著しく増減がないため評価額の計算に影響が少ないと認められるときは、課税時期における各資産及び各負債の金額は、次により計算しても差し支えありません。このように計算した場合には、第2表の「2．株式等保有特定会社」欄及び「3．土地保有特定会社」欄の判定における総資産価額等についても、同様に取り扱われることになりますので、これらの特定の評価会社の判定時期と純資産価額及び株式等保有特定会社のS_2の計算時期は同一となります。

　イ　「相続税評価額」欄については、直前期末の資産及び負債の課税時期の相続税評価額

　ロ　「帳簿価額」欄については、直前期末の資産及び負債の帳簿価額

（出典）国税庁ホームページ

　つまり、仮決算を行っていないが資産及び負債に著しい変動がなく評価額の計算に影響が少ないと認められるときは、直前期末時点の価額で評価して問題ないということです。

❶ 直後期末の検討

　純資産価額の算出においては、上述のとおり原則として課税時期において仮決算を組む方法も、例外的に直前期末時点の価額で評価を行う方法も取り得ますが、課税時期が直前期末よりも直後期末の方が近しいような場合に、直後期末の純資産価額を非上場株式の評価に使用することは可能なのでしょうか。

　直前期末の際の上記国税庁の計算明細書の記載例の考え方によれば、「課税時期と直前期末とに大きな変動がない場合」に直前期末の価額を使用することが認められます。そのため同様の考え方に立てば、直後期末と課税時期の価額に大きな変動がなく、財産債務の調整を行っているなどの課税上の弊害がない場合には認められるものと考えられます。

　なお、これらはあくまでも純資産価額の算定の際の考え方ですので「類似業種比準価額」の比準要素の算定の際には適用できません。類似業種比準価額はあくまでも前期末ベースで計算されているので対象会社もそれに合わせる必要があるということです。

❷ 仮決算を組んだほうがよい場合

　仮決算を組んだほうがよいのは直近の営業成績が芳しくない会社です。進行期で期中の利益がマイナスの場合は、その分、純資産価額も下がります。また、資産の評価を再度洗い直すのはもちろんですが、それ以外にも減価償却費をプラスアルファで費用計上できますので、これも減額できる要因となります。

　考えられる減額要因には以下のようなものがあります。

● 売掛金、貸付金の回収不能

　相続税法上の「回収不能」の基準は法人税法上のものより緩いので、実質的に回収不能となっている債権については減額を検討します。

● 繰延資産、前払費用

　財産性のないものについては０円で評価します。

● 建物、構築物

　財産評価基本通達に従って評価しますので、減価償却費が未済で取得価額で記載されている場合には有利になります。

第 3 節

その他の財産の評価

1 生命保険契約に関する権利の取得者の検討

　生命保険契約に関する権利は、被相続人が保険料の全部又は一部を負担し、かつ被相続人以外の者が被保険者である（保険事故未発生の）保険契約をいいます。当該保険契約については、相続開始時点の解約返戻金相当額が相続税の課税価格に算入されます。

　保険料は被相続人（父）が負担していて契約者も父だが、被保険者が父以外（配偶者や子）であるというケースは、本来の相続財産に計上します。

- 契約者：父
- 保険料負担者：父
- 被保険者：母 or 子

　　→本来の相続財産に該当し、解約返戻金で評価します。

　一方、被相続人（父）が保険料を負担していた保険契約で、契約者・被保険者が父以外（配偶者や子）であるケースはみなし相続財産に該当します。

- 契約者：母 or 子
- 保険料負担者：父
- 被保険者：母 or 子

　　→みなし相続財産に該当し、解約返戻金で評価します。

　後者のみなし相続財産は契約者固有の財産となるため遺産分割の対象とはなりませんが、前者の本来の財産は遺産分割で誰が本契約を取得するかにより今後の課税関係が異なってきます。遺産分割に携わる税理士として将来の課税関係も加味した遺産分割の提案をしなければなりません。

　以下の例で将来の課税関係について確認しましょう。

【前提条件】
　　契約者：父
　　保険料負担者：父
　　被保険者：母
　　保険金額：2,000万円
　　既払い保険料：1,500万円
　　解約返戻金相当額：1,800万円
　　母の財産：2億円
　　相続人：母、子

ケース1　一次相続（父の相続）で取得した生命保険契約を二次相続（母の相続）開始前に中途解約した場合

　解約返戻金を加算する前の母の所得を200万円（所得税・住民税率20.21％）、子の所得を1,000万円（所得税・住民税率43.693％）とした場合の解約返戻金にかかる税額を計算します。

　　（注）贈与税は特例税率で計算します。

　中途解約時の課税関係は、一次相続での生命保険契約取得時に　①契約者・受取人ともに母とした場合　②契約者・受取人ともに子とした場合　③契約者を母、受取人を子とした場合　のいずれを選択したかによって以下のようになります。

①契約者・受取人ともに母の場合

　母の所得税相当額の計算：

　　$(1,800万円-1,500万円-50万円)\times 1/2\times 20.21\%=25.26万円$

②契約者・受取人ともに子の場合

　子の所得税相当額の計算：

　　$(1,800万円-1,500万円-50万円)\times 1/2\times 43.693\%=54.61万円$

③契約者が母、受取人が子の場合

　子の贈与税の計算：

　　$(1,800万円-110万円)\times 45\%-265万円=495.5万円$

（単位：万円）

契約者・取得者	母	子	母
受取人	母	子	子
課税関係	所得税・住民税	所得税・住民税	贈与税
税負担相当額	25	54	495

　本ケースでは母を契約者及び受取人とした場合が税負担を最小に抑えることができます。

ケース2　一次相続（父の相続）で生命保険契約を取得した後、被保険者（母）の相続が発生した場合

　解約返戻金を加算する前の子の所得を1,000万円（所得税・住民税率43.693%）とした場合の死亡保険金にかかる税額を計算します。

　被保険者（母）の相続発生時の課税関係は、一次相続での生命保険契約取得時に　①契約者・受取人ともに母とした場合　②契約者を母、受取人を子とした場合　のいずれを選択したかによって以下のようになります。

①契約者・受取人ともに母の場合

母の相続税相当額の計算：

（死亡保険金2,000万円－生命保険の非課税枠500万円）

×相続税率40％＝600万円

②契約者が母、受取人が子の場合

子の所得税相当額の計算：

（2,000万円－1,500万円－50万円）×1／2×43.693％＝98.3万円

（単位：万円）

契約者・取得者	母	子
受取人	子	子
課税関係	相続税	所得税・住民税
相続財産	20,000	
生命保険金	2,000	
生命保険の非課税	△ 500	
正味の遺産額	21,500	―
基礎控除	3,600	
課税遺産総額	17,900	
上記の最高税率	40％	
税負担相当額	600	98

本ケースでは母を契約者とした場合には600万円の税負担となり、子を契約者とした場合には98万円の税負担となります。したがって、子が当該生命保険契約を取得したほうが有利となります。

なお、死亡保険金が二次相続の死亡保険金非課税枠に収まる場合などは契約者を被保険者として相続税課税としたほうが有利になるケースもあります。

2 退職金は一時金でもらうべきか、年金でもらうべきか

❶ 年金でもらう場合の相続税評価

　死亡退職金の相続税評価は、一括でもらう場合は "支払金額＝相続税評価額" ですが、分割払いでもらう場合は、有期定期金の評価に準じて計算します。下記のいずれか多い金額での評価となります。

〈有期定期金の評価〉

- 解約返戻金の額
- 一時金の額
- 1年当たりの平均受給額×予定利率による複利年金現価率

相続税法24条1項

一　有期定期金　次に掲げる金額のうちいずれか多い金額

　イ　当該契約に関する権利を取得した時において当該契約を解約するとしたならば支払われるべき解約返戻金の金額

　ロ　定期金に代えて一時金の給付を受けることができる場合には、当該契約に関する権利を取得した時において当該一時金の給付を受けるとしたならば給付されるべき当該一時金の金額

　ハ　当該契約に関する権利を取得した時における当該契約に基づき定期金の給付を受けるべき残りの期間に応じ、当該契約に基づき給付を受けるべき金額の1年当たりの平均額に、当該契約に係る予定利率による複利年金現価率（複利の計算で年金現価を算出するための割合として財務省令で定めるものをいう。）を乗じて得た金額

　仮に退職金2,000万円を一括で受け取る場合、相続税評価額は2,000万円ですが、10年で分割して支給を受ける場合の相続税評価は以下の金額とな

ります。分割で支給を受けるとしても、分割後の金額ではなく下記一時金
の額が相続税評価額となります。

　　　200万円×9.73[※]＝19,460,000

　　　※予定利率0.5%の場合の複利年金現価率として計算し、解約返戻金や一時金がな
　　　　いものとします。

相続税法基本通達24-2

　　年金の方法により支払又は支給を受ける生命保険契約若しくは損害
保険契約に係る保険金又は退職手当金等の額は、法第24条の規定によ
り計算した金額による。

　　なお、一時金で支払又は支給を受ける生命保険契約若しくは損害保
険契約に係る保険金又は退職手当金等の額は、当該一時金の額を分割
の方法により利息を付して支払又は支給を受ける場合であっても当該
一時金の額であることに留意する。

　　退職金が多額である場合には現価係数で割り引いた分相続税評価が有利
となりますし、支払い法人側においても一度に多額のキャッシュアウトを
避けたい場合に有効な分割案となります。

　　なお、非上場株式の純資産価額においては、支給する退職手当金の額を
負債として計上することが可能です。

　　一括払いの場合にはその金額が負債計上され、分割支給の場合には、相
続税申告における死亡退職金と同額の基準年利率による複利現価の額が負
債計上されます。

❷ 法人側の処理

基本的に退職金は株主総会で決議した期の損金の額に算入されます。

> **法人税基本通達9−2−28**
>
> 　退職した役員に対する退職給与の額の損金算入の時期は、株主総会の決議等によりその額が具体的に確定した日の属する事業年度とする。ただし、法人がその退職給与の額を支払った日の属する事業年度においてその支払った額につき損金経理をした場合には、これを認める。

　また分割払いの退職年金についてはそれぞれ支給する事業年度の損金の額に算入されます。

> **法人税基本通達9−2−29**
>
> 　法人が退職した役員又は使用人に対して支給する退職年金は、当該年金を支給すべき時の損金の額に算入すべきものであるから、当該退職した役員又は使用人に係る年金の総額を計算して未払金等に計上した場合においても、当該未払金等に相当する金額を損金の額に算入することはできないことに留意する。

3 名義預金？　生前贈与？

❶ 現預金は税務調査で指摘されやすい財産

　国税庁の統計データによれば、申告漏れ財産の合計額は3,474億円、うち現金・預金の割合は全体の36.5％（1,268億円）で堂々トップとなっています。

申告漏れ相続財産の金額の構成比の推移

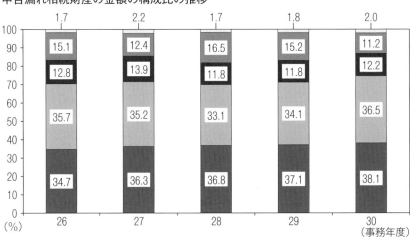

（出典）国税庁ホームページ「平成30事務年度における相続税の調査等の状況」（令和元年
　　　12月）

　現金・預金については相続人が知らなかった預金口座が見つかるケース
もありますが、名義預金や生前贈与の計上漏れを指摘されるケースが非常
に多いです。

❷ 名義預金とは

　名義預金とは口座名義人は被相続人「以外」の者であるが、実質的な所
有者が被相続人であるため、被相続人の相続財産として計上すべきものを
いいます。下記は名義預金の判定フローチャートです。

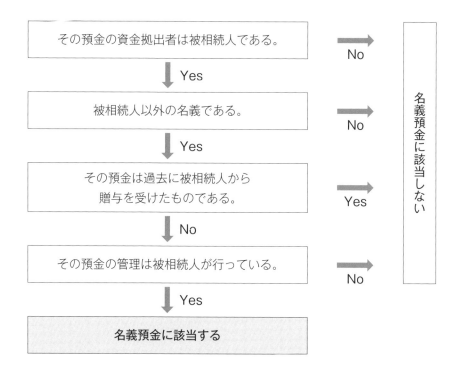

名義預金と判定された場合は相続財産への計上が必要です。

当税理士法人では、現預金の申告漏れを防ぐため、原則として、全ての申告で預金移動調査を実施しており、被相続人（及び被相続人との間で資金移動がある者）の預金口座については相続開始日の6年前の年の1月1日から現在までの全ての取引履歴を確認しております。

❸ 具体例

それでは実際の事例を確認してみます。以下の事例は名義預金として相続財産に計上することが必要でしょうか。または贈与税の期限後申告が必要でしょうか。

〈具体例①〉

　　■相続開始日：令和 2 年（2020年）10月 2 日

　　■口座名義人：子

　　■原資：父（被相続人）

　　■口座の開設：平成24年（2012年） 1 月に子が開設し父から1,000万円
　　　　　　　　　の入金

　　■支配管理：名義人の印鑑を使用。通帳・キャッシュカード・印鑑の保
　　　　　　　　管場所は子の自宅

　　■経緯：孫の学費援助

　　　必要な都度子が引き出し孫の学費のために使っていた。相続開始日時
　　　点の残高は400万円。贈与税の申告はしていない。

　　■贈与税の除斥期間

　　　通常の場合：贈与税の申告期限である平成25年（2013年） 3 月15日か
　　　　　　　　　ら 6 年経過後である平成31年（2019年） 3 月15日

　　　偽りその他不正の行為の場合：

　　　　贈与税の申告期限である平成25年（2013年） 3 月15日から 7 年経過
　　　　後である令和 2 年（2020年） 3 月15日

〈回答①〉

　　口座の管理を子がしていたこと、子が自由に使える状況であったことを
考慮すると、平成24年（2012年） 1 月の1,000万円の入金時点で贈与が成
立しているため相続財産を構成しません。また、相談日時点で贈与税の除
斥期間が経過しているため贈与税の期限後申告は不要と考えられます。

〈具体例②〉

　　■相続開始日：令和 2 年（2020年） 9 月20日

　　■口座名義人：子

■原資：父（被相続人）

■口座の開設：2000年5月に父が開設し父から1,000万円の入金

■支配管理：父の銀行印と同一の印鑑を使用。通帳・キャッシュカード・印鑑の保管場所は父の自宅

■経緯：父が亡くなった後に子は当該口座の存在を知った。相続開始日時点の残高は1,050万円。

〈回答②〉

　こちらは名義預金の典型的な例です。支配管理が父であり、子が口座作成の事実も知らなかったということであれば、相続開始日時点の残高1,050万円を被相続人の相続財産に計上する必要があります。

〈具体例③〉

■相続開始日：令和2年（2020年）10月31日

■口座名義人：子

■原資：父（被相続人）

■口座の開設：平成28年（2016年）4月に父が子名義にて口座開設し、父の口座から2,000万円を当該口座に入金した。

■支配管理：父の銀行印ではない別の印鑑を使用。被相続人と子が同居しており、被相続人と子の通帳・キャッシュカードは同じ場所で保管していた。

■経緯：当該口座の存在は知っていたが、相続開始日までに父に対する遠慮もあって引き出し等はせずにそのまま残っていた。父の管理下にあったか子の管理下にあったかは微妙な状況だった。平成29年（2017年）3月に子は贈与税の申告はしていない。

〈回答③〉

　これは名義預金として相続財産に計上するか、贈与が成立しているか微妙なケースです。相続財産に計上した場合と贈与税の期限後申告をした場合の税負担を把握し、税務リスクを総合的に検討します。

● 相続財産：２億円（上記2,000万円を除く）
● 相続人：子のみ

（相続財産に計上した場合の相続税相当額）　（単位：万円）

相続財産	20,000
名義預金	2,000
正味の遺産額	22,000
相続税額	5,660
2,000万円に相当する相続税額	800

（贈与税の期限後申告をした場合の税額）　（単位：万円）

贈与財産	2,000
贈与税額	585
無申告加算税（５％）	29
延滞税	57
合計	671

（注）延滞税は、令和２年（2020年）12月１日に贈与税の期限後申告及び納付をしたものとして延滞税を計算しています。

　名義財産として相続財産に計上した場合と贈与が成立しているものとして贈与税の期限後申告した場合で税負担が上記の通り異なることとなりました。

第 3 章

遺産分割での提案が
税理士の腕の
見せどころ

第 1 節

二次相続を踏まえた遺産分割提案

1 二次相続税額シミュレーションの概要

❶ 二次相続税額シミュレーションとは

二次相続税額シミュレーションの定義の前に、一次相続、二次相続という定義を確認しましょう。一次相続というのは夫婦のうち先に亡くなった方の相続を指します。二次相続とは残された一方が亡くなった場合の相続を指します。

厳密にいうと一次相続や二次相続というワードは夫婦間の相続に限った話ではありません。ちなみに、一次相続や二次相続というワードは、相続税法では第20条（相次相続控除）にて登場します（正確には、「第一次相続」、「第二次相続」というワードですが）。この相次相続控除の規定では夫婦間の話だけではなく親子間や兄弟間の相続も範疇に含まれています。

なお、本節では一般的な一次相続、二次相続の概念である夫婦間の相続に限って解説していきたいと思います。

前置きが長くなりましたが、二次相続税額シミュレーションとは、一次相続の配偶者の相続財産の取得割合に応じた一次相続及び二次相続におけるそれぞれの相続税額を試算したものをいいます。

言わずもがなですが、二次相続税額シミュレーションが必要なケースは、相続人に配偶者が含まれる場合、いわゆる一次相続の場合に限られます。

❷ 二次相続税額シミュレーションが不要なケース

全ての一次相続案件で二次相続シミュレーションが必要というわけではありません。例えば、下記のような案件で二次相続税額シミュレーションを求められることは少ないでしょう。

---

① 相続人間で争いがある場合
② 前妻の子と後妻が相続人の場合
③ 配偶者が自身の相続分を主張する場合
④ 遺言がある場合

---

1 相続人間で争いがある場合

相続人間で遺産分割争いがある場合には、最終的には民法に定める法定相続分に近い割合で相続することになる場合が大半であるため、配偶者の相続割合を調整するような二次相続税額の試算をする必要は生じないでしょう。

2 前妻の子と後妻が相続人の場合

前妻の子と後妻が相続人の場合において、後妻が前妻の子を養子縁組していないときは、前妻の子は後妻の相続人にはなり得ません。したがって、前妻の子には二次相続という概念すら発生しませんので二次相続税額シミュレーションは不要となるでしょう。

3 配偶者が自身の相続分を主張する場合

上記1と若干関連しますが、実務をやっていると配偶者が自身の相続分を譲らないケースが多々あります。もちろん配偶者の気持ちになって考えてみれば当然ですが、被相続人の財産の蓄積に少なからず寄与したとい

う自負もあり、二次相続税額シミュレーションの結果、配偶者の相続分が自身の想定していたものよりも少ないとこのようなケースに発展することはよくあります。二次相続税額シミュレーションを実施すると、全体の税負担が一番少なくなる結果では配偶者の法定相続分を下回ることが多くなります。税理士としても配偶者の心の機微を察しながら、配偶者の気持ちに寄り添って提案のタイミングや提案方法を熟考しなければならないのです。

④ 遺言がある場合

被相続人が残した遺言がある場合にはその遺言に従って遺産を分配することになるので、基本的には二次相続税額シミュレーションは不要となります。ただし、後述するように相続人全員の合意があれば遺言と異なる遺産分割は可能となりますので、遺言が二次相続をあまり考慮していないような場合には二次相続税額シミュレーションを提案する場合もあり得ます。

❸ 受任時の留意点

上記❷で述べたように全ての案件で二次相続税額シミュレーションが必要となるわけではありませんが、二次相続税額シミュレーションが必要な案件にも関わらずその提案を失念した場合には、後々クレーム等に発展することも考えられます。現に、当税理士法人で受任した二次相続案件（一次相続は別の税理士が担当）で、「一次相続で異なった分け方をしていれば一次相続及び二次相続の相続税額を大幅に軽減することができたのに」と相続人から言われるケースもあります。

そのようなことがないように一次相続を受任した税理士としては、二次相続にかかる相続税についても受任時に適切な説明をしなければならない

でしょう。

　相続人は相続に慣れているわけではないため二次相続税額シミュレーションが何なのかも理解していません。したがって、まずは二次相続税額シミュレーションがどういったものなのかを丁寧に説明します。その上で、上記❷のような案件ではなく相続人が二次相続税額シミュレーションを望む場合には、その提案をする前提で相続税申告の受任をすべきでしょう。

2　配偶者の財産がほぼない場合

　平均寿命から考えて男性が先に亡くなるケースが多く、一次相続の被相続人が夫、残された相続人が妻という案件が最も一般的です。また、現在80歳や90歳の夫婦は現在のような女性の社会進出が進んでいない時代であったことから妻が専業主婦であることが多く、妻の固有財産が少ない傾向にあります。具体的な数字で確認していきましょう。

【実例①】
　被 相 続 人：夫
　相　　続　　人：妻、長男、長女
　相 続 財 産：3億円
　妻の固有財産：1,000万円

二次相続税額シミュレーション

（単位：千円）

配偶者取得割合	一次相続税額	二次相続税額	左記合計
0%	57,200	0	57,200
10%	51,480	0	51,480
20%	45,760	3,200	48,960
30%	40,040	7,700	47,740
40%	34,320	13,600	47,920
50%	28,600	21,400	50,000
60%	26,693	29,256	55,949
70%	26,693	36,540	63,233
80%	26,693	43,824	70,517
90%	26,693	52,811	79,504
100%	26,693	62,523	89,216

相続税額（単位：千円）

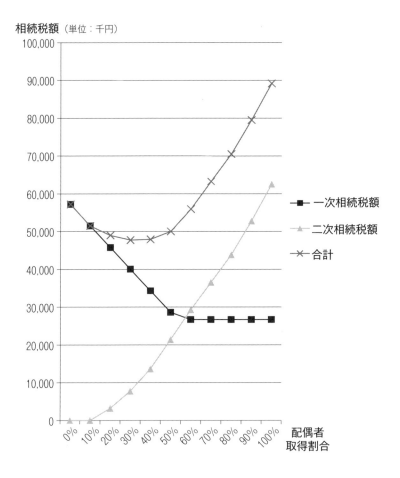

（注1）　相次相続控除は考慮していません。

（注2）　一次相続から二次相続にかかる財産の増減は考慮していません。

　この**実例①**の場合には、一次相続における配偶者の取得割合が30％
〜40％のときに一次相続及び二次相続の相続税額合計が最小となることが
わかります。

【実例②】

　被 相 続 人：夫

　相　　続　　人：妻、長男

　相 続 財 産：8,000万円

　妻の固有財産：ゼロ

二次相続シミュレーション結果　　　　　（単位：千円）

配偶者取得割合	一次相続税額	二次相続税額	合計
0%	4,700	0	4,700
10%	4,230	0	4,230
20%	3,760	0	3,760
30%	3,290	0	3,290
40%	2,820	0	2,820
50%	2,350	400	2,750
60%	1,880	1,300	3,180
70%	1,410	2,500	3,910
80%	940	3,700	4,640
90%	470	5,200	5,670
100%	0	6,800	6,800

相続税額（単位：千円）

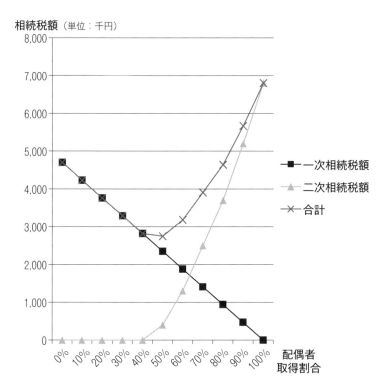

（注）　一次相続から二次相続にかかる財産の増減は考慮していません。

　この**実例②**の場合には、一次相続における配偶者の取得割合が40％
〜50％のときに一次相続及び二次相続の相続税額合計が最小となることが
わかります。

3 配偶者の財産のほうが多い場合

　妻が先に亡くなる場合や、妻の実家が資産家で妻の固有財産の方が夫の
財産よりも多い場合も少なくありません。すなわち、被相続人の財産より

も残された配偶者の財産の方が多いというケースです。そのような場合にはシミュレーション結果も上記**1**とは異なることとなります。具体的な数字で確認していきましょう。

【実例①】

　被 相 続 人：妻
　相　　続　　人：夫、長男
　相 続 財 産：7,000万円
　夫の固有財産：2億円

二次相続シミュレーション結果　　　　　　　　　　　　（単位：千円）

配偶者取得割合	一次相続税額	二次相続税額	合計
0%	3,200	48,600	51,800
10%	2,880	51,400	54,280
20%	2,560	54,200	56,760
30%	2,240	57,000	59,240
40%	1,920	59,800	61,720
50%	1,600	62,600	64,200
60%	1,280	65,700	66,980
70%	960	68,850	69,810
80%	640	72,000	72,640
90%	320	75,150	75,470
100%	0	78,300	78,300

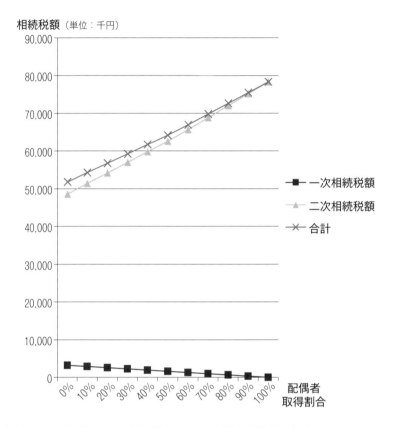

相続税額（単位：千円）

（注）　一次相続から二次相続にかかる財産の増減は考慮していません。

　この**実例①**の場合には、一次相続における配偶者の取得割合がゼロのときに一次相続及び二次相続の相続税額合計が最小となることがわかります。

【実例②】

被 相 続 人：夫

相　続　　人：妻、長女、長男、次男

相 続 財 産：3億円

妻の固有財産：5億円

二次相続シミュレーション結果

（単位：千円）

配偶者取得割合	一次相続税額	二次相続税額	合計
0%	50,800	129,800	180,600
10%	45,720	141,800	187,520
20%	40,640	153,800	194,440
30%	35,560	165,800	201,360
40%	30,480	177,800	208,280
50%	25,400	189,900	215,300
60%	23,706	201,876	225,582
70%	23,706	213,090	236,796
80%	23,706	224,304	248,010
90%	23,706	235,518	259,224
100%	23,706	246,732	270,438

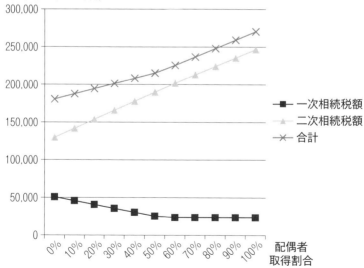

相続税額（単位：千円）

（注1）　相次相続控除は考慮していません。

（注2）　一次相続から二次相続にかかる財産の増減は考慮していません。

　この**実例②**の場合においても、一次相続における配偶者の取得割合がゼロのときに一次相続及び二次相続の相続税額合計が最小となることがわかります。被相続人の財産よりも配偶者の財産のほうが多いケースでは配偶者が遺産を一切相続しないほうが相続税の負担が最小となるケースが多いでしょう。

4　数次相続の場合

　数次相続とは一次相続の遺産分割が完了する前にその相続人の１人が亡くなってしまうことをいいます。ここでは夫婦間で数次相続が発生した場合について具体的な数値を使って確認していきたいと思います。

　なお、相次相続控除等、数次相続において注意すべき論点については後述の❶で解説しています。

【実例①】
　〈一次相続〉
　　相 続 開 始 日：令和 X1年 5 月10日
　　被 相 続 人：夫
　　相　　続　　人：妻、長男
　　相 続 財 産：２億円
　　妻の固有財産：2,000万円
　〈二次相続〉
　　相 続 開 始 日：令和 X1年 6 月10日
　　被 相 続 人：妻
　　相　　続　　人：長男
　　相 続 財 産：妻の固有財産2,000万円＋夫からの遺産

二次相続シミュレーション結果

（単位：千円）

配偶者取得割合	一次相続税額	二次相続税額	合計
0%	33,400	0	33,400
10%	30,060	400	30,460
20%	26,720	3,100	29,820
30%	23,380	6,800	30,180
40%	20,040	12,200	32,240
50%	16,700	18,200	34,900
60%	13,360	24,600	37,960
70%	10,020	32,600	42,620
80%	6,680	40,600	47,280
90%	6,680	43,924	50,604
100%	6,680	47,248	53,928

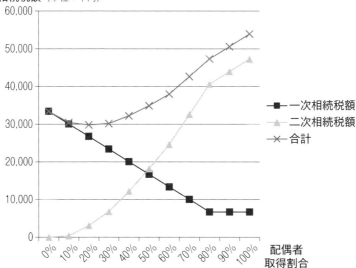

相続税額（単位：千円）

　この**実例①**の場合には、一次相続における配偶者の取得割合が20％前後のときに一次相続及び二次相続の相続税額合計が最小となることがわかります。数次相続の場合において、相続税の負担以外に遺産分割の論点がないときは、相続税負担が最有利となる割合を税理士から積極的に提案する必要があるでしょう。

【実例②】

〈一次相続〉

　　相 続 開 始 日：令和 X1年10月 3 日

　　被 相 続 人：夫

　　相　　続　　人：妻、長男

　　相 続 財 産：10億円

　　妻の固有財産： 5 億円

〈二次相続〉

　　相続開始日：令和 X2年 2 月20日

　　被 相 続 人：妻

　　相　　続　　人：長男

　　相 続 財 産：妻の固有財産 5 億円＋夫からの遺産

　この**実例②**は、配偶者の税額軽減を適用する場合と適用しない場合の両方を検討します。

二次相続シミュレーション結果
（配偶者の税額軽減適用あり）

（単位：千円）

配偶者取得割合	一次相続税額	二次相続税額	合計
0%	395,000	190,000	585,000
10%	355,500	240,000	595,500
20%	316,000	293,200	609,200
30%	276,500	348,200	624,700
40%	237,000	403,200	640,200
50%	197,500	458,200	655,700
60%	197,500	451,975	649,475
70%	197,500	445,750	643,250
80%	197,500	439,525	637,025
90%	197,500	433,300	630,800
100%	197,500	427,075	624,575

相続税額（単位：千円）

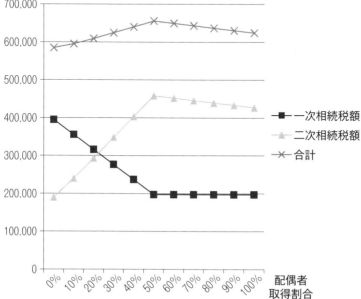

二次相続シミュレーション結果
（配偶者の税額軽減適用なし）　　　　　　　　　　（単位：千円）

配偶者取得割合	一次相続税額	二次相続税額	合計
0%	395,000	190,000	585,000
10%	395,000	180,750	575,750
20%	395,000	171,500	566,500
30%	395,000	164,525	559,525
40%	395,000	158,300	553,300
50%	395,000	152,075	547,075
60%	395,000	145,850	540,850
70%	395,000	139,625	534,625
80%	395,000	133,400	528,400
90%	395,000	127,175	522,175
100%	395,000	120,950	515,950

相続税額（単位：千円）

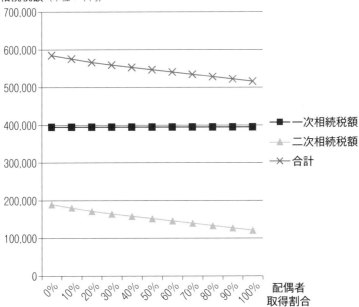

　181頁図については、配偶者の税額軽減を適用した場合で配偶者の取得割合がゼロのときに一次相続及び二次相続の相続税額合計が最小となります。これに対し、182頁図については、配偶者の税額軽減を適用しない場合で配偶者の取得割合が100％のときに一次相続及び二次相続の相続税額合計が最小となります。一方で、配偶者の税額軽減を適用した場合の最小相続税額は585,000千円となり、配偶者の税額軽減を適用しない場合の最小相続税額は515,950千円となります。結果として配偶者の税額軽減を適用しない場合のほうが相続税の負担は抑えられるのです。

　このような結果になる理由としては、配偶者の税額軽減を適用しないことにより、二次相続において一次相続における配偶者の相続税額につき、債務控除及び相次相続控除の適用があるためです。

　以上の通り、数次相続案件の場合には、ケースによって、配偶者の取得割合、配偶者の税額軽減の適用有無により相続税の負担が異なってきますので二次相続税額シミュレーションが必須となります。

　また、上記以外の数次相続案件の留意点を下記にまとめます。

❶　一次相続の相続税申告上の留意点

［1］　税額控除

　数次相続における相続税額計算で注意すべき論点は、税額控除となります。

　①　配偶者に対する相続税額の軽減（相法19の2）

　　数次相続案件においても配偶者に対する相続税額の軽減は適用可能となります（相基通19の2－5）。

　②　未成年者控除（相法19の3）、障害者控除（相法19の4）

　　一次相続において未成年者控除や障害者控除を受けた者が、二次相続でこれらの控除を受けることができる金額は、一次相続で控除を受けた

金額が二次相続で控除できる金額に満たなかった場合におけるその満たなかった部分の金額の範囲内に限られます（相法19の3③）。

③　相次相続控除（相法20）

二次相続の被相続人が相続開始前10年以内に相続等によって財産を取得し相続税が課されていた場合には、その被相続人から相続等によって財産を取得した人の相続税額から、下記計算式によって計算した金額を控除します。

【計算式】

A×C/（B－A）［求めた割合が100/100を超えるときは、100/100とする］
×D/C×（10－E）/10＝各相続人の相次相続控除額

A：今回の被相続人が前の相続の際に課せられた相続税額

（注）この相続税額は、相続時精算課税分の贈与税額控除後の金額をいい、この被相続人が納税猶予の適用を受けていた場合の免除された相続税額並びに延滞税、利子税及び加算税の額は含まれません。

B：被相続人が前の相続の時に取得した純資産価額（取得財産の価額＋相続時精算課税適用財産の価額－債務及び葬式費用の金額）

C：今回の相続、遺贈や相続時精算課税に係る贈与によって財産を取得したすべての人の純資産価額の合計額

D：今回のその相続人の純資産価額

E：前の相続から今回の相続までの期間

（注）1年未満の期間は切り捨てます。

② **申告期限**

　一次相続に係る相続人が相続税申告書の提出期限前にその申告書を提出しないで死亡した場合には、その死亡した者の相続人は、二次相続の開始があったことを知った日の翌日から10ヶ月以内に一次相続に係る相続税の申告書を提出しなければなりません。すなわち、一次相続に係る相続税の申告期限は相続人によって異なることとなります。

③ **第1表の付表1**

　第1次相続に係る相続税の申告書には、通常の相続税申告書に、第1表の付表1（納税義務等の承継に係る明細書（兼相続人の代表者指定届出書））を追加する必要があります。

納税義務等の承継に係る明細書
（兼相続人の代表者指定届出書）

被相続人 _____

税務署受付印

この表は、次の①から③までに掲げる場合のいずれかに該当する場合に記入します。
① 相続時精算課税適用者が被相続人である特定贈与者の死亡の日前に死亡している場合
② 相続税の申告書を提出すべき者が被相続人の死亡の日から相続税の申告期限までの間に相続税の申告書を提出しないで死亡している場合
③ 相続税の修正申告書を提出すべき者が相続税の修正申告書を提出しないで死亡している場合

1 死亡した者の住所・氏名等

住所		氏名	フリガナ		相続開始年月日	平成　年　月　日

2 死亡した者の納付すべき又は還付される税額

	納付すべき税額（相続税の申告書第1表の㉘の金額）	円	‥‥‥A
	還付される税額（相続税の申告書第1表の㉘の金額）	△　　　円	

3 相続人等の代表者の指定
（相続税に関する書類を受領する代表者を指定するときに記入してください。）

相続人等の代表者の氏名 _____

4 限定承認の有無
（相続人等が限定承認しているときは、右の「限定承認」の文字を○で囲んでください。）

限定承認

5 相続人等に関する事項

(1)	住所	〒	〒	〒	〒
(2)	氏名	フリガナ　㊞	フリガナ　㊞	フリガナ　㊞	フリガナ　㊞
(3)	個人番号又は法人番号	個人番号の記載に当たっては、左端を空欄とし、ここから記載してください。	個人番号の記載に当たっては、左端を空欄とし、ここから記載してください。	個人番号の記載に当たっては、左端を空欄とし、ここから記載してください。	個人番号の記載に当たっては、左端を空欄とし、ここから記載してください。
(4)	職業及び被相続人との続柄	職業　　続柄	職業　　続柄	職業　　続柄	職業　　続柄
(5)	生年月日	明・大・昭・平　年　月　日	明・大・昭・平　年　月　日	明・大・昭・平　年　月　日	明・大・昭・平　年　月　日
(6)	電話番号				
(7)	承継割合 ‥‥‥B	法定・指定	法定・指定	法定・指定	法定・指定
(8)	相続又は遺贈により取得した財産の価額	円	円	円	円
(9)	各人の (8) の合計	円			
(10)	(8)の(9)に対する割合 $\frac{(8)}{(9)}$				

6 税額

A×B	納付すべき税額（各人の100円未満切捨て）	00円	00円	00円	00円
	還付される税額	△　　円	△　　円	△　　円	△　　円

税務署整理欄	整理番号	0	0	0	0
	番号確認　身元確認				

第1表の付表1（平28.7）　　　　　　　　　　　　　　　　　　　　　　　（資4−20−1−2−A4統一）

4 **遺産分割協議書**

　数次相続案件の遺産分割協議書は、通常の遺産分割協議書と若干異なる部分がありますので、記載例を参考にしてみてください。

【数次相続の場合の遺産分割協議書記載例】

※下線部分が数次相続特有の文言

遺 産 分 割 協 議 書

被相続人　父
最後の本籍　　○○
最後の住所　　○○

<u>相続人兼被相続人　　母</u>
<u>最後の本籍　　　○○</u>
<u>最後の住所　　　○○</u>
<u>死亡年月日　　　令和X年2月10日</u>

　被相続人父（令和X年1月15日死亡）の遺産については、同人の相続人全員において分割協議を行った結果、次のとおり遺産を分割し、取得することを合意した。

記

1　下記不動産は<u>亡母</u>が相続する。
　　　所在　　　　　　　○○市○○区○○
　　　地番　　　　　　　○○番○○
　　　地目　　　　　　　宅地
　　　地積　　　　　　　○○ m^2
　　　持分　　　　　　　2分の1
2　下記株式は長女が相続する。

```
    ○○株式会社の株式　○○株
           ·
           ·
           ·
-----------------------------------------------------------------

    令和○年○月○日


                          住所　　○○
                          相続人兼母の相続人　長女

                          住所　　○○
                          相続人兼母の相続人　次女
```

❷ 一次相続の相続税申告を戦略的に未分割申告とする場合

　一次相続及び二次相続の相続開始日が下記で、二次相続開始前に一次相続に係る遺産分割が確定しなかったものとします。

　父の相続開始日：令和X1年8月15日

　母の相続開始日：令和X2年1月10日

　この場合の一次相続に係る相続税申告の期限は令和X2年6月15日となります。

　数次相続案件は、遺産分割の割合を調整することにより一次相続及び二次相続の相続税額合計の負担が一番軽くなるようにすることができます。ただし、上記相続開始日だと一次相続と二次相続の相続開始年が異なり、また、一次相続に係る相続税の申告期限が令和X2年の路線価の公表される7月1日より前となっているため、二次相続について土地がある場合に

は、その土地の評価額を確定させることができず、二次相続に係る相続財産の評価を確定させることができません。すなわち、税負担が一番抑えられるような遺産分割の割合を算定することができないこととなるのです。

　このような場合には、一次相続に係る相続税申告を戦略的に未分割申告とし、二次相続の相続財産が確定した段階で、相続税負担が一番抑えられる遺産分割の割合を算定した後に一次相続に係る相続税申告につき更正の請求又は修正申告をする方法も考えられます。

5　二次相続の生前対策を考慮する場合

　4までは一次相続と二次相続の間で財産の増減がない前提での二次相続税額シミュレーションを確認してきましたが、実務上は二次相続までの間に残された配偶者の相続税の生前対策を講じた場合のシミュレーションを提案することのほうが多いです。生前対策をしなかった場合と生前対策を講じた場合について具体的な数字で確認していきましょう。

【二次相続の生前対策を考慮しない場合】
　被 相 続 人：夫
　相　　続　　人：妻、長男、長女
　相 続 財 産：3億円
　妻の固有財産：1億円

二次相続シミュレーション結果
（二次相続の生前対策を考慮しない場合）　　　　　（単位：千円）

配偶者取得割合	一次相続税額	二次相続税額	合計
0%	57,200	7,700	64,900
10%	51,480	13,600	65,080
20%	45,760	21,400	67,160
30%	40,040	30,400	70,440
40%	34,320	39,400	73,720
50%	28,600	49,200	77,800
60%	26,693	59,675	86,368
70%	26,693	69,387	96,080
80%	26,693	79,099	105,792
90%	26,693	88,811	115,504
100%	26,693	98,523	125,216

相続税額（単位：千円）

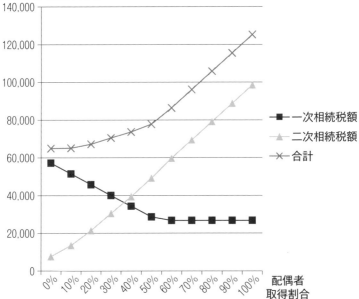

（注1）　相次相続控除は考慮していません。

（注2）　一次相続から二次相続にかかる財産の増減は考慮していません。

【二次相続の生前対策を考慮した場合】

二次相続の生前対策

　長男家族への生前贈与：4,000万円

　長女家族への生前贈与：4,000万円

　一時払い終身保険加入：1,000万円

二次相続シミュレーション結果
（二次相続の生前対策を考慮した場合）　　　（単位：千円）

配偶者取得割合	一次相続税額	二次相続税額	合計
0%	57,200	0	57,200
10%	51,480	0	51,480
20%	45,760	3,200	48,960
30%	40,040	7,700	47,740
40%	34,320	13,600	47,920
50%	28,600	21,400	50,000
60%	26,693	29,256	55,949
70%	26,693	36,540	63,233
80%	26,693	43,824	70,517
90%	26,693	52,811	79,504
100%	26,693	62,523	89,216

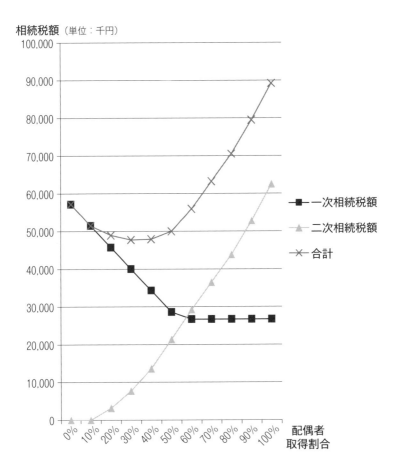

相続税額（単位：千円）

（注）　相次相続控除は考慮していません。

　二次相続の生前対策をしなかった場合の二次相続税額シミュレーション
の最有利となる配偶者取得割合はゼロであり、一次相続及び二次相続の相
続税の合計額は6,490万円となります。これに対し、二次相続までの間に
生前対策（9,000万円）を実行した場合の二次相続税額シミュレーション
の最有利となる配偶者取得割合は30％～40％であり、一次相続及び二次相
続の相続税の合計額は4,800万円弱となります。配偶者の年齢が比較的若

く、相続税の生前対策にも前向きな場合には、配偶者が生前対策した場合の
シミュレーションも提案して遺産分割の参考としてもらうことも有用です。

6 将来の価値増減が判明している財産がある場合

　将来の価値の上昇や下落が判明している財産や収入が見込まれる財産、
費用がかかる財産が相続財産に含まれる場合、それらの財産を配偶者に取得
させるかどうかで相続税の負担が異なってきます。なお、将来の価値の上昇
や下落が判明している財産とは例えば下記のような財産が該当するでしょう。

- ■ 将来価値が上昇する財産、収入が見込まれる財産
    新設予定の駅近くの土地、賃貸物件など
- ■ 将来価値が下落する財産、費用がかかる財産
    減価償却資産、未利用地など

　このような財産は下記方針で遺産分割をすると相続税を抑えることが可
能です。

- ■ 将来価値が上昇する財産、収入が見込まれる財産
    ⇒配偶者以外が相続する
- ■ 将来価値が下落する財産、費用がかかる財産
    ⇒配偶者が相続する

　具体的な数字で確認していきましょう。

【前提条件】
　被相続人：夫
　相 続 人：妻、長男

相続財産：5億円

一次相続の遺産分割：妻50%、長男50%

上記のうち将来価値の下落する建物：

　　　一次相続時の相続税評価額　1億円

　　　二次相続時の相続税評価額　5,000万円

◆妻の固有財産はなし。

（単位：千円）

	建物を妻が相続	建物を長男が相続	差額
一次相続税額	76,050	76,050	0
二次相続税額	48,600	69,300	−20,700
合計	124,650	145,350	−20,700

　妻が価値の下落する建物を相続したほうが2,000万円程度相続税の負担が抑えられているのがわかると思います。

7　夫婦間の財産比率と相続税の関係

　夫婦間の財産の比率により将来の相続税負担がどのように異なってくるのかを検証します。夫婦の生前に夫婦間の適正な財産比率を把握できていれば、夫婦間の贈与や、同族会社のオーナーの場合には給与等で財産比率を調整することもできるでしょう。具体的な数字で確認していきましょう。

【前提条件】

　夫婦の財産合計：6億円

　◆夫死亡後15年経過後に妻が死亡。

　◆夫死亡後の妻の財産に増減なし。

　◆子は長男のみ。

〈夫の財産が6億円、妻の財産がゼロの場合〉

二次相続シミュレーション結果　　　　　　　　　（単位：千円）

配偶者取得割合	一次相続税額	二次相続税額	合計
0%	197,100	0	197,100
10%	177,390	3,100	180,490
20%	157,680	18,200	175,880
30%	137,970	40,600	178,570
40%	118,260	64,800	183,060
50%	98,550	91,800	190,350
60%	98,550	110,145	208,695
70%	98,550	130,290	228,840
80%	98,550	150,435	248,985
90%	98,550	170,580	269,130
100%	98,550	190,725	289,275

相続税額（単位：千円）

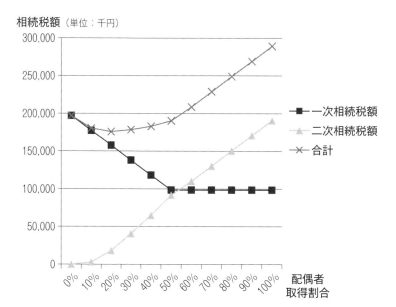

〈夫の財産が3億円、妻の財産が3億円の場合〉

二次相続シミュレーション結果 (単位：千円)

配偶者取得割合	一次相続税額	二次相続税額	合計
0%	69,200	91,800	161,000
10%	62,280	105,300	167,580
20%	55,360	120,000	175,360
30%	48,440	135,000	183,440
40%	41,520	150,000	191,520
50%	34,600	165,000	199,600
60%	32,293	177,694	209,987
70%	32,293	189,234	221,527
80%	32,293	200,774	233,067
90%	32,293	212,314	244,607
100%	32,293	223,854	256,147

相続税額 (単位：千円)

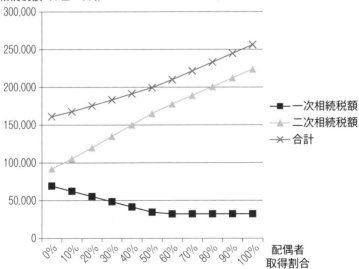

〈夫の財産が4億円、妻の財産が2億円の場合〉

二次相続シミュレーション結果　　　　　　　　（単位：千円）

配偶者取得割合	一次相続税額	二次相続税額	合計
0%	109,200	48,600	157,800
10%	98,280	64,800	163,080
20%	87,360	82,800	170,160
30%	76,440	100,800	177,240
40%	65,520	120,000	185,520
50%	54,600	140,000	194,600
60%	54,600	154,540	209,140
70%	54,600	169,080	223,680
80%	54,600	183,620	238,220
90%	54,600	198,160	252,760
100%	54,600	212,700	267,300

相続税額（単位：千円）

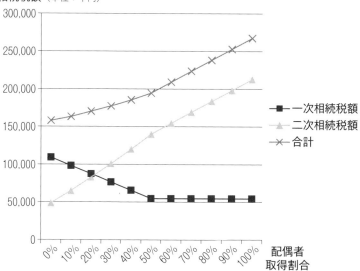

〈夫の財産がゼロ、妻の財産が6億円の場合〉

二次相続シミュレーション結果　　　　　　　　　　　（単位：千円）

配偶者取得割合	一次相続税額	二次相続税額	合計
0%	0	240,000	240,000
10%	0	240,000	240,000
20%	0	240,000	240,000
30%	0	240,000	240,000
40%	0	240,000	240,000
50%	0	240,000	240,000
60%	0	240,000	240,000
70%	0	240,000	240,000
80%	0	240,000	240,000
90%	0	240,000	240,000
100%	0	240,000	240,000

相続税額 （単位：千円）

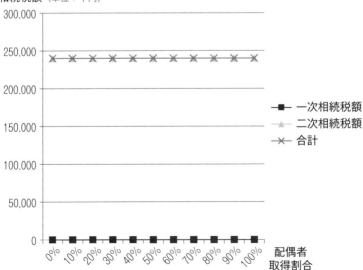

（単位：千円）

配偶者 取得割合	夫6億円・ 妻ゼロ	夫3億円・ 妻3億円	夫4億円・ 妻2億円	夫ゼロ・ 妻6億円
0%	197,100	161,000	157,800	240,000
10%	180,490	167,580	163,080	240,000
20%	175,880	175,360	170,160	240,000
30%	178,570	183,440	177,240	240,000
40%	183,060	191,520	185,520	240,000
50%	190,350	199,600	194,600	240,000
60%	208,695	209,987	209,140	240,000
70%	228,840	221,527	223,680	240,000
80%	248,985	233,067	238,220	240,000
90%	269,130	244,607	252,760	240,000
100%	289,275	256,147	267,300	240,000

　上記検証の結果、本前提の場合には、生前の夫婦の財産比率が4億円：2億円で、一次相続の配偶者取得割合がゼロのときに相続税負担が一番抑えられる結果となりました。

　この検証からわかることは、ある程度の財産がある夫婦の場合には夫婦どちらかに明らかに財産が偏るよりは、ある程度バランス良く分配されている方が相続税負担を抑えられるということです。

その他の分割提案

---

1 配偶者居住権の概要と二次相続での影響

　令和2年4月1日以降の相続開始案件から適用開始となる配偶者居住権は、相続に携わる専門家としては無視できない制度となります。制度の概要をおさえて納税者に対して適切な提案ができるようにならなければなりません。ここでは、配偶者居住権の概要とリスク、そして具体的な活用方法について解説していきます。

❶ 配偶者居住権の概要

1 配偶者居住権の定義

　配偶者居住権とは、残された配偶者が、被相続人の死亡時に住んでいた建物を亡くなるまで無償で使用することができる権利です。

　配偶者居住権の成立要件は次の3つです。

　①　その配偶者が被相続人所有の建物に相続開始時に居住していたこと

　②　被相続人が居住建物を配偶者以外の者と共有していないこと

　③　遺産分割、遺贈、死因贈与、家庭裁判所の審判により取得したこと

　その他、配偶者居住権のポイントは下記の通りです。

● 配偶者居住権は譲渡禁止

　配偶者居住権は、配偶者のみに認められている属人的な権利ですので、この権利自体を譲渡することはできません。相続税の評価対象にはなるのに換金性はないという相続税の課税財産の中では変わった性質の権利となります。

● 内縁の配偶者は？

　配偶者居住権が認められているのは戸籍上の配偶者のみであり、内縁の配偶者には配偶者居住権は認められません。

● 配偶者居住権の登記

　配偶者居住権は登記をすることにより第三者に対抗できます。

● 配偶者居住権設定建物は賃貸できる？

　配偶者居住権の設定されている建物について、所有者の承諾があれば第三者に賃貸することも可能です。

● 配偶者短期居住権とは？

　遺産分割が確定した日または相続開始の時から6ヶ月を経過した日のいずれか遅い日まで自宅に無償で住み続けることができる配偶者短期居住権という権利も、配偶者居住権と同時に創設されました。

2 配偶者居住権の相続税評価

　配偶者居住権は一般的には流通しないような財産であるため、財産評価基本通達ではなく相続税法に規定され、法定評価となりました（相法23の2）。配偶者居住権を設定した場合には、下記4つの権利につき評価が必要となります。

> ①　配偶者居住権（相法23の2①）
> ②　居住建物の所有権（相法23の2②）
> ③　配偶者居住権に基づき居住建物の敷地を使用する権利（以下「敷地利用権」）（相法23の2③）
> ④　居住建物の敷地の用に供される土地等の所有権（以下「敷地所有権」）（相法23の2④）

① 配偶者居住権の評価

$$\text{居住建物の}\atop\text{時価}^{※1} - \text{居住建物}\atop\text{の時価} \times \frac{\text{耐用年数}^{※2} - \text{経過年数}^{※3} - \text{存続年数}^{※4}}{\text{耐用年数} - \text{経過年数}} \times \text{存続年数に応じた}\atop\text{法定利率による}\atop\text{複利現価率}^{※5}$$

※1　居住建物の時価

　　配偶者居住権が設定されていないものとして財産評価基本通達に基づき評価した金額とします。ただし、居住建物の一部が賃貸の用に供されている場合又は被相続人が相続開始の直前において居住建物をその配偶者と共有していた場合には、次の算式により計算した金額となります（相法23の2①一）。

$$\text{居住建物が賃貸の用に供さ}\atop\text{れておらず、かつ、共有で}\atop\text{ないものとした場合の時価} \times \frac{\text{賃貸の用に供されている}\atop\text{部分以外の部分の床面積}}{\text{居住建物の床面積}} \times \text{被相続人が有し}\atop\text{ていた持分割合}$$

※2　耐用年数

　　所得税法施行令第129条（減価償却資産の耐用年数、償却率等）に規定する耐用年数のうち居住建物に係るものとして財務省令で定めるものに1.5を乗じて計算した年数（6月以上の端数は1年とし、6月に満たない端数は切り捨てる）とします（相令5の8②）。

構造	法定耐用年数	1.5倍耐用年数
鉄骨鉄筋又は鉄筋コンクリート	47年	71年
れんが・石・ブロック	38年	57年
金属造4mm超	34年	51年
金属造3〜4mm以下	27年	41年
金属造3mm以下	19年	29年
木造・合成樹脂	22年	33年
木骨モルタル	20年	30年

※3　経過年数

　　建築時から配偶者居住権設定時までの経過年数（6月以上の端数は1年とし、6月に満たない端数は切り捨てる）（相法23の2①二イ）とします。なお、相続開始前に増改築がされた場合であっても、増改築部分を区分することなく、新築時からの経過年数による（相基通23の2－3）。

※4　存続年数

　　次に掲げる場合の区分に応じそれぞれに定める年数（6月以上の端数は1年とし、6月に満たない端数は切り捨てる。）とします（相令5の8③）。

　　a　配偶者居住権の存続期間が配偶者の終身の間とされている場合…当該配偶者居住権が設定された時における当該配偶者の平均余命

　　b　上記a以外の場合…遺産の分割の協議若しくは審判又は遺言により定められた配偶者居住権の存続期間の年数（当該年数が当該配偶者居住権が設定された時における配偶者の平均余命を超える場合には、当該平均余命）

| 厚生労働省　第22回生命表（一部抜粋） | | | | | | | |
年齢	平均余命男性	平均余命女性	年齢	平均余命男性	平均余命女性	年齢	平均余命男性	平均余命女性
50	32.36	38.07	70	15.59	19.85	90	4.27	5.56
51	31.44	37.12	71	14.85	18.99	91	3.95	5.11
52	30.54	36.18	72	14.13	18.14	92	3.66	4.68
53	29.63	35.24	73	13.43	17.30	93	3.40	4.29
54	28.74	34.31	74	12.73	16.46	94	3.18	3.94
55	27.85	33.38	75	12.03	15.64	95	2.98	3.63
56	26.97	32.45	76	11.36	14.82	96	2.79	3.36
57	26.09	31.53	77	10.69	14.02	97	2.62	3.11
58	25.23	30.61	78	10.05	13.23	98	2.46	2.88
59	24.36	29.68	79	9.43	12.46	99	2.31	2.68
60	23.51	28.77	80	8.83	11.71	100	2.18	2.50
61	22.67	27.85	81	8.25	10.99	101	2.05	2.33
62	21.83	26.94	82	7.70	10.28	102	1.94	2.17
63	21.01	26.04	83	7.18	9.59	103	1.83	2.03
64	20.20	25.14	84	6.69	8.94	104	1.73	1.90
65	19.41	24.24	85	6.22	8.30	105	1.63	1.78
66	18.62	23.35	86	5.78	7.70	106	1.55	1.67
67	17.85	22.47	87	5.37	7.12	107	1.46	1.57
68	17.08	21.59	88	4.98	6.57	108	1.39	1.48
69	16.33	20.72	89	4.61	6.05	109	1.32	1.39

※5　存続年数に応じた法定利率による複利現価率

令和2年4月1日以降の法定利率は3％です。この法定利率は3年ごとに見直されることとなっています。

存続年数	複利現価率	存続年数	複利現価率	存続年数	複利現価率
1	0.971	21	0.538	41	0.298
2	0.943	22	0.522	42	0.289
3	0.915	23	0.507	43	0.281
4	0.888	24	0.492	44	0.272
5	0.863	25	0.478	45	0.264
6	0.837	26	0.464	46	0.257
7	0.813	27	0.450	47	0.249
8	0.789	28	0.437	48	0.242
9	0.766	29	0.424	49	0.235
10	0.744	30	0.412	50	0.228
11	0.722	31	0.400	51	0.221
12	0.701	32	0.388	52	0.215
13	0.681	33	0.377	53	0.209
14	0.661	34	0.366	54	0.203
15	0.642	35	0.355	55	0.197
16	0.623	36	0.345	56	0.191
17	0.605	37	0.335	57	0.185
18	0.587	38	0.325	58	0.180
19	0.570	39	0.316	59	0.175
20	0.554	40	0.307	60	0.170

② 居住建物の所有権の評価

居住建物の時価－配偶者居住権の価額

③ 敷地利用権の評価

居住建物の敷地の時価※－居住建物の敷地の時価×存続年数に応じた法定利率による複利現価率

※　居住建物の敷地の時価

　　配偶者居住権が設定されていないものとして財産評価基本通達に基づき評価した金額とします。ただし、居住建物の一部が賃貸の用に供されている場合又は被相続人が相続開始の直前において居住建物の敷地を他の者と共有し、若しくは居住建物をその配偶者と共有していた場合には、次の算式により計算した金額となります（相法23の2③一）。

$$\text{居住建物が賃貸の用に供されておらず、かつ、居住建物の敷地が共有でないものとした場合の居住建物の敷地の時価} \times \frac{\text{居住建物の賃貸の用に供されている部分以外の部分の床面積}}{\text{居住建物の床面積}} \times \text{被相続人が有していた居住建物の敷地の持分割合と当該建物の持分割合のうちいずれか低い割合}$$

④　居住建物の土地等の所有権の評価

　　土地の時価－敷地利用権の価額

③ 配偶者居住権と小規模宅地等の特例

① 適用関係

　　配偶者居住権とその権利の基となっている建物及びその敷地につき、小規模宅地等の特例の適用関係をまとめると下記の通りです。

	権利	小規模宅地等の特例の適用可能性
建物	配偶者居住権	×
	居住建物の所有権	
土地	敷地利用権	○
	敷地所有権	

　　小規模宅地等の特例は土地に関する特例であるため、建物に付随する権利である配偶者居住権やその基となっている建物については適用ができません。これに対し、配偶者居住権の目的となっている建物の敷地については要件を満たせば小規模宅地等の特例の適用が可能となります。

　まず、敷地利用権については、民法改正により新たに創設された権利ですが、令和元年度税制改正において、小規模宅地等の特例の法令である租税特別措置法第69条の４の本文には配偶者居住権に係る改正は確認できませんでした。というのも、配偶者居住権に係る敷地利用権は、租税特別措置法第69条の４第１項における宅地等に係るカッコ書きの「<u>土地又は土地の上に存する権利</u>」に内包されているため、特段条文の改正は必要なかったと考えられます。

　敷地利用権については配偶者が取得することが前提とされているため、ほとんどのケースで小規模宅地等の特例の適用が可能となるでしょう。ただ、いくつかのパターンが想定されるため詳細は後述します。

　次に、敷地所有権については、通常の土地等と同様に取得した親族が一定の要件を満たせば小規模宅地等の特例の適用が可能となります。

②　パターン別適用可否

配偶者の同居有無	配偶者以外の親族の居住状況	権利	取得者	適用可否	No
被相続人と配偶者が同居	配偶者以外の同居親族あり	敷地利用権	配偶者	○	①
		敷地所有権	同居親族	○	②
			別居親族	×	③
	配偶者以外の同居親族なし（夫婦二人暮し）	敷地利用権	配偶者	○	④
		敷地所有権	別居親族	×	⑤
被相続人と配偶者が別居	他に同居親族なし（配偶者一人暮し）	敷地利用権	配偶者	△	⑥
		敷地所有権	親族	×	⑦
	被相続人の生計一親族が配偶者と同居	敷地利用権	配偶者	△	⑧
		敷地所有権	生計一親族	○	⑨
			生計別親族	×	⑩
	被相続人の生計別親族が配偶者と同居	敷地利用権	配偶者	△	⑪
		敷地所有権	親族	×	⑫

　上記表は、まず、被相続人と配偶者が同居していたかどうかで大きく2つに区分し、次に、配偶者以外の親族の居住状況別に区分し、敷地利用権と敷地所有権について取得者ごとの小規模宅地等の特例の適用可否を検討しています。

　以下、右側の番号順にパターン別に詳細を解説します。

①　被相続人の居住用宅地等を配偶者が取得しているため、無条件で小規模宅地等の特例の適用が可能です（措置法69の4③二柱書）。

②　配偶者以外に同居親族がいる場合において、その同居親族が敷地所有権を取得し、申告期限までの居住継続要件及び保有継続要件を満たしたときは、小規模宅地等の特例の適用が可能です（措置法69の4③二イ）。

③　配偶者以外に同居親族がいる場合において、その同居親族以外の別居親族が敷地所有権を取得したときは、小規模宅地等の特例の適用はできません。

④　上記①と同様の根拠で小規模宅地等の特例の適用が可能です。

⑤　被相続人と配偶者が二人暮しの場合において、別居親族が敷地所有権を取得したときは、小規模宅地等の特例の適用はできません。

⑥　配偶者居住権は、配偶者が居住していた建物につき設定されるため、被相続人と配偶者が別居の場合には、被相続人の居住用宅地等が検討対象ではなく、配偶者が居住している敷地利用権につき小規模宅地等の特例の適用が可能かどうかを検討する必要があります。

　この夫婦別居のケースにおける敷地利用権は被相続人の居住用宅地等には該当しないことから、この敷地利用権につき小規模宅地等の特例の適用ができるケースとしては、被相続人と配偶者が生計を一にしていることが条件となります（措置法69の4③二柱書及びハ）。一方、被相続人と配偶者が生計を別にしている場合には、配偶者が取得した敷地利用権につき小規模宅地等の特例の適用はできません。

⑦　上記⑥の状況において、敷地所有権を誰が取得したとしても小規模宅地等の特例の適用はできません。

⑧　上記⑥と同様の根拠で、被相続人と配偶者が生計を一にしていれば、配偶者が取得した敷地利用権につき小規模宅地等の特例の適用が可能です。

　　なお、被相続人と配偶者が生計別の場合において、配偶者と同居している親族が被相続人と生計を一にしているときは、敷地利用権について小規模宅地等の特例の適用が可能でしょうか。ちなみに、配偶者居住権の関係のない通常の宅地等の場合において、被相続人の生計一親族の居住用宅地等を配偶者が取得したときは、小規模宅地等の特例の適用が可能です（措置法69の4③二柱書及びハ）。これに対し、配偶者居住権に伴う敷地利用権について、被相続人の生計一親族が居住していた敷地利用権につき、小規模宅地等の特例の適用が可能かどうかの国税庁の情報等は本書執筆時点では存在しませんが、敷地利用権と敷地所有権で別の権利であるため筆者の私見ではその適用が難しいのではないかと考えます。

⑨　配偶者と被相続人の生計一親族が同居している場合において、当該生計一親族が敷地所有権を取得し、申告期限までの居住継続要件及び保有継続要件を満たしたときは、小規模宅地等の特例の適用が可能です（措置法69の4③二ハ）。

⑩　配偶者と被相続人の生計一親族が同居している場合において、当該生計一親族以外の生計別親族が敷地所有権を取得したときは、小規模宅地等の特例の適用はできません。

⑪　上記⑥と同様の根拠で、被相続人と配偶者が生計を一にしていれば、配偶者が取得した敷地利用権につき小規模宅地等の特例の適用が可能です（措置法69の4③二柱書及びハ）。これに対し、被相続人と配偶者が生計を別にしている場合には、配偶者が取得した敷地利用権に

つき小規模宅地等の特例の適用はできません。

⑫ 配偶者と被相続人の生計別親族が同居している場合には、敷地所有
権を誰が取得したとしても小規模宅地等の特例の適用はできません。

【補足】

（注１） 賃貸併用住宅については、居住部分に対応する敷地利用権のみが特定居
住用宅地等の適用対象となります。というのも、配偶者居住権成立時に居
住建物の一部が賃貸されていた場合にはその賃借人に対して配偶者は配偶
者居住権による使用収益権限を対抗することはできないのです。したがっ
て、賃貸人は建物の所有権を取得した者になることから、賃貸部分につい
ては敷地所有権を取得した者が貸付事業用宅地等の要件を満たせば小規模
宅地等の特例の適用が可能となるでしょう。

（注２） 家なき子（措置法69の４③二ロ）は、被相続人に配偶者がいないことを
前提とした規定であるため配偶者居住権と同時に適用が検討されることは
ありません。

（注３） 被相続人が老人ホームに入居していた場合においても、要介護認定等の
要件を満たせば敷地利用権及び敷地所有権について小規模宅地等の特例の
適用が可能です。なお、配偶者自身が老人ホーム等に入居していた場合に
は、配偶者居住権の成立要件である「被相続人の財産に属した建物に相続
開始の時に居住していた」ことを満たさないこととなると考えられるた
め、そもそも配偶者居住権が成立せずに、配偶者居住権に係る小規模宅地
等の特例の検討には至らないでしょう。

③ 限度面積の調整

敷地利用権と敷地所有権の両方に小規模宅地等の特例の適用が可能であ
る場合の限度面積計算については、令和元年度税制改正において下記施行
令が新設されました。

租税特別措置法施行令第40条の２第６項
　法第69条の４第１項の規定の適用を受けるものとしてその全部又は
一部の選択をしようとする特例対象宅地等が配偶者居住権の目的と

なっている建物の敷地の用に供される宅地等又は当該宅地等を配偶者
居住権に基づき使用する権利の全部又は一部である場合には、当該特
例対象宅地等の面積は、当該面積に、それぞれ当該敷地の用に供され
る宅地等の価額又は当該権利の価額がこれらの価額の合計額のうちに
占める割合を乗じて得た面積であるものとみなして、同項の規定を適
用する。

　すなわち、対象地の面積を敷地利用権と敷地所有権の相続税評価額によ
り按分し、各権利の適用面積を算出するということになります。

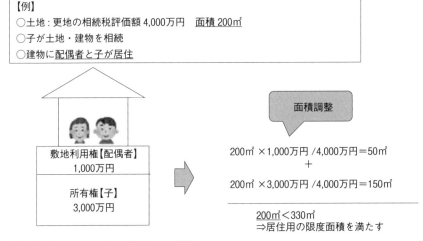

配偶者居住権が設定されている場合における小規模宅地等の面積調整

【例】
○土地：更地の相続税評価額4,000万円　面積200㎡
○子が土地・建物を相続
○建物に配偶者と子が居住

敷地利用権【配偶者】
1,000万円

所有権【子】
3,000万円

面積調整

200㎡×1,000万円/4,000万円＝50㎡
＋
200㎡×3,000万円/4,000万円＝150㎡

200㎡＜330㎡
⇒居住用の限度面積を満たす

（出典）財務省令和元年度税制改正の解説

　同じ土地の上に存する権利である借地権等は、上記敷地利用権のように
対象地に借地権割合等を乗じて適用面積を計算することはないので計算方
法の違いに注意が必要です。

4 具体例

　具体的な数字で確認していきましょう。

【前提条件】

　　被相続人：父

　　相　続　人：母（80歳）、長男

　　自宅建物：

　　　相続税評価額　500万円

　　　耐用年数　22年

　　　経過年数　13年3ヶ月

　　自宅土地：

　　　相続税評価額　1億円

　　　地積　500m^2

　　自宅の居住状況：

　　　父、母、長男で同居、相続開始後も申告期限まで母、長男で居住

　　遺産分割状況：

　　　自宅建物につき母が配偶者居住権を取得し、長男が所有権を取得

　　配偶者居住権の存続期間：

　　　終身（80歳の女性の平均余命は11.71）

① 配偶者居住権の相続税評価額（母取得）

$$500万円 - 500万円 \times \frac{(33年^{※1} - 13年^{※2}) - 12年^{※3}}{33年^{※1} - 13年^{※2}} \times 0.701^{※4}$$

$$= 3,598,000円$$

　※1　耐用年数
　　　建物の耐用年数22年×1.5＝33年
　※2　経過年数
　　　建物の経過年数は13年3ヶ月であり、6ヶ月未満切り捨てのため13年
　※3　存続年数
　　　配偶者の平均余命は11.71であり、6ヶ月以上切り上げのため12年

※4　存続年数に応じた法定利率による複利現価率
存続年数12年に応じた法定利率3％による複利現価率は0.701

② 配偶者居住権が設定された建物所有権の相続税評価額（長男取得）
500万円－3,598,000円（配偶者居住権）＝1,402,000円

③ 敷地利用権の相続税評価額（母取得）
1億円－1億円×0.701（存続年数に応じた法定利率による複利現価率）
＝2,990万円

④ 敷地所有権の相続税評価額（長男取得）
1億円－2,990万円（敷地利用権の相続税評価額）＝7,010万円

⑤ 小規模宅地等の特例
a　面積按分
ア　敷地利用権（母取得）
500m^2×2,990万円／1億円＝149.5m^2
イ　敷地所有権（長男取得）
500m^2×7,010万円／1億円＝350.5m^2
b　有利判定
ア　敷地利用権を優先して適用した場合の特例適用額
2,990万円×80％（敷地利用権）
＋7,010万円×（330m^2－149.5m^2）／350.5m^2×80％（敷地所有権）
＝5,280万円
イ　敷地所有権を優先して適用した場合の特例適用額
7,010万円×330m^2／350.5m^2×80％（敷地所有権）＝5,280万円
ウ　判定

どちらを優先して適用したとしても特例適用額は同額となりますが、敷地利用権については配偶者の税額軽減の適用があるため、長男取得分である敷地所有権を優先して適用したほうが最終的な相続税額を抑制できることとなります。

❷ 配偶者居住権のリスク

配偶者居住権を提案する上で納税者に理解してもらわないといけないリスクも存在します。配偶者居住権を設定した場合の主なリスクは下記の通りです。

- 配偶者居住権の譲渡は禁止されていること。したがって、医療費、介護費、老人ホーム入居金等、急な資金需要が生じたとしても原則として換金ができません。もし、換金をする場合には居住不動産の所有者から対価を収受することしかできないため、居住不動産の所有者にその原資がなければ急な資金需要には対応できないことになります。

  仮に配偶者居住権を換金できた場合には、当該収入にかかる譲渡税の課税関係が下記の通りとなります。

  ◇配偶者居住権及び敷地利用権は総合課税の対象となり、居住建物所有権及び敷地所有権は分離課税の対象となる。

  ◇取得日は被相続人の取得日を引き継ぐ。

  ◇配偶者と居住不動産の所有者の関係性によっては居住用財産を譲渡した場合の3,000万円の特別控除の特例等の適用ができない可能性がある。

  ◇配偶者に原資がある場合において、居住不動産の所有権を所有者から買い取り、その後第三者に居住不動産を売買する方法とするときは、3,000万円の特別控除の特例等の適用ができる可能性が

ある。ただし、配偶者の所有期間によっては短期譲渡となり、税率が高くなる可能性がある。

● 配偶者居住権が、被相続人から配偶者居住権を取得した配偶者と当該配偶者居住権の目的となっている建物の所有者との間の合意若しくは当該配偶者による配偶者居住権の放棄により消滅した場合又は民法第1032条第4項（建物所有者による消滅の意思表示）の規定により消滅した場合において、当該建物の所有者又は当該建物の敷地の用に供される土地（土地の上に存する権利を含む。）の所有者（以下「建物等所有者」という）が、対価を支払わなかったとき、又は著しく低い価額の対価を支払ったときは、原則として、当該建物等所有者が、その消滅直前に、当該配偶者が有していた当該配偶者居住権の価額に相当する利益又は当該土地を当該配偶者居住権に基づき使用する権利の価額に相当する利益に相当する金額（対価の支払があった場合には、その価額を控除した金額）を、当該配偶者から贈与によって取得したものとして取り扱われ贈与税の課税対象になる可能性があること。なお、通常の対価にて取引をした場合には贈与税の課税ではなく、配偶者に譲渡税が課税される可能性があります。

● 配偶者居住権が設定されている居住不動産の費用の負担（固定資産税や通常の維持修繕費等）は配偶者が負担すべきこと。

● 所有者の承諾なく配偶者居住権の目的となっている居住不動産の賃貸等をすることができないこと。仮に所有者の承諾を得て居住用不動産を賃貸した場合には、不動産所得の計算上、減価償却費等の必要経費に一部制限がかかる可能性があります。

● 配偶者よりも居住不動産の所有者が先に亡くなった場合であっても、配偶者居住権は消滅せずに所有者の相続人に配偶者居住権付の居住不動産の所有権が相続されること。

❸ 配偶者居住権と二次相続

配偶者居住権はその本来の目的である残された配偶者の生活を守るという側面以外に、二次相続の相続税負担を抑えるという側面もあります。というのも、配偶者居住権は二次相続では消滅し、相続税の課税対象から除かれるためです。配偶者居住権がどのくらいの影響があるのか具体的な数字で確認していきましょう。

【前提条件】

　被相続人：父

　相　続　人：配偶者、長男

　相続財産：

　　自宅土地　1億円（200m²）

　　　　（
　　　　　配偶者居住権を設定する場合

　　　　　　敷地利用権　7,000万円

　　　　　　敷地所有権　3,000万円
　　　　）

　　自宅建物　1,000万円

　　　　（
　　　　　配偶者居住権を設定する場合

　　　　　　配偶者居住権　600万円

　　　　　　建物所有権　　400万円
　　　　）

　　現預金　1億円

　配偶者の固有財産：現預金　2,000万円

　◆一次相続から二次相続での財産の増減はないものとする。

① 配偶者居住権を設定しない場合（二次相続で小規模宅地等の特例適用あり）

　配偶者居住権を設定せずに、自宅土地建物の所有権を配偶者が相続した場合です。

　配偶者は小規模宅地等の特例の適用が可能ですので、相続税の課税価格
は配偶者と長男の合計で下記となります。

　　自宅土地1億円－小規模宅地等の特例8,000万円
　　＋自宅建物1,000万円＋現預金1億円＝1億3,000万円

　次に二次相続についてですが、配偶者から自宅土地を相続した長男が小
規模宅地等の特例を使えるケースです。
　二次相続の相続税の課税価格は下記となります。

　　自宅土地1億円－小規模宅地等の特例8,000万円＋自宅建物1,000万円
　　＋配偶者固有財産の現預金2,000万円
　　＋父から配偶者が相続した現預金？？？（一次相続の配偶者取得割合
　　　によりけり）＝？？？

二次相続シミュレーション
（二次相続で小規模宅地等の特例適用あり）　　　　　　（単位：千円）

配偶者取得割合	一次相続税額	二次相続税額	合計
30%	9,520	2,950	12,470
40%	8,160	5,200	13,360
50%	6,800	7,800	14,600
60%	5,440	11,600	17,040
70%	4,080	15,500	19,580
80%	2,720	19,400	22,120
90%	1,360	23,400	24,760
100%	0	28,600	28,600

相続税額（単位：千円）

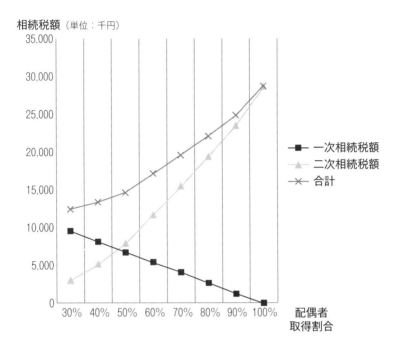

二次相続で長男が小規模宅地等の特例の適用ができるケースでは30％前後のときが一次相続と二次相続の相続税の合計額が最小となります。一次相続と二次相続の相続税の合計額は1,247万円となります。

なお、30％未満をシミュレーションに含めていない理由としては、前提として自宅土地建物は配偶者が取得することとしているためです。仮に自宅土地建物のみを配偶者が相続した場合でも配偶者取得割合は約23％（（自宅土地2,000万円（小規模宅地等の特例適用後）＋自宅建物1,000万円）／課税価格合計1億3,000万円）になるため20％以下は検討を要しないのです。

② 配偶者居住権を設定しない場合（二次相続で小規模宅地等の特例適用なし）
上記①と同様、配偶者居住権を設定せずに、自宅土地建物の所有権を配偶者が相続した場合です。

配偶者は小規模宅地等の特例の適用が可能ですので、相続税の課税価格

は下記となります。

> 自宅土地1億円－小規模宅地等の特例8,000万円＋自宅建物1,000万円
> ＋現預金1億円＝1億3,000万円

　次に二次相続についてですが、①と異なり、配偶者から自宅土地を相続した長男が小規模宅地等の特例を使えないケースです。
　二次相続の相続税の課税価格は下記となります。

> 自宅土地1億円＋自宅建物1,000万円
> ＋配偶者固有財産の現預金2,000万円
> ＋父から配偶者が相続した現預金？？？（一次相続の配偶者取得割合
> 　によりけり）＝？？？

二次相続シミュレーション
（二次相続で小規模宅地等の特例適用なし）　　　　　（単位：千円）

配偶者取得割合	一次相続税額	二次相続税額	合計
30%	9,520	24,200	33,720
40%	8,160	29,400	37,560
50%	6,800	34,600	41,400
60%	5,440	39,800	45,240
70%	4,080	45,000	49,080
80%	2,720	50,200	52,920
90%	1,360	55,400	56,760
100%	0	60,600	60,600

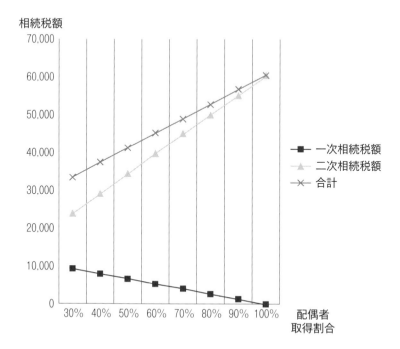

　二次相続で長男が小規模宅地等の特例を適用できないケースでも、30%
前後のときが一次相続と二次相続の相続税の合計額が最小となります。た
だし、一次相続と二次相続の相続税の合計額は上記①より2,125万円増加
し、3,372万円にも上ります。

　なお、30%未満をシミュレーションに含めていない理由は、上記①と同
様です。

③　配偶者居住権を設定した場合（一次相続で長男の小規模宅地等の特例適
　　用あり）

　上記①②と異なり、一次相続の遺産分割で配偶者居住権を設定した場合
です。

　配偶者は敷地利用権について小規模宅地等の特例の適用が可能です。ま

た、長男は敷地所有権について小規模宅地等の特例の適用ができるケースです。

　一次相続の相続税の課税価格は下記となります。

　　敷地利用権7,000万円－小規模宅地等の特例5,600万円（配偶者適用分）
　　＋配偶者居住権600万円＋敷地所有権3,000万円
　　－小規模宅地等の特例2,400万円（長男適用分）＋建物所有権400万円
　　＋現預金1億円＝1億3,000万円

　結果として上記①②と課税価格は同じになります。

　次に二次相続についてですが、①②と異なり、配偶者から相続する不動産はありません。配偶者居住権や敷地利用権は配偶者の死亡とともに消滅し、相続税の対象にはならないのです。この部分が二次相続の節税になると言われる所以です。したがって、二次相続について小規模宅地等の特例の適用を検討することもありません。

　二次相続の相続税の課税価格は下記となります。

　　配偶者固有財産の現預金2,000万円＋父から配偶者が相続した現預金？？？（一次相続の配偶者取得割合によりけり）
　　＝？？？

二次相続シミュレーション結果
（一次相続で長男の小規模宅地等の特例適用あり） （単位：千円）

配偶者取得割合	一次相続税額	二次相続税額	合計
20%	10,880	0	10,880
30%	9,520	300	9,820
40%	8,160	1,900	10,060
50%	6,800	3,850	10,650
60%	5,440	6,400	11,840
70%	4,080	9,500	13,580
80%	2,720	13,400	16,120
90%	1,360	17,300	18,660
100%	0	21,200	21,200

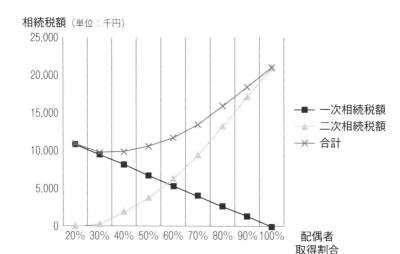

相続税額（単位：千円）

　配偶者居住権を設定し、一次相続で長男が取得した敷地所有権に小規模
宅地等の特例の適用ができるケースでは30％前後のときが一次相続と二次
相続の相続税の合計額が最小となります。一次相続と二次相続の相続税の
合計額は982万円となります。

　なお、20％未満をシミュレーションに含めていない理由としては、前提
として配偶者居住権と敷地利用権は配偶者が取得することとしているため
です。仮に配偶者居住権と敷地利用権のみを配偶者が相続した場合でも、
配偶者取得割合は約15％（敷地利用権1,400万円（小規模宅地等の特例適用
後）＋配偶者居住権600万円）／課税価格合計１億3,000万円）になるため、10％
以下は検討を要しないのです。

④　配偶者居住権を設定した場合（一次相続で長男の小規模宅地等の特例適
　　用なし）
　上記③と異なり、長男が取得した敷地所有権について小規模宅地等の特
例の適用ができないケースです。
　一次相続の相続税の課税価格は下記となります。

　　敷地利用権7,000万円－小規模宅地等の特例5,600万円（配偶者適用分）
　　＋配偶者居住権600万円＋敷地所有権3,000万円＋建物所有権400万円
　　＋現預金１億円＝１億5,400万円

次に二次相続についてですが、上記③と同様です。
二次相続の相続税の課税価格は下記となります。

　　配偶者固有財産の現預金2,000万円＋父から配偶者が相続した現預
　　金？？？（一次相続の配偶者取得割合によりけり）
　　＝？？？

二次相続シミュレーション結果
（一次相続で長男の小規模宅地等の特例適用なし）　　（単位：千円）

配偶者取得割合	一次相続税額	二次相続税額	合計
20%	15,680	0	15,680
30%	13,720	1,030	14,750
40%	11,760	3,340	15,100
50%	9,800	6,200	16,000
60%	7,840	9,920	17,760
70%	5,880	14,540	20,420
80%	3,920	19,160	23,080
90%	1,960	24,040	26,000
100%	0	30,200	30,200

相続税額（単位：千円）

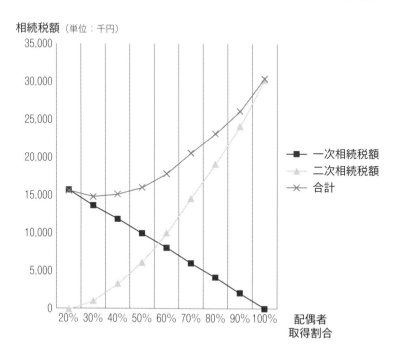

　配偶者居住権を設定し、一次相続で長男が取得した敷地所有権に小規模宅地等の特例の適用ができないケースでも30%前後のときが一次相続と二次相続の相続税の合計額が最小となります。ただし、一次相続と二次相続の相続税の合計額は上記③より493万円増加し、1,475万円にも上ります。

　なお、20%未満をシミュレーションに含めていない理由は、上記③と同様です。

⑤　検証

　配偶者居住権の節税効果を検証する場合には、上記①と③のケースを比較します。

　上記①の一次相続と二次相続の相続税合計の最小値は1,247万円でした。これに対し、配偶者居住権を設定した上記③の当該金額の最小値は982万円となりました。すなわち、配偶者居住権を設定したほうが265万円も相続税を節税できるのです。

　次に、上記①と④の一次相続税額を比較してみてください。

　比較するために、配偶者取得割合が法定相続分である50%のところを見てみます。

　上記①の一次相続税額6,800万円、上記④の一次相続税額9,800万円

　配偶者居住権を設定したほうが3,000万円も相続税額が増加してしまいます。

　今回の具体例ではたまたま一次相続税額と二次相続税額の合計は配偶者居住権を設定したほうが有利になりましたが、配偶者の固有財産がもっと大きい場合や配偶者居住権の割合がもっと小さい場合など、様々なケースが想定されます。

　配偶者居住権を設定すれば必ず節税になるとは言い切れませんので、必ず二次相続シミュレーションを実施した上で適切に判断しましょう。

2 譲渡予定の財産がある場合の代償分割と換価分割の比較検討

相続財産の中に譲渡予定の財産がある場合において、その遺産分割を代償分割とするか換価分割とするかによって相続税や所得税の負担額が異なってきます。その相違点について確認していきましょう。

❶ 相続税編

1 代償分割による調整計算

代償分割が行われた場合の課税価格については、相続税法基本通達11の2－9において下記の通り定められています。

代償分割の方法により相続財産の全部又は一部の分割が行われた場合における法第11条の2第1項又は第2項の規定による相続税の課税価格の計算は、次に掲げる者の区分に応じ、それぞれ次に掲げるところによるものとする。

(1) 代償財産の交付を受けた者　相続又は遺贈により取得した現物の財産の価額と交付を受けた代償財産の価額との合計額
(2) 代償財産の交付をした者　相続又は遺贈により取得した現物の財産の価額から交付をした代償財産の価額を控除した金額

また、相続税法基本通達11の2－10のただし書きにおいて上記の代償財産の価額を調整できる旨の規定も設けられています。

---

(1) 共同相続人及び包括受遺者の全員の協議に基づいて代償財産の額を次の(2)に掲げる算式に準じて又は合理的と認められる方法によって計算して申告があった場合　当該申告があった金額
(2) (1)以外の場合で、代償債務の額が、代償分割の対象となった財産

が特定され、かつ、当該財産の代償分割の時における通常の取引価額を基として決定されているとき　次の算式により計算した金額

A×(C÷B)

(注)　算式中の符号は、次のとおりである。

A は、代償債務の額

B は、代償債務の額の決定の基となった代償分割の対象となった財産の代償分割の時における価額

C は、代償分割の対象となった財産の相続開始の時における価額（評価基本通達の定めにより評価した価額をいう。）

　換価分割によった場合には上記のような調整計算がないため、代償分割とするか換価分割とするかによって各相続人が納付する相続税の合計額が異なる可能性があるのです。

② 小規模宅地等の特例

　不動産の相続に限った論点ではありますが、小規模宅地等の特例の対象となる土地について代償分割とするか換価分割とするかによって相続税額に違いが生じます。例えば、相続財産である土地を譲渡することが決まっている状況で、その土地につき配偶者は小規模宅地等の特例の適用が可能で、長男は適用ができないというケースにおいて、配偶者と長男が共有で取得して換価する場合と、当該土地を配偶者が取得して長男に代償金を支払う場合とでは各人が納付すべき相続税が異なることとなります。

　具体的な数字で確認していきましょう。

【前提条件】

　　被相続人：父

　　相 続 人：配偶者、長男

　　遺　　　産：自宅不動産のみ（時価3億円、相続税評価額2億4,000万円、

　　　　　　　　540m²）

　　小規模宅地等の特例：配偶者のみが適用可能

　　遺産分割方針：

　　①換価分割の場合　換価代金を各1／2

　　②代償分割の場合　不動産を全て配偶者が取得し、代償金として長男

　　　　　　　　　　　に1.5億円支払う

① 　換価分割の場合

【相続税】

相続財産	総額	配偶者	長男
自宅不動産	240,000,000	120,000,000	120,000,000
小規模宅地等の特例	△ 96,000,000	△ 96,000,000※	0
課税価格	144,000,000	24,000,000	120,000,000
相続税額	16,600,000	2,766,700	13,833,300
配偶者の税額軽減	△ 2,766,700	△ 2,766,700	－
差引相続税額	13,833,300	0	13,833,300

※　配偶者の小規模宅地等の特例

　　1.2億円×80％＝9,600万円

② 代償分割の場合

【相続税】

相続財産	総額	配偶者	長男
自宅不動産	240,000,000	240,000,000	0
代償金（調整計算後）	0	△ 120,000,000[※1]	120,000,000
小規模宅地等の特例	△ 117,333,333	△ 117,333,333[※2]	0
課税価格	122,666,667	2,666,667	120,000,000
相続税額	12,133,300	263,800	11,869,500
配偶者の税額軽減	△ 263,800	△ 263,800	－
差引相続税額	11,869,500	0	11,869,500

※1　代償金の調整計算
　　　1.5億円×2.4億円（注）／3億円＝1.2億円
　　　（注）小規模宅地等の特例適用前の金額
※2　配偶者の小規模宅地等の特例
　　　2.4億円×330m²／540m²×80％＝1億1,733万円

3　**実務上の留意点**

　上記2の具体例で検証したように、遺産分割方法の違いにより相続税額が異なってきます。実務上の留意点としては、下記のようなことが想定されるでしょう。

① 実態との整合性

　遺産分割協議書等の体裁のみを代償分割又は換価分割としていても実態が異なっている場合には、実態の遺産分割方法により課税関係が整理されることになります。詳しくは下記❸の裁判例を参照してください。

② 代償金が申告期限まで決まらない場合

　相続人が小規模宅地等の特例の適用を受けるために申告期限まで土地を

保有する必要があり、申告期限までに譲渡対価が確定せず、代償金も決められないケースも考えられます。代償分割の場合には、代償金の金額が確定して初めて遺産分割の確定となるため、換価分割のように将来決まるであろう換価代金についての割合を協議で決めたとしてもそれは遺産分割の確定とはいえません。

　したがって、代償分割は申告期限まで代償金の金額が決まらない場合には相続税法第55条による未分割申告に該当することとなり、当初申告における小規模宅地等の特例や配偶者の税額軽減の適用はできないことになります。

❷ 所得税編

① 取得費加算

　租税特別措置法第39条（相続財産に係る譲渡所得の課税の特例）、いわゆる相続税の取得費加算の特例について、代償分割とするか、換価分割とするかによって適用額が異なってきます。

　具体的には、代償分割とした場合の取得費加算の金額は次の算式により計算した金額を使うことになります。

$$確定相続税額 \times \frac{譲渡をした資産の相続税評価額B - 支払代償金C \times \dfrac{B}{A+C}}{その者の相続税の課税価格（債務控除前）A}$$

　なお、上記算式中の支払代償金Cの金額は、相続税の計算において前述の相続税法基本通達11の2-10の調整計算を行っている場合には、その調整計算後の金額によることに留意します。

② 居住用財産の譲渡所得の特別控除等の特例

　相続人の中に相続財産である不動産に居住していた者がいた場合において、その者がその不動産を取得後に譲渡したときは、租税特別措置法第35

条（居住用財産の譲渡所得の特別控除）の適用が可能となります。仮に特別控除の適用が可能な相続人と適用要件を満たさない相続人がいた場合に、当該不動産を共有相続して換価分割する場合と、適用可能な相続人が全てを相続して適用要件を満たさない相続人に代償金を支払う代償分割をした場合では、納めるべき所得税の金額が異なってきます。

③ その他

① 譲渡所得の基因となる財産を代償財産として引き渡した場合

　代償分割の際に譲渡所得の基因となる財産を交付した場合には、その代償財産を時価で譲渡したものとして譲渡所得の対象となります。換価分割では出てこない論点であるため、当該論点も代償分割と換価分割の相違点になるでしょう。

② 取得費

　代償分割により取得した遺産をその後譲渡した場合において、その遺産分割に際し支払った代償金はその譲渡した遺産の取得費に含めることはできません。また、代償分割により不動産等の代償財産を取得した者の当該代償財産の取得費はその分割時の価額を取得費とします。

③ 社会保険料等

　相続人の中には現役のサラリーマン、年金受給者、専業主婦など様々な状況の人が存在し、その相続人の社会保険の状況も組合管掌健康保険だったり国民健康保険だったりと様々です。仮に年金受給者が遺産を相続し、その遺産を譲渡して代償金を捻出する場合において、所得税と住民税の金額だけを考慮して代償金額を決めてしまうと、翌年の社会保険料や医療費負担の部分で公平性の観点から問題が生じる可能性もあるため注意が必要です。

以上の相違点について、具体的な数字で確認していきましょう。

【前提条件】

　被相続人：母

　相　続　人：長男、二男

　遺　　　産：自宅不動産のみ（時価2.5億円、相続税評価額2億円、600m^2）

　小規模宅地等の特例：長男のみが適用可能

　不動産の譲渡対価：2.5億円

　不動産の取得費：2億円

　自己居住用財産の3,000万円控除：長男のみが適用可能

　10年超所有軽減税率の特例：適用不可

　遺産分割方針：

　①換価分割の場合　換価代金を各1／2

　②代償分割の場合　不動産を全て長男が取得し、代償金として二男に
　　　　　　　　　　1億円支払う

①　換価分割の場合

【相続税】

相続財産	総額	長男	二男
自宅不動産	200,000,000	100,000,000	100,000,000
小規模宅地等の特例	△80,000,000	△80,000,000[※1]	0
課税価格	120,000,000	20,000,000	100,000,000
相続税額	11,600,000	1,933,300	9,666,700

【譲渡税】

項目	総額	長男	二男
譲渡対価	250,000,000	125,000,000	125,000,000
取得費	△200,000,000	△100,000,000	△100,000,000
取得費加算	△11,600,000	△1,933,300※2	△9,666,700※2
3,000万円控除	△23,066,700	△23,066,700	0
譲渡所得	15,333,000	0	15,333,000
所得税額及び 復興特別所得税額	2,348,200	0	2,348,200
住民税額	766,600	0	766,600
合計額	3,114,800	0	3,114,800

相続税＋譲渡税	14,714,800	1,933,300	12,781,500

※1　長男の小規模宅地等の特例

　　　1億円×80％＝8,000万円

　　　（注）申告期限までの保有継続要件は満たしている。

※2　長男及び二男の取得費加算

　　　譲渡不動産以外に相続財産がないため納付相続税が全額取得費加算の対象となる。
なお、被相続人の居住用財産の3,000万円控除（空き家特例）については、取得費加
算との併用はできないが、自己居住用財産の3,000万円控除については取得費加算と
の併用が可能である。

② 　代償分割の場合

【相続税】

相続財産	総額	長男	二男
自宅不動産	200,000,000	200,000,000	0
代償金（調整計算後）	0	△80,000,000※1	80,000,000
小規模宅地等の特例	△88,000,000	△88,000,000※2	0
課税価格	112,000,000	32,000,000	80,000,000
相続税額	10,000,000	2,857,100	7,142,900

【譲渡税】

項目	総額	長男	二男
譲渡対価	250,000,000	250,000,000	0
取得費	△200,000,000	△200,000,000	0
取得費加算	△2,857,100	△2,857,100※3	0
3,000万円控除	△30,000,000	△30,000,000	0
譲渡所得	17,142,000	17,142,000	0
所得税額及び復興特別所得税額	2,625,200	2,625,200	0
住民税額	857,100	857,100	0
合計額	3,482,300	3,482,300	0

相続税＋譲渡税	13,482,300	6,339,400	7,142,900

※1　代償金の調整計算

　　　1億円×2億円／2.5億円＝8,000万円

※2　長男の小規模宅地等の特例

　　　2億円×330m²/600m²×80％＝8,800万円

　　　（注）申告期限までの保有継続要件は満たしている。

※3　長男の取得費加算

　　　285万7,100円×｛1億1,200万円－8,000万円

　　　×1億1,200万円／（3,200万円＋8,000万円）｝／3,200万円

　　　＝285万7,100円

❸ 判例

　前述した通り、換価分割と代償分割では相続税や所得税の課税関係に相違が生じるため、過去の裁判例でも換価分割であるのか、代償分割であるのかが争点となった裁判例が複数存在します。以下に主な裁判例をいくつか紹介します。

　1つ目の事例は、納税者が換価分割と主張したが調停条項記載通りに代

償分割であるものとして納税者の主張が排斥された事例です。

【東京高等裁判所平成12年9月27日言渡・上告不受理】（TAINSコード Z248-8726）

> 　本件調停においては本件調停条項どおりに、原告が他の相続人らに代償金の支払義務を負担することにより本件不動産を単独相続する遺産分割が行われたものではなく、他の相続人らが本件不動産を取得した上で、納税者が直ちにこれを買い取って売却し、その売却代金で右買取代金を支払う旨合意したものであるから、本件不動産にかかる譲渡所得のすべてが納税者に帰属するものではないとの納税者の主張が、本件調停条項は、遺産分割として他の相続人らが本件不動産を取得し、さらに、他の相続人らの間の共有物分割として、これを納税者に売却すること（売買）により換価し、その代金を分割したとみるよりは、その文言どおりに代償分割がなされたとみる方が、金銭を取得することによって遺産分割に決着を付けたという他の相続人らの認識に合致することが、それぞれ認められ、これらを総合すれば、納税者は、本件調停条項記載のとおり、本件調停による遺産分割の結果、他の相続人らに代償金合計6000万円の支払義務を負担して本件不動産を単独相続したというべきであるとして排斥された。

　2つ目の事例も、納税者が換価分割と主張したが、遅延損害金の支払いや抵当権の設定という換価分割では考えられない約定が調停条項に存在したり、売買の交渉を納税者が単独で行っていたこと等を鑑み、実質的には代償分割に該当するとして納税者の主張が排斥された事例です。

【東京高等裁判所平成9年7月16日言渡・確定】（TAINSコード Z228-7952）

> 　原告は、本件調停による遺産分割の合意は、実質的には換価分割であって、代償分割ではなく、買主との本件契約は、実質的には、原告が他の相続人の代表としてこれを締結したものである旨主張する。しかし、本件調停条項に

よれば、原告は、本件遺産を単独取得し、その代償として、他の相続人に対し、本件支払金の支払義務のあることが確認され、また、本件支払金について、遅延損害金の支払い及び抵当権の設定といった換価分割では通常考えられない約定が設けられており、さらに、右抵当権の設定登記や他の相続人から原告への持分移転登記に要する費用も原告の負担とされているのであって、これらの条項からみる限り、本件調停において成立した合意が代償分割の合意であることは明らかであって、換価分割であることを窺わせるような条項は全く見あたらない。しかも、本件土地の等価交換に関する交渉は、専ら原告が買主等と行っていたもので、その交渉内容を他の相続人に説明したこともないし、等価交換契約の相手方の変更という重要な事項についても、他の相続人と協議することなく、原告のみの判断で行っており、他の相続人は、本件土地の等価交換契約に関しては一切関与したことがないばかりか、契約内容等の詳しい事情についても知らされていなかったのであって、本件相続人間で、本件遺産の具体的な処分の段取りや処分の内容について合意があったとみることはできず、原告が、他の相続人の代表として等価交換契約を締結したというのは不自然である。

　３つ目の事例は、納税者が代償分割と主張したが、遺産分割協議前に本件借地権の売却交渉が進められていたこと等の事情から遺産分割協議書の形式に関わらず換価分割と認定された事例です。

【最高裁判所平成5年4月6日言渡】（TAINS コード Z195-7115）

　本件遺産分割協議は、分割協議書の文言にかかわらず、既に売却が決定していた本件借地権の代価を納税者を含む共同相続人間で分割する趣旨でなされた実質上換価分割であるとするのが相当である。

3　小規模宅地等の特例の有利選択と分割提案

　小規模宅地等の特例は減額割合も大きいため適用方法によって相続税に対する影響もとても大きいものとなります。適用対象地や適用対象者が複数存在する場合にはその適用方法には最新の注意を払う必要があり、納税者をミスリードしてしまった場合には損害賠償請求をされる可能性もあります。

　ここでは小規模宅地等の特例の有利選択と遺産分割の提案について解説していきます。

❶ 有利選択

　小規模宅地等の特例における有利選択のキモは「m^2単価比較」です。限度面積と減額割合をそれぞれ掛け合わせた数字を基準に比較します。

　①　特定居住用　$330m^2 \times 80\% = 264$
　②　特定事業用　（特定同族会社事業用）　$400m^2 \times 80\% = 320$
　③　貸付事業用　$200m^2 \times 50\% = 100$

　なお、①と②については、完全併用とすることができますので、有利選択をする必要はありません。

　有利選択が必要となってくるのは、①と③のペアと②と③のペアです。

☐1 特定居住用と貸付事業用

　①の特定居住用は264で③の貸付事業用は100でしたので、m^2単価が、2.64倍か否かで有利判定をします。

例えば、特定居住用の m^2 単価が500千円の場合、貸付事業用の m^2 単価がいくらだと貸付事業用を優先的に適用すべきでしょうか？

ボーダーラインは、1,320千円（500千円×2.64）となります。

貸付事業用の m^2 単価が1,321千円だと貸付事業用を優先的に適用し、1,319千円の場合には特定居住用を優先的に適用します。なお、1,320千円の場合にはどちらを適用しても同じ結果となります。

具体的な数字で確認していきましょう。

【実例】

特定居住用　単価500千円

小規模宅地等の特例適用額：500千円×330m^2×80％＝132,000千円

貸付事業用その1　単価1,321千円

小規模宅地等の特例適用額：1,321千円×200m^2×50％＝132,100千円

∴貸付事業用を選択すべき

貸付事業用その2　単価1,319千円

小規模宅地等の特例適用額：1,319千円×200m^2×50％＝131,900千円

∴特定居住用を選択すべき

2 特定事業用と貸付事業用

②の特定事業用は320で③の貸付事業用は100でしたので、m^2 単価が、3.2倍か否かで有利判定します。

例えば、特定事業用の m^2 単価が500千円の場合、貸付事業用の m^2 単価がいくらだと貸付事業用を優先的に適用すべきでしょうか？

ボーダーラインは、1,600千円になります。

具体的な計算は上記1と同様のため割愛します。

❷ 遺産分割の提案

① 配偶者の税額軽減との関係

　配偶者と子が両方とも小規模宅地等の特例の要件を満たす場合には、子が優先的に小規模宅地等の特例の適用をしたほうが最終的な相続税が少なくなります。

　具体的な数字で確認していきましょう。

【前提条件】

　　被相続人：夫

　　相 続 人：配偶者、子

　　相続財産：

　　　特定居住用宅地　評価額1億円　地積330m^2

　　　貸付事業用宅地　評価額1億円　地積200m^2

　　遺産分割：

　　　特定居住用宅地は配偶者が取得し、貸付事業用宅地は子が取得

〈ケース1　配偶者が小規模宅地等の特例の適用を受ける場合〉

①　配偶者の課税価格　1億円－1億円×80％＝2,000万円

②　子の課税価格　1億円

③　課税価格　①＋②＝1億2,000万円

④　相続税の総額

　　（1億2,000万円－4,200万円）×1/2×20％－200万円＝580万円

　　580万円×2＝1,160万円

⑤　配偶者の相続税額　1,160万円×2,000万円/1億2,000万円＝193万円

⑥　子の相続税額　1,160万円×1億円/1億2,000万円＝967万円

⑦　全体の相続税額　1,160万円−193万円（配偶者の税額軽減）＝967万
円

〈ケース2　子が小規模宅地等の特例の適用を受ける場合〉
①　配偶者の課税価格　1億円
②　子の課税価格　1億円−1億円×50％＝5,000万円
③　課税価格　①＋②＝1億5,000万円
④　相続税の総額
（1億5,000万円−4,200万円）×1/2×30％−700万円＝920万円
920万円×2＝1,840万円
⑤　配偶者の相続税額　1,840万円×1億円/1億5,000万円＝1,227万円
⑥　子の相続税額　1,840万円×5,000円/1億5,000万円＝613万円
⑦　全体の相続税額　1,840万円−1,227万円（配偶者の税額軽減）
＝613万円

子が小規模宅地等の特例の適用を受けたほうが354万円も相続税の負担
が減少しました。
留意する点は、課税価格自体はケース2のほうが大きいということで
す。小規模宅地等の特例は土地の評価額に紐付くため課税価格で最有利と
なる方法を選択してしまいがちですが、最終的な相続税額での比較を忘れ
ないようにしましょう。

② 2割加算との関係

相続人に2割加算対象者がいる場合には、その2割加算対象者を優先的
に適用したほうが有利となります。
具体的な数字で確認していきましょう。

【前提条件】

被相続人：父

相 続 人：子、孫養子

遺　　産：土地　評価額1億円　地積800m²（特定居住用宅地に該当）

遺産分割：子と孫で1/2共有相続

〈ケース1　子が小規模宅地等の特例の適用を受ける場合〉

①　子の課税価格　$5,000$万円$-5,000$万円$\times 330$m²$/400$m²$\times 80\%$

　　　　　　　　$=1,700$万円

②　孫の課税価格　$5,000$万円

③　課税価格　①＋②$=6,700$万円

④　相続税の総額

$（6,700$万円$-4,200$万円$）\times 1/2 \times 15\% - 50$万円$=137.5$万円

137.5万円$\times 2 = 275$万円

⑤　子の相続税額

275万円$\times 1,700$万円$/6,700$万円$=70$万円

⑥　孫の相続税額

275万円$\times 5,000$万円$/6,700$万円$=205$万円

205万円$\times 120\% = 246$万円

⑦　全体の相続税額

70万円$+246$万円$=316$万円

〈ケース2　孫が小規模宅地等の特例の適用を受ける場合〉

①　子の課税価格　$5,000$万円

②　孫の課税価格　$5,000$万円$-5,000$万円$\times 330$m²$/400$m²$\times 80\%$

　　　　　　　　$=1,700$万円

③　課税価格　①＋②$=6,700$万円

④ 相続税の総額

(6,700万円－4,200万円)×1/2×15％－50万円＝137.5万円

137.5万円×2＝275万円

⑤ 子の相続税額

275万円×5,000万円/6,700万円＝205万円

⑥ 孫の相続税額

275万円×1,700万円/6,700万円＝70万円

70万円×120％＝84万円

⑦ 全体の相続税額

205万円＋84万円＝289万円

　孫が小規模宅地等の特例の適用を受けたほうが27万円も相続税の負担が減少しました。

3 共有相続と分筆相続

　土地を共有相続する場合と分筆相続する場合で小規模宅地等の特例の適用額が異なるケースがあります。

【前提条件】

　　被相続人：母

　　相 続 人：長男、次男

　　遺　　産：土地　評価額2億円　地積300m^2（特定居住用宅地に該当）

　　小規模宅地等の特例：長男のみ適用可能

〈ケース1　共有相続とする場合〉

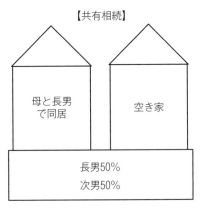

① 長男の課税価格　1億円－1億円×50％×80％＝6,000万円

② 次男の課税価格　1億円

③ 課税価格　①＋②＝1億6,000万円

④ 相続税の総額

（1億6,000万円－4,200万円）×1/2×30％－700万円

＝1,070万円

1,070万円×2＝2,140万円

⑤ 長男の相続税額　④×①/③＝802.5万円

⑥ 次男の相続税額　④×②/③＝1,337.5万円

⑦ 全体の相続税額　①＋②＝2,140万円

〈ケース2　分筆相続とする場合〉

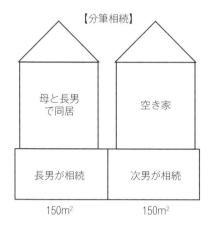

① 長男の課税価格　1億円 − 1億円×80％＝2,000万円

② 次男の課税価格　1億円

③ 課税価格　①＋②＝1億2,000万円

④ 相続税の総額

　　（1億2,000万円 − 4,200万円）× 1 / 2 ×20％ − 200万円＝580万円

　　580万円× 2 ＝1,160万円

⑤ 長男の相続税額

　　④×①/③＝193万円

⑥ 次男の相続税額

　　④×②/③＝967万円

⑦ 全体の相続税額

　　①＋②＝1,160万円

　分筆相続としたほうが共有相続した場合に比べ相続税を980万円抑えることができました。

　上記以外にも、一次相続において最有利な選択ができたとしても、二次相続も考えるとその選択が全体最適であったとはいえないケースなども想定できますので、単にm²単価だけで決めるのではなく、適用対象地や適用対象者が複数存在する場合には様々な背景を加味して選択特例対象宅地等を決定することとなります。

4 含み益がある譲渡予定の財産の取得者の検討

　相続財産のうち含み益がある土地や株式がある場合において、相続後にその財産を譲渡する予定があるときは、その財産の取得者を適切に検討しなければなりません。それらの財産の譲渡時に譲渡税が課税されますが、一定の要件を満たすことで相続税の取得費加算の特例（措法39）の適用が可能であるために譲渡予定の取得者の検討が必要となるのです。相続税の負担の少ない配偶者や障害者に取得させるよりもそれら以外の者に取得させたほうが譲渡税の負担を抑えられる結果となる可能性があります。

　具体的な数字で確認していきましょう。

【前提条件】
　〈相続関係〉
　　被相続人：夫
　　相　続　人：妻、長男
　　相続財産の相続税評価額：
　　　　譲渡予定土地　　２億円
　　　　金融資産　　　　２億円
　　相続税：妻ゼロ、長男5,460万円（法定相続分の場合）

〈譲渡関係〉

　　譲渡対価：3億円

　　購入対価：1億円

　　譲渡費用：2,000万円

　　譲渡時期：相続税の申告期限から2年経過後

【妻が譲渡予定土地を相続した場合の譲渡税】

　　（3億円－1億円－2,000万円）×20.315％＝3,656.7万円

【長男が譲渡予定土地を相続した場合の譲渡税】

　　{3億円－（1億円＋5,460万円[※]）－2,000万円）×20.315％
　　＝2,547.5万円

　　※　相続税の取得費加算
　　　　5,460万円×2億円/2億円＝5,460万円

　検証の結果、配偶者の税額軽減により相続税がゼロになる妻が譲渡予定土地を相続するよりも、長男が相続したほうが譲渡税を1,109.2万円抑えられることとなりました。

5　相続人が直系尊属である場合の相続放棄の検討

　被相続人に配偶者や子がいなく、かつ、直系尊属が存命のときは、その直系尊属が相続人となります。この場合において、直系尊属が財産を多く所有しているときは、被相続人である子の財産もそこに上乗せされ、直系尊属の相続にかかる相続税の負担が増えてしまうことも考えられます。

　そこで、直系尊属が相続放棄をすることにより、相続人が第3順位である兄弟姉妹となり、上の世代に戻るべく財産を横の世代である兄弟姉妹に

移すことが可能になり、家族全体の相続税の負担を抑えることができる可能性があります。なお、相続放棄をした場合には、相続税の課税関係について留意すべき点があるため具体例で確認していきましょう。

❶ 具体例

【前提条件】

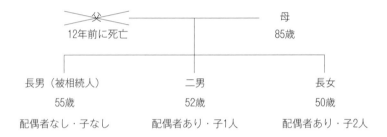

〈相続関係〉

　　被相続人：長男

　　相 続 人：母

　　被相続人（長男）の相続財産の相続税評価額：

　　　　預金　１億円

　　　　生命保険　2,000万円（受取人母）

　　母の財産：預金　２億円

　　母の相続発生時期：長男の相続後１年以内

　このケースにおいて、被相続人の母が相続放棄をしなかった場合と相続放棄をした場合における相続税の計算は以下の通りとなります。

		相続放棄しなかった場合	相続放棄した場合	
長男の相続における相続税	正味の遺産額	115,000,000	120,000,000	差額
	基礎控除	36,000,000	36,000,000	
	課税遺産総額	79,000,000	84,000,000	
	相続税総額	16,700,000	18,200,000	
	2割加算	−	3,033,333	
	相続税額	16,700,000	21,233,300	
母の相続における相続税	正味の遺産額	303,300,000	216,966,700	
	基礎控除	42,000,000	42,000,000	
	課税遺産総額	261,300,000	174,966,700	
	相続税総額	70,520,000	38,490,000	
	2割加算	−	−	
	相次相続控除	−16,700,000	−	
	相続税額	53,820,000	38,490,000	
合計		70,520,000	59,723,300	−10,796,700

〈長男の相続における相続税〉

① 正味の遺産額

　母が相続放棄をしなかった場合には生命保険の非課税枠500万円を控除できるのに対し、相続放棄をした場合には母が相続人ではなくなるため生命保険の非課税枠の適用ができない。

② 基礎控除・相続税総額

　母が相続放棄をした場合でもその放棄がなかったものとして法定相続人の数をカウントする。また、相続税総額の計算においても相続放棄がなかったものとして計算する。

③ 2割加算

　母が相続放棄した場合には相続人が兄弟姉妹である二男と長女になり、二男と長女にかかる相続税について2割加算の対象となる。

　これに対し、母が取得した生命保険金2,000万円に対する相続税については２割加算の対象とならない。

〈母の相続における相続税〉
①　正味の遺産額
　長男の相続で母が相続放棄しなかった場合には、母の財産２億円に長男から引き継いだ１億2,000万円から相続税1,670万円を控除した金額が上乗せされる。これに対し、母が相続放棄をした場合には、上乗せされる財産は生命保険金2,000万円から相続税303万円を控除した金額のみとなる。

②　相次相続控除
　長男の相続で母が相続放棄をしなかった場合には、長男の相続から母の相続まで１年以内であることから、長男の相続において母が納付した相続税の全額が相次相続控除の対象となる。これに対し、長男の相続で母が相続放棄した場合には、母が納付すべき相続税は相続人としての地位に基づいたものではないため母の相続において相次相続控除の対象にはできない。

　結果として相続放棄をしたほうが母、二男、長女が負担すべき相続税を抑えることができました。また、本事例は長男の相続から１年以内に母の相続が開始したことを前提としているため、その期間が長くなればなるほど相次相続控除の適用額が減少し、その差額はさらに広がることとなります。長男と母の財産構成や相続人の意向にもよりますが、直系尊属が相続人の場合には、相続放棄をした場合の相続税負担を二次相続も踏まえ試算すべきでしょう。
　なお、実務上留意しないといけない点としては、母の上の直系尊属がいないかどうかの確認を絶対に失念しないことです。母が相続放棄をしたとしてもその上の世代（長男からしたら祖父母）が１人でも存命ならばその

財産は長男の兄弟姉妹ではなくその祖父母に相続されることとなります。下の世代に相続権が移る代襲相続の場合には相続放棄は代襲原因とはならないのですが、上の世代の場合には相続放棄をしたとしてもその上の世代に相続権は移ってしまうのです。

今回の事例では、もし長男の祖父母が存命にも関わらず母が相続放棄をしてしまったら長男の財産が祖父母に移り、その後、二男、長女以外の従兄弟等の他の親族に分散してしまう可能性があるので注意が必要です。

❷ 相続放棄をした場合の相続税の課税関係の留意点

最後に相続放棄をした場合の相続税の課税関係の留意点をまとめます。

1 基礎控除

相続の放棄があったとしてもその放棄がなかったものとして計算します。

例えば、相続人が妻、長男、長女の場合で長男が相続放棄したときの基礎控除は、3,000万円＋600万円×3人＝4,800万円となり、相続放棄により相続人が2人になったとしても3人でカウントすることができます。

これだけ聞くと相続放棄がなかったと考える規定は納税者有利のように思えるかもしれませんが、そうとは言い切れません。

被相続人に配偶者や子供がいなく相続人は直系尊属である父1人だけというケースを考えます。この場合、基礎控除は3,600万円となります。被相続人の兄弟は10人兄弟です。もし父が相続放棄をした場合において、現状の相続税法と異なり放棄を加味する規定だったときは、相続人が10人となり、基礎控除は9,000万円となります。すなわち、もし、現状のような相続放棄がなかったものとするとの取り決めがなければ、相続開始後の相続放棄という手続きで相続税の負担が大きく減ってしまうこととなりま

す。

② 相続税の総額

　相続税の計算過程で、相続財産から相続税の基礎控除を差し引いた金額を法定相続分で按分するというものがありますが、この法定相続分も上記①同様に相続放棄がなかったものとして計算します。

③ 生命保険、死亡退職金の非課税枠

　生命保険、死亡退職金の非課税枠は、「500万円×法定相続人の数」で計算します。

　この法定相続人の数も上記①と同様に相続放棄がなかったものとして計算します。

④ 生命保険、死亡退職金の非課税枠の適用者

　生命保険金や死亡退職金は受取人の固有財産であり遺産ではないため相続放棄をしたとしても受け取ることができます。では、相続放棄をした人が死亡保険金や死亡退職金の受取人であった場合、上記③の非課税の適用があるのでしょうか。

　答えは、非課税を適用することはできません。非課税を適用できる者は民法上の相続人に限られるため、相続放棄により相続人でなくなった場合には非課税は適用できなくなります。

⑤ 債務控除

　相続放棄した人は、原則として債務控除を適用することはできません。相続放棄しているので財産も債務も相続しないことから債務を負担することは通常考えられません。

　なお、相続放棄をしても葬式費用は負担するかもしれませんが、葬式費

用については、相続放棄をした人であってもその負担した部分に限り財産から差し引くことが可能です。

6 配偶者の税額軽減

配偶者が相続放棄をするケースはあまり多くはないかもしれませんが、仮に配偶者が相続放棄をした場合において、その配偶者が受取人となっている死亡保険金があったときは、その保険金に対する相続税につき配偶者の税額軽減が適用できるのかどうかという論点です。

答えは、適用が可能です。相続放棄をしたとしても配偶者という事実は変わらないためです。

7 未成年者控除・障害者控除

未成年者控除や障害者控除の要件に該当する相続人が相続放棄した場合でもこれらの税額控除の適用は可能です。

8 相次相続控除

相次相続控除は、相続人に限り適用があります。したがって、相続放棄をした場合にはこの控除の適用はできないと考えます。

9 3年以内生前贈与加算

相続開始前3年以内に被相続人から贈与を受けた相続人が相続放棄をした場合でも贈与財産を加算する必要があるかどうかの論点です。

その放棄をした者が被相続人から遺贈により財産を取得していれば贈与財産は加算の対象となります。逆に、被相続人から一切財産を取得していなければ3年以内加算の必要はありません。

[10] **2割加算**

　被相続人の一親等の血族（子供、親）、配偶者、代襲相続人である孫以外の者が相続した場合には、相続税の2割加算の対象となります。

　一親等の血族等が相続放棄をしたとしても2割加算の対象とはなりません。ただし、代襲相続人である孫が相続放棄をした場合には、2割加算の対象となります。

6　相続人に未成年者がいる場合

　共同相続人の中に未成年者がいる場合において、特別代理人を選任するときは、未成年者に対して法定相続分相当の遺産を取得させる遺産分割協議をしなければならないことがあります。このような場合には、未成年者が成人になるのを待ってから遺産分割協議をするという方法が考えられます。もし未成年者が成人になる前に相続税の申告期限が到来してしまった場合には、未分割での申告をすることになります。

❶ 未成年者がいる場合の遺産分割協議

　未成年者が法律行為をするときはその法定代理人（親権者）の同意を得る必要があります。したがって、未成年者単独で遺産分割協議をすることはできません。また、共同相続人の中に法定代理人である親権者がいる場合には未成年者と法定代理人で利益相反してしまうため、特別代理人を家庭裁判所にて選任する必要があります。なお、特別代理人の選任申立ての際に遺産分割協議案を家庭裁判所に提出することになりますが、未成年者に不利な遺産分割協議案（未成年者の取得が法定相続分未満など）の場合には、その特別代理人の選任が認められないことがあります。

❷ 成人になってから遺産分割協議をする

　上記❶記載の通り、未成年者が共同相続人にいる場合にはその未成年者に法定相続分相当の財産を取得させなければならず、未成年者である子に何千万円、何億円もの財産を所有させるのは問題があると考える親権者も実務上は多いです。また、遺産が1億6,000万円以下の場合には全ての遺産を配偶者が相続することで配偶者の税額軽減により相続税の負担をゼロにすることができますが、未成年者に相続させる必要がある場合には相続税の負担も生じてしまいます。

　このような場合に、未成年者が成人になるのを待って遺産分割協議をする方法が考えられます。この際に未成年者が成人になる前に相続税申告期限が到来してしまった場合には、未分割申告の方法を検討します。

　なお、この戦略的な未分割申告を使えるケースは、その未成年者の年齢が20歳に近い場合に限られます。すなわち未成年者の年齢が成人になるまで3年以上ある場合には、「遺産が未分割であることについてやむを得ない事由がある旨の承認申請書」を税務署に提出する必要があり、共同相続人の中に未成年者がいるだけの理由では承認されない可能性が高いためです。

---

7 相続税の債務控除と所得税の医療費控除の関係

　相続開始後に被相続人の医療費を相続人が支払うこととなる場合が実務上多いですが、その負担者を誰にするかによって相続人の所得税の負担額に影響がでてきます。被相続人と生計が別である相続人がその医療費を負担したとしても、その相続人の所得税においてその被相続人の医療費は医療費控除の対象とはなりません。これに対して、被相続人と生計が同じである相続人が被相続人の医療費を負担すれば相続人の確定申告において医

療費控除の対象とすることができます。

　なお、下記は、被相続人及びその親族の医療費について、支払時期、負担者別に医療費控除と相続税の債務控除の適用関係をまとめた表となります。

支払時期	支払った人	誰の医療費？	医療費控除		債務控除
			被相続人の準確定申告	相続人の確定申告	
亡くなる前の支払	被相続人	被相続人	○	×	×
		生計一親族			
		生計別親族	×		
亡くなった後の支払	相続人	被相続人	×	○（生計一の場合）	○
		生計一親族		○	×

　生計一親族か否かの判断は、実務上迷うことが多いですが、下記通達により判断することとなります。

所得税基本通達 2-47
　法に規定する「生計を一にする」とは、必ずしも同一の家屋に起居していることをいうものではないから、次のような場合には、それぞれ次による。

(1)　勤務、修学、療養等の都合上他の親族と日常の起居を共にしていない親族がいる場合であっても、次に掲げる場合に該当するときは、これらの親族は生計を一にするものとする。

　　イ　当該他の親族と日常の起居を共にしていない親族が、勤務、修

学等の余暇には当該他の親族のもとで起居を共にすることを常例
としている場合

ロ　これらの親族間において、常に生活費、学資金、療養費等の送
金が行われている場合

(2)　親族が同一の家屋に起居している場合には、明らかに互いに独立
した生活を営んでいると認められる場合を除き、これらの親族は生
計を一にするものとする。

実務上迷うケースは、同居の場合で生計別のケースと別居の場合で生計
一のケースだと思います。

❶ 同居の場合で生計別かどうか

同居の場合には、上記通達(2)にあるように、明らかに互いに独立した生
活を営んでいると認められる場合以外は生計を一にすると考えます。明ら
かに互いに独立した生活を営んでいるかどうかの判断基準は下記に掲げる
ような事実の有無を総合勘案して判断します。

- 資産や収入を独自に管理、処分している
- 食費を別に管理し、食事は別でとっている
- 水道光熱費は各々支払っている
- 建物の所有者と居住している人が別の場合には家賃で精算している
- 家事上の支出に関して債権債務を明確に区分している
- 住民票の世帯が別になっている
- その他対外的に世帯別にしていることが明らかにされている

❷ 別居の場合で生計一かどうか

別居の場合には、上記❶と反対に原則として生計は別であると判断します。ただし、別居する親族が独立して生計を維持するに足りる程度の収入がない場合において、他方の親族から主たる生活費等に相当する送金等が行われている場合には、別居親族であっても生計を一にする親族と判断します。また、別居する親族に独立して生計を維持するに足りる程度の収入があったとしてもその者が独自の職業を有しない場合において、その者と別居する親族がその者の財産の管理をしている場合には別居親族であっても生計を一にする親族と判断される可能性もあります。

第3節

誤った提案事例

1 不合理分割となるような遺産分割の提案

不合理分割とは、遺産分割により土地を分割したときにその遺産分割後の画地が通常の用途に使えないような分割のことをいいます。具体的には、財産評価基本通達7－2(1)の注書きに規定されています。

財産評価基本通達7－2(1)　注書き

（注）　贈与、遺産分割等による宅地の分割が親族間等で行われた場合において、例えば、分割後の画地が宅地として通常の用途に供することができないなど、その分割が著しく不合理であると認められるときは、その分割前の画地を「1画地の宅地」とする。

また、不合理分割の例として国税庁の質疑応答事例では下記の6例を掲げています。

〈国税庁　質疑応答事例〉

宅地の評価単位－不合理分割（1）

【照会要旨】

　次の図のように宅地のうちA部分は甲が、B部分は乙が相続した場合の宅地の評価単位は、それぞれどのようになりますか。

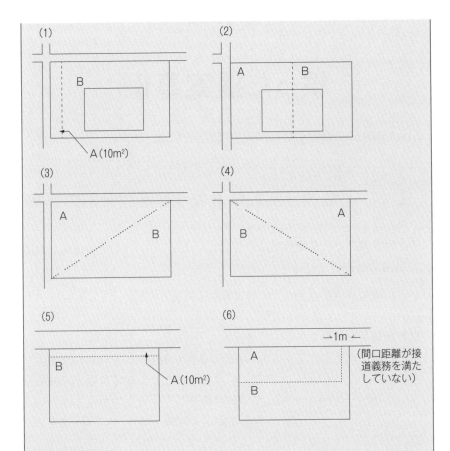

【回答要旨】

（1）については現実の利用状況を無視した分割であり、（2）は無道路地を、（3）は無道路地及び不整形地を、（4）は不整形地を、（5）は奥行短小な土地と無道路地を、（6）は接道義務を満たさないような間口が狭小な土地を創出する分割であり、分割時のみならず将来においても有効な土地利用が図られず通常の用途に供することができない、著しく不合理な分割と認められるため、全体を1画地の宅地としてその価額を評価した上で、個々の宅地を評価することとするのが相当です。

具体的には、原則としてA、B宅地全体を1画地の宅地として評価した価額に、各土地の価額の比を乗じた価額により評価します。

（理由）

　贈与、遺産分割等による宅地の分割が親族間等で行われ、その分割が著しく不合理であると認められる場合における宅地の価額は、所有者単位で評価するのではなくその分割前の画地を「1画地の宅地」として評価します。

　例えば、遺産分割により設例のように現実の利用状況を無視した不合理な分割が行われた場合において、仮に甲、乙それぞれが取得した部分ごとに宅地の評価を行うこととすると、無道路地としての補正や奥行が短小であることによる補正を行うことになるなど、実態に則した評価がなされないことになります。

　そのため、著しく不合理な分割が行われた場合は、実態に則した評価が行えるよう、その分割前の画地を「1画地の宅地」として評価することとしています。「その分割が著しく不合理であると認められる場合」とは、無道路地、帯状地又は著しく狭あいな画地を創出するなど分割後の画地では現在及び将来においても有効な土地利用が図られないと認められる分割をした場合が考えられます。

　なお、この取扱いは同族会社間等でこのような不合理分割が行われた場合にも適用されます。

　上記通達にあるように、不合理分割に該当してしまった場合には、その分割前の状態で評価単位を考えます。

　このような不合理分割を税理士が提案してしまった場合の納税者のデメリットは下記の通りです。

- 　不合理分割に該当するにもかかわらず分割後の画地で評価してしまった場合には、後日税務調査等でその土地の評価が否認されて追加で相続税本税や過少申告加算税等の附帯税の負担が生じることとなる。

- 　不合理分割の場合には相続税の負担軽減にならないにもかかわらず、分割後の利用に制限があり土地活用上問題が生じることとなる。

　上記のようなデメリットを納税者に負わせないためにも不合理分割に該当するような遺産分割の提案は避けなければなりません。

2 未成年者や障害者に取得させない遺産分割の提案

　未成年者控除及び障害者控除の適用を受けることができる者は、相続又は遺贈により財産を取得した者に限られます。したがって、未成年者や障害者が遺産分割において財産を取得しなかった場合には当該税額控除の適用が受けられなくなります。

　具体的な数字で確認していきましょう。

【前提条件】

　　被相続人：母

　　相　続　人：長男、次男（55歳、特別障害者）

　　相続財産：預貯金2億円

　⇒遺産分割案①　長男が全ての財産を取得する

　　遺産分割案②　長男が1億円、次男が1億円を取得する

■遺産分割案①

　❶長男の課税価格

　　預貯金2億円

　❷課税遺産総額

　　2億円－基礎控除4,200万円＝1億5,800万円

　❸各人の相続税額

　　1億5,800万円×1／2×30％－700万円＝1,670万円

　❹相続税の総額

　　1,670万円×2＝3,340万円

■遺産分割案②

❶長男の課税価格及び次男の課税価格

預貯金1億円

❷課税遺産総額

1億円×2－基礎控除4,200万円＝1億5,800万円

❸各人の相続税額

1億5,800万円×1／2×30％－700万円＝1,670万円

❹相続税の総額

1,670万円×2＝3,340万円

❺長男の納付税額

3,340万円×1億円／2億円＝1,670万円

❻次男の納付税額

3,340万円×1億円／2億円－障害者控除600万円[※]＝1,070万円

※　特別障害者20万円×（85歳－55歳）＝600万円

❼納付税額合計

❺＋❻＝2,740万円

　上記実例のケースでは、障害者控除の適用がない場合とある場合とで最終的な相続税の負担が600万円も差異が生じました。障害者や未成年者がいる場合には税額控除の適用の可能性も視野に入れた遺産分割の提案が必要となります。

3 債務超過となるような遺産分割の提案

　相続税の計算は、各相続人の課税価格を算出することからスタートします。その各相続人の課税価格を合計し、基礎控除を差し引いた金額が課税

遺産総額となります。ここで問題となるのが各相続人の課税価格がマイナス、すなわち債務超過となる場合です。この債務超過額を他の相続人の課税価格からマイナスすることはできないのです。

　したがって、債務超過となった相続人がいる場合にはその案件全体の相続税の負担が増えてしまう結果となるのです。税理士としてはこのような遺産分割の提案は避けるべきだと考えます。

　債務超過となりやすい遺産分割としては、下記のようなケースが想定されます。

- 賃貸不動産の相続税評価額がその物件に紐付くアパートローンに満たない場合
- 代償分割で交付する代償金が取得した相続財産の相続税評価額を超える場合

上記いずれのケースにおいても、取得する財産について小規模宅地等の特例の適用をするような場合に債務超過となりがちです。

　具体的な数字で確認していきましょう。

【前提条件】

　　被相続人：母

　　相　続　人：長男、次男

　　相続財産：自宅土地２億円（相続税評価額。長男及び次男ともに小規模
　　　　　　　宅地等の特例の適用が可能）

　⇒遺産分割案①　長男が自宅土地を全て取得する代償として次男に代
　　　　　　　　　償金１億円を交付する

　　遺産分割案②　長男と次男で１／２を共有取得

■遺産分割案①

❶長男の課税価格

自宅不動産2億円－小規模宅地等の特例1億6,000万円

－代償金1億円＝△6,000万円⇒ゼロ

❷次男の課税価格

代償金1億円

❸課税遺産総額

❶＋❷－基礎控除4,200万円＝5,800万円

❹各人の相続税額

5,800万円×1/2×15％－50万円＝385万円

❺相続税の総額

❹×2＝770万円

■遺産分割案②

❶長男の課税価格及び次男の課税価格

自宅不動産1億円－小規模宅地等の特例8,000万円＝2,000万円

❷課税遺産総額

❶×2－基礎控除4,200万円＜0

上記実例のケースでは、債務超過となる遺産分割の場合には相続税が770万円発生し、債務超過でない場合には相続税がゼロとなりました。このように債務超過となる遺産分割の場合には相続税の負担が重くなることとなりますので、債務超過となるような遺産分割の提案は避けるべきでしょう。

4 非居住者への有価証券等の相続（国外転出（相続）時課税の適用）

❶ 国外転出（相続）時課税とは

被相続人が亡くなり、相続又は遺贈により国外に居住する相続人又は受遺者が対象資産の一部又は全部を取得する時において、被相続人が1億円以上の有価証券や未決済の信用取引などの対象資産※を所有等している場合に、遺産取得時に対象資産の譲渡などがあったものとみなして、対象資産の含み益に対して所得税が課税される制度です。

※ 対象資産

　有価証券（株式や投資信託などであり、国内源泉所得を生ずべき特定譲渡制限付株式等を除く）、匿名組合契約の出資の持分、未決済の信用取引・発行日取引及び未決済のデリバティブ取引（先物取引、オプション取引など）が該当します（所法60の2①～③）。

　なお、対象資産の価額の合計額が1億円を超えるかどうかについては、非居住者である相続人等が取得した相続対象資産の価額のみで判定するのではなく、相続開始の時に被相続人が所有等していた対象資産の価額の合計額が1億円以上となるかどうかを判定します。

国外転出（相続）時課税の申告をする場合は、適用被相続人等の相続人は、相続開始があったことを知った日の翌日から4ヶ月以内に、その年の各種所得に国外転出（相続）時課税の適用による所得を含めて適用被相続人等の準確定申告及び納税をする必要があります（所法60の3①～③、125

①、129）。

　なお、非居住者以外の相続人についても当該国外転出（相続）時課税の適用を受けるのかという疑問も生じますが、国外転出（相続）時課税は、その相続人がすることとなりますので、相続対象資産を取得したか、また居住者又は非居住者であるかを問わず、適用被相続人等の相続人が準確定申告及び納税をする必要があります（所法125①）。

❷ 減額措置、納税猶予

　国外転出（相続）時課税制度においては、次の通り、一定の要件の下、減額措置等を受けることができます。

相続又は遺贈後の状況		減額措置等
相続開始の日から５年以内に対象資産を取得した相続人又は受遺者の全員が帰国などした場合		帰国時まで相続人又は受遺者が引き続き所有等している対象資産について、国外転出（相続）時課税により課された税額を取り消すことができます。
納税猶予の特例の適用を受ける場合		納税猶予期間（５年又は10年）の満了日の翌日以後４か月を経過する日まで納税を猶予することができます。
	納税猶予期間中に譲渡等した際の対象資産の譲渡価額が相続開始の時の価額よりも下落している場合	譲渡等した対象資産について、国外転出（相続）時課税により課された税額を減額できます。
	納税猶予期間の満了日の対象資産の価額が相続開始の時の価額よりも下落している場合	相続開始の日から納税猶予期間の満了日まで引き続き相続人又は受遺者が所有等している対象資産について、国外転出（相続）時課税により課された税額を減額できます。

（出典）　国税庁「国外転出時課税制度（FAQ）」平成27年４月（令和元年５月改訂）

　なお、納税猶予の特例の適用を受けるためには、相続又は遺贈により対象資産を取得した国外に居住する相続人又は受遺者の全員が、被相続人の準確定申告書の提出期限までに納税管理人の届出書の提出をする等、一定の手続きが必要となります。

❸ 対象資産の分割の検討

　この課税制度が導入された背景としては、導入前は相続財産の譲渡について、日本国内で有価証券を譲渡した場合には譲渡所得に対して所得税及び住民税が課税されますが、一方で海外に移住した非居住者が譲渡した場合には日本の所得税は原則非課税として課税がされていなかったため、一部の富裕層のみが使うことができる節税策となっていました。このことを受け、課税漏れを防ぐ観点から平成27年に新設されました。

　しかし、そもそも、この制度が適用されるのは非居住者が対象資産となる有価証券等を取得することが前提ですので、遺産分割により非居住者以外の相続人が対象資産を取得することが可能であれば、これら面倒な申告や減免、納税猶予の手続きを行わなくともよいわけです。

　税理士がこの新しい制度を知らずに、非居住者を対象資産の取得者としてしまうような遺産分割の容認、ましてや遺産分割の提案をすることがないように注意する必要があります。知らないが故にうっかりこのような分割となってしまうと、何年にも渡り対象資産の管理や異動に応じた申告、手続きを行わなければならないこととなります。

　また、既に遺言書において、非居住者が対象資産の取得者として指定されているようなケースもありますが、このようなケースにおいては相続人に対して事前に国外転出時課税の取り扱いを説明し、遺言によらない遺産分割の提案も検討をする必要があります。

❹ その他

1 取得費の取り扱い

① 国外転出（相続）時課税の適用により準確定申告をしている場合

　準確定申告書を提出した後に、非居住者である相続人等が相続又は遺贈により取得した相続対象資産を譲渡等した場合、その相続対象資産の取得費は、相続開始の時における価額になります（所法60の3④）。

② 国外転出（相続）時課税の適用を受けていない場合等

　準確定申告書の提出及び決定がされていない場合等において、非居住者である相続人等が相続又は遺贈により取得した相続対象資産を譲渡等した場合、その相続対象資産の取得費は、適用被相続人等が当該相続対象資産を取得した価額となります。

2 未分割申告

　国外転出（相続）時課税の申告期限までに遺産分割が確定していないことから、未分割申告として法定相続分に従って非居住者である相続人等に相続対象資産の移転があったものとして国外転出（相続）時課税の申告をした場合において、その後に遺産分割が確定したことにより、非居住者である相続人等が取得する相続対象資産が当初申告の法定相続割合と異なることとなったときは、適用被相続人等の相続人は、その遺産分割が確定した日から4ヶ月以内に、修正申告、若しくは更正の請求をすることができます（所法151の6①、同法153の5）。

　また、上記の場合に限らず、次に掲げる事由が生じたことにより非居住者である相続人等が取得する相続対象資産が相続分の割合に従って申告した内容と異なることとなった場合には、適用被相続人等の相続人は、その事由が生じた日から4ヶ月以内に、修正申告、若しくは更正の請求をする

ことができます（所法151の6①、同法153の5、所令273の2）。

① 民法の規定により相続人に異動を生じたこと。

② 遺贈に係る遺言書が発見され、又は遺贈の放棄があったこと。

③ 相続又は遺贈により取得した財産についての権利の帰属に関する訴えについての判決があったこと。

④ 条件付の遺贈について、条件が成就したこと。

5 孫が生命保険の受取人に？ 3年以内加算の持戻対象へ

　生前対策の中でも代表的な節税提案として、生命保険への加入が挙げられます。対策の内容としては、生命保険の非課税枠を利用したものであり、一見して単純なものとして推定相続人やその相続人の理解も得られやすいため多くの活用ケースが見受けられます。

　しかし、生命保険については、その契約関係によって課税の税目や課税対象者が異なることとなりますので、税理士の立場からは、この課税関係をしっかりと把握した上で生前対策の提案を行う必要があります。

　「いくらか孫のためにもお金を遺しておいてあげたい」という推定被相続人からのニーズがあったとしても、相続人に該当しない孫を受取人とするような生命保険の加入は提案すべきではないでしょう。仮に、相続人に該当しない孫が受取人となった場合には、次のような余計な課税が生じる結果となってしまいます。

❶ 非課税枠の適用ができない

　相続によって取得した生命保険金で、被相続人が被保険者であり、かつ、被相続人が保険料を負担していたものについては、みなし相続財産と

して相続税の課税の対象となります。

　この死亡保険金の受取人が、相続人（放棄者や喪失者は含まれません）である場合には、下記一定の非課税限度額までは相続税の対象から外すことができます。

500万円　×　法定相続人の数　＝　非課税限度額

　しかし、これはあくまで相続人である場合が要件となっていますので、相続人以外の孫が取得した死亡保険金には非課税の適用はありません。

❷　2割加算の対象となる

　相続等によって財産を取得した者が、被相続人の一親等の血族（代襲相続人となった孫（直系卑属）を含みます）及び配偶者以外の人である場合には、その者の相続税額にその相続税額の2割に相当する金額が加算されます。

相続税額の2割加算の対象となる人

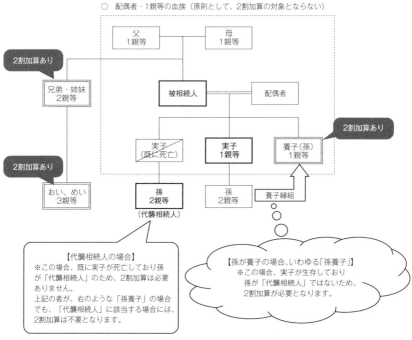

（出典）国税庁ホームページ

　したがって、代襲相続人に該当しない孫の場合には、この2割加算の対象となってきますので、仮に保険金の受取人となってしまっているようなときは、当該保険金に対する相続税が単純にかかってくるだけではなく、1.2倍の相続税が生じることとなってしまいます。

❸ 生前贈与が3年以内加算の対象となる

　上記❷の場合において、相続税の課税対象となるのは受け取った生命保険金だけとは限りません。もし、生前対策として孫に対して贈与を行っていたとしても、相続開始前3年以内に被相続人から孫が贈与により財産の

取得をしているような場合には、この3年間の贈与財産は3年以内加算として相続税の対象として持ち戻されてしまいます。

　この3年以内加算は、生命保険金の受取人となっていたケースの他にも遺言において孫などが財産を取得することとなっていた場合なども含まれます。相続税は原則として、被相続人の財産を相続や遺贈（死因贈与を含む）によって取得した場合に、その取得した財産にかかります。つまり、相続により財産を取得する相続人だけでなく、遺言やみなし相続により財産を取得することとなる受遺者に対しても相続税がかかってきます。したがって、この受遺者に対する3年以内加算にも留意をする必要があります。

　なお、みなし相続として、以下のようなケースも相続税の対象となってきます。

- 死亡退職金、被相続人が保険料を負担していた生命保険契約の死亡保険金など
- 被相続人から生前に贈与を受けて、贈与税の納税猶予の特例を受けていた農地、非上場会社の株式や事業用資産など
- 教育資金の一括贈与に係る贈与税の非課税又は結婚・子育て資金の一括贈与に係る贈与税の非課税の適用を受けた場合の管理残額
- 相続や遺贈で財産を取得した人が、被相続人の死亡前3年以内に被相続人から財産の贈与を受けている場合（一定の特例を受けた場合を除きます）
- 被相続人から、生前、相続時精算課税の適用を受け取得した贈与財産
- 相続人がいなかった場合に、民法の定めによって相続財産法人から与えられた財産
- 特別寄与者が支払を受けるべき特別寄与料の額で確定したもの

これは、贈与税の非課税枠内で行われた110万円以内の贈与であったと

しても関係がなく、その全てが3年以内加算の持ち戻しの対象となります。うっかり、孫を生命保険の受取人としてしまったことで、せっかくの生前対策まで台無しとなってしまう可能性があります。

6 土地と建物を別の相続人に相続させた結果

　遺産分割においては、基本的には土地と建物の所有者は一人の相続人とするような遺産分割が望まれます。しかし、土地とその上に存する建物を別々の相続人が相続した場合には、土地と建物の所有者が分かれ、以下のような所有者が一致していれば本来的には使えたはずの税法上の評価減や特例の適用ができないという事態が生じてしまいます。税理士の立場からは、遺産分割後の評価方法や特例等も意識をした遺産分割の提案が必要となります。

❶ 空き家特例の適用不可

　相続又は遺贈により被相続人居住用家屋又は被相続人居住用家屋の敷地等を取得した相続人が、平成28年4月1日から令和5年12月31日までの間に、一定の要件を満たす被相続人居住用家屋又は被相続人居住用家屋の敷地等を譲渡した場合や、当該家屋取壊し後に敷地を譲渡した場合には、譲渡所得の金額から最高3,000万円まで控除することができます（措置法35③）。

　当該特例の適用を受けるためには多くの要件がありますが、基本的には対象者、対象家屋・敷地、対価、期限、他の特例との重複適用、その他の要件があります。各要件については、チェックシート（274頁〜275頁参照）等を活用しながら漏らすことなく確認を要します。

　しかし、土地と建物の所有者が異なっている場合には、これら要件の内、対象者の要件を満たさないこととなります。空き家の特例の適用対象者は、「相続又は遺贈による被相続人居住用家屋及び被相続人居住用家屋の敷地等の取得をした相続人（包括受遺者を含む。）が」と規定されています（措置法35③）。これによると、家屋と敷地の両方を取得することが前提とされていますので、遺産分割協議の結果、土地（敷地）と建物（家屋）の所有者が異なることとなった場合には、当該家屋・敷地の譲渡が行われたとしても、空き家特例の3,000万円控除の適用はできないこととなります。

　なお、マイホームの3,000万円控除の特例については、土地と建物の所有者が別であった場合については、生計一親族等を要件として適用が認められるケースがありますので、この取り扱いが異なる点に留意が必要となります（措置法35①）。

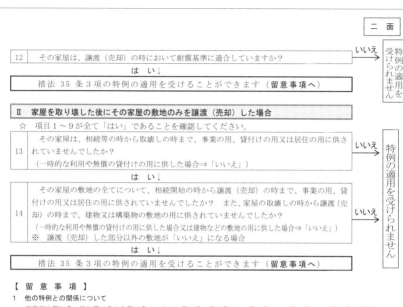

二　面

| 12 | その家屋は、譲渡（売却）の時において耐震基準に適合していますか？ | いいえ→ 特例の適用を受けられません |

は　い↓

措法 35 条 3 項の特例の適用を受けることができます（**留意事項へ**）

Ⅱ　家屋を取り壊した後にその家屋の敷地のみを譲渡（売却）した場合

☆　項目 1～9 が全て「はい」であることを確認してください。

| 13 | その家屋は、相続等の時から取壊しの時まで、事業の用、貸付けの用又は居住の用に供されていませんでしたか？
（一時的な利用や無償の貸付けの用に供した場合⇒「いいえ」） | いいえ→ |

は　い↓

| 14 | その家屋の敷地の全てについて、相続開始の時から譲渡（売却）の時まで、事業の用、貸付けの用又は居住の用に供されていませんでしたか？　また、家屋の取壊しの時から譲渡（売却）の時まで、建物又は構築物の敷地の用に供されていませんでしたか？
（一時的な利用や無償の貸付けの用に供した場合又は建物などの敷地の用に供した場合⇒「いいえ」）
※　譲渡（売却）した部分以外の敷地が「いいえ」になる場合 | いいえ→ |

特例の適用を受けられません

は　い↓

措法 35 条 3 項の特例の適用を受けることができます（**留意事項へ**）

【　留　意　事　項　】

1　他の特例との関係について

　　所得税法第58条、措法第33条から第33条の4まで、第37条、第37条の4、第37条の8、第37条の9、第39条の特例を適用する譲渡については、本特例の適用を受けることはできません。

2　他の相続人等への通知等について（項目「9」の判断に必要な事項です。）

　(1)　この特例を受けようとする場合、あなたは、被相続人の住まいとして利用されていた家屋の母屋（被相続人居住用家屋）又はその敷地を取得した他の相続人等に対して、あなたが譲渡（対象譲渡）をした旨、対象譲渡の日、その他参考となる事項を通知しなければなりません（措法第35条第7項）。

　　　なお、上記の通知を受けた他の相続人等は、①既に、被相続人居住用家屋又はその敷地を譲渡していた場合、あなたからの通知を受けた後遅滞なく、その譲渡をした旨、その譲渡をした日、その譲渡の対価の額（特例対象外の部分を含みます。）、その他参考となるべき事項を通知しなければならないこととされ、②通知を受けた後に、同様の譲渡をした場合には、その譲渡をした後遅滞なく、同通知をしなければならないこととされています（同項）。

　(2)　相続開始の時から対象譲渡の日以後3年を経過する日の属する年の12月31日までの間に、あなたの対象譲渡に係る対価の額と(1)に記載の譲渡に係る対価の額の合計額が1億円を超えることとなった場合、この特例は適用できません。この場合の取扱いは次のとおりです（措法第35条第8項）。

　　A　上記(1)①の通知により、1億円を超える場合

　　　　この申告において本特例の適用はありません。

　　B　上記(1)②の通知により、1億円を超える場合

　　　　通知をした他の相続人等が、その譲渡の日から4か月以内に、修正申告及び納税をする必要があります。

この「チェックシート」は、次の書類とともに確定申告書に添付して提出してください。

☐　譲渡所得の内訳書（確定申告書付表兼計算明細書）【土地・建物用】

☐　被相続人居住用家屋及びその敷地の登記事項証明書その他の書類で、(a)譲渡資産を相続等により取得したこと、(b)その家屋が昭和56年5月31日以前に建築されたものであること、(c)その家屋が区分所有建物でないことを明らかにするもの

☐　被相続人居住用家屋等確認書（被相続人居住用家屋の所在の市区町村から交付を受けます。）

☐　譲渡した被相続人居住用家屋の売買契約書の写しその他の書類で譲渡に係る対価が1億円以下であることを明らかにする書類

【家屋の譲渡があった場合（上記Ⅰの場合）には、上記の書類に加えて、以下の書類が必要です。】

☐　耐震基準適合証明書又は建設住宅性能評価書の写し（被相続人居住用家屋の譲渡の日前2年以内に証明のための調査が終了したもの又は評価されたものに限ります。）

❷ 小規模宅地等の特例の適用不可

　被相続人がその土地の上で事業を行っていた場合において、その土地と建物の取得者が異なるときは、小規模宅地等の特例の適用が受けられなくなりますので留意が必要です。

　小規模宅地等の特例の内、被相続人の事業の用に供されていた特定事業用宅地については、「被相続人や生計同一の親族が事業に使っている建物若しくは構築物」の敷地について、一定の要件を満たした場合に適用される特例です。そして、この事業について、その土地を相続により取得した相続人が、申告期限までにその事業を承継し、かつ、申告期限まで引き続きその事業を営んでいるという事業継続要件が付されています。さらに、この事業継続という観点から、その敷地である土地についても申告期限まで所有し続けるという保有要件も付されています（措法69の4③一、措令40の2④⑤）。

　つまり、その土地を相続により取得した相続人自身が事業を継続しなければならないわけですから、仮にその事業に使っている建物を別の相続人が取得してしまったら土地を取得した相続人が事業を継続していくことが見込まれなくなるため、小規模宅地等の特例は適用できないこととなります。

相続税申告後の
アフターフォロー

相続税申告後の
アフターフォローの概要

　第4章では、相続税申告を終えた後に税理士をはじめとする相続コンサルタントが相続人に対して行うべき、また、行うことが望ましいアフターフォローについて解説を行っていきます。

　相続税申告の期限は、相続の開始があったことを知った日の翌日から10ヶ月以内であり、当該期間内に申告納付を行わなければなりませんが、この期間内に無事に申告納税を終えた後も気を付けなければならない論点が数多く存在します。引き継いだ財産を相続人がどのように保管、運用、処分していくのか、また、相続を取り扱う税理士は、その取り扱いに伴う税務上の論点について、しっかりと把握をした上で、財産を引き継いだ相続人に説明を行っておく必要があります。

　たとえば、「申告期限の10ヶ月前に申告納税を終えたのだが、申告期限までの間に小規模宅地等の特例を適用させた土地の売却を行ってしまい、適用要件を満たさなくなった」などということにならないように、相続人に対する相続税申告後の説明も十分に行っておく必要があります。

　また、相続税の税務調査について、その調査割合は約12%と他の税目に比べると高い割合となっています。しかし、調査割合は多いものの、そもそも相続税の税務調査を受けたことがない税理士が多いのが現状です。そこでこの第4章では税理士が税務調査に当たって知っておくべき論点についても触れていきます。

　第2節　相続財産を引き継いだ相続人の確定申告の留意点においては、不動産を中心とした各相続財産を引き継いだ相続人が、当該相続財産を保有、処分する際の取り扱いについて、所得税や他の税目を含め留意すべき点について解説を行います。

　次に、**第3節　相続税の税務調査**においては、相続税の税務調査における基本的な流れから、実際の税務調査において行われるであろう質疑対応や各相続財産別の調査時の論点等まで解説を行います。

　そして、**第4節　その他の論点**では、未分割申告や二次相続対策において留意すべき点、また、相続した財産についての有効活用などについても解説を行っています。

　申告期限後においても、税理士や相続コンサルタントとして相続人に対して行うべき、また、積極的に提供すべきサービスは多種多様です。これらのサービスを相続人に対して丁寧に、かつ、適切に提供することで、相続税申告の案件をきっかけとして、その後も連綿と続く信頼関係を築き上げることができていくはずです。

第 2 節

相続財産を引き継いだ
相続人の確定申告の留意点

　相続人が税理士に相続の相談をする際には、第一義的に被相続人の相続財産を適正に相続し、税務署に対して適正な相続税申告を行うために、その申告代理の依頼を行います。この時点で将来的な賃貸不動産に係る不動産所得の取り扱いまで考慮した相談を受けることは多くはありません。しかし、相続人は、税理士に対して相続税申告だけを期待しているのではなく、その深層心理には亡くなった被相続人に係る税金に関する全般的なアドバイスを求めているはずです。そこで、税理士として、相続税申告のみならず、その周辺で起こるべく各種税金の問題について適切なアドバイスが行う必要があります。

　そこで第 2 節では、まずは相続において頻出する「相続人の確定申告」の留意点について見ていきます。

1 | 賃貸不動産を引き継いだ相続人

　被相続人の相続財産の内に賃貸不動産がある場合には、当該賃貸不動産を相続した相続人は、土地や建物といった資産だけではなく、その賃貸事業も引き継ぎ、そこから生じる果実としての賃料収入を得て、その管理や不動産維持に係る費用を負担していくこととなります。要するに、被相続人の不動産事業を引き継ぎ、不動産所得として確定申告を行っていく必要があるということです。

❶ 収入の帰属時期

　相続人が1人である場合や遺言により賃貸不動産を相続する相続人が確定している場合を除いて、遺産分割協議が確定するまでの間に生じる賃料収入については、その相続分（法定相続分又は遺言による指定相続分がある場合にはその指定相続分）に応じて、各共同相続人にそれぞれ賃貸料収入が帰属するものとされます。たとえば、もし1人の相続人がその賃貸不動産を管理していたとしても、原則として、その相続人だけで所得税の申告納付を行うことにはならず、各共同相続人が申告納付を行うこととなります。

【国税庁　タックスアンサー】

> No. 1376　不動産所得の収入計上時期
>
> 未分割遺産から生ずる不動産所得
>
> Q　賃貸の用に供している不動産を所有していた父が亡くなりましたが、遺言もなく、現在共同相続人である3人の子で遺産分割協議中です。この不動産から生ずる収益は長男の名義の預金口座に入金していますが、不動産所得はその全額を長男が申告すべきでしょうか。
> A　相続財産について遺産分割が確定していない場合、その相続財産は各共同相続人の共有に属するものとされ、その相続財産から生ずる所得は、各共同相続人にその相続分に応じて帰属するものとなります。
> 　　したがって、遺産分割協議が整わないため、共同相続人のうちの特定の人がその収益を管理しているような場合であっても、遺産分割が確定するまでは、共同相続人がその法定相続分に応じて申告することとなります。
> 　　なお、遺産分割協議が整い、分割が確定した場合であっても、その効果は未分割期間中の所得の帰属に影響を及ぼすものではありません

　ので、分割の確定を理由とする更正の請求又は修正申告を行うことはできません。

　しかし、確定申告書の提出期限までの間に遺産分割協議が整うようなケースでは、当該賃料収入にひもづく賃貸不動産を相続した相続人がまとめてその不動産所得を申告するようなことも実務上は行われています。この点に関しては、当該相続人の所得税の税率が他の相続人に比べて極端に低いようなことがなければ、課税当局としても指摘をしてくることはないと考えられます。

　一方で、逆に過大申告となるような場合は納税者不利となりますが、この場合にも特段課税当局からの指摘を受けることもありません。

　なお、収入の帰属については、翌年の社会保険にも影響を与えることとなりますので、その点も含めていずれの相続人に帰属させるかを検討する必要があります。

❷ 遺産分割確定前に確定申告期限が到来した場合の収入の帰属

　遺産分割確定前に確定申告期限が到来した場合においても、申告期限は待ってはくれませんので、相続開始からその年の属する12月31日までの賃貸不動産収入については確定申告を行わなければなりません。この場合の収入の帰属については、遺産分割協議が確定するまでの間は、未分割の状態として法定相続分により各相続人にその収入が帰属することとなります。

　では、特定の相続人が当該賃貸不動産を取得する遺産分割が固まった後において、既に申告済の相続開始からその年の属する12月31日までの賃料収入は、遡及して当該特定の相続人に帰属することになるのでしょうか。

　この点に関しては、最高裁の判決が存在し、相続財産としての賃貸不動

産とその果実である家賃収入は別個の財産であり、「分割単独債権として確定的に取得する」のものとして取り扱われます。

　したがって、遺産分割協議後に法定相続分と異なる割合での分割となった場合においても、相続開始からその年の属する12月31日までの賃料収入について法定相続分で各相続人が行った確定申告についての修正申告や更正の請求は必要がないこととなります。

【最高裁判所　第一小法廷平成17年9月8日判決】（裁判所ホームページ）

> 　遺産は、相続人が数人あるときは、相続開始から遺産分割までの間、共同相続人の共有に属することになるのであるから、この間に遺産である賃貸不動産を使用管理した結果生ずる金銭債権たる賃料債権は、遺産とは別個の財産というべきであって、各共同相続人がその相続分に応じて分割単独債権として確定的に取得するものと解するのが相当である。遺産分割は、相続開始時に遡ってその効力を生ずるものであるが、各共同相続人がその相続分に応じて分割単独債権として確定的に取得した上記賃料債権の帰属は、後にされた遺産分割の影響を受けないものというべきである。

❸ 事業的規模の判定

　不動産の貸付けが「不動産所得を生ずべき事業」（以下、「事業的規模」という）として行われているか否かは、「社会通念上事業と称するに至る程度の規模で不動産の貸付けを行っているか否かにより判定する」とされており、資産の規模、収入状況、人的物的施設等によりその事業的規模を判断していきます。

　この事業的規模は、実務上、いわゆる「5棟10室基準」といわれる形式基準を満たすか否かにより判断されますが、貸主に相続が発生した場合において、その貸主である被相続人の不動産が未分割であるときは、当該形

式基準を満たすか否かについてどのように判断するのか疑問が生じます。つまり、未分割の不動産について、被相続人の不動産全体の貸付けによるのか、それとも法定相続分などで按分した後の共同相続人ごとの貸付け規模で判断するのかということです。

　被相続人が所有していた未分割の不動産の貸付けの場合には、遺産分割協議が整うまでは各共同相続人間で共有の状況にありますが、その賃料収入は上述のとおり各共同相続人に法定相続分等で帰属します。このことから、一見すると、被相続人の事業的規模についても、法定相続分に応じて各共同相続人に帰属するように思われますが、法定相続分で按分した室数や棟数ではなく、共有持ち分を合計した、つまり未分割である不動産全体の被相続人の事業的規模により判定することとなります。

❹ 青色申請の届出忘れにならないために

　相続人が賃貸不動産事業を引き継ぎ、当該不動産所得について青色申告を行うためには事前に「青色申告承認申請書」の提出が必要となります。被相続人から相続により賃貸不動産を取得したからといって、被相続人が行っていた青色申告の効力が自動的に引き継がれるわけではありません。

　相続人が従前から青色申告を行っていた場合を除き、①被相続人が青色申告を行っていたか否か、②相続人が青色申告に至らないまでも個人事業を行っていたか否か、そして③相続開始の日の3点に注意して、いつまでに青色申告の届出を行わなければならないのかをしっかりと確認しておく必要があります。このことは、初めに相談がきた面談時点で如何に相続人からヒアリングをしておくかが重要となります。

青色申告承認申請書の提出期限

YES ⬛➡

NO ⬜➡

| 被相続人が青色申告を していましたか？ | ➡ | 相続人は相続開始以前より 事業を営んでいましたか？ |

⬇ 事業を承継した日（相続開始日）から2ヶ月以内

（ただし、1/15までの相続開始の場合には、3/15が提出期限）

⬇

| 相続人は相続開始以前より事業を営んでいましたか？ | ➡ | 相続開始の年の3/15まで |

（3/16以後に相続の開始があった場合には、相続開始の年分については青色申告を受けられないことになります）

⬇

青色申告者である被相続人の事業を承継したことにより新たに事業を開始した相続人の申請書の提出期限は相続の開始日により次のようになります。

①1/1～8/31までに相続が開始した場合 ・・・ 相続開始日から4ヶ月以内

②9/1～10/31までに相続が開始した場合 ・・・ 相続開始の年の12/31まで

③11/1～12/31までに相続が開始した場合 ・・・ 相続開始の年の翌年2/15まで

2 金融資産を引き継いだ相続人

　被相続人の相続財産の内に金融資産として有価証券がある場合において、配当所得や売買による譲渡所得があるときは、確定申告を行うか否か検討をする必要があります。被相続人は株や投資信託を好き好んで投資していたが、相続人は全く取引を行ったことがなく、確定申告を行うことすら念頭にない相続人もいるため、確定申告の必要性から丁寧にアドバイスをすることが求められます。

❶ 配当所得

　相続開始後に確定した配当金について、その配当所得は相続人に帰属しますが、遺産分割協議が固まるまでの間は相続する相続人が確定していませんので、法定相続により各相続人に配当所得が帰属します。

　しかし、確定申告書の提出期限までの間に当該配当に関する遺産分割協議が整うようなケースでは、当該配当金にひもづく株式等を相続した相続人がまとめてその配当所得を申告するようなことも実務上は行われています。この点に関しては、当該相続人の所得税の税率が他の相続人に比べて極端に低いようなことがなければ、課税当局としても指摘をしてくることはないと考えられます。

　また、そもそも引き継いだ相続人側の証券口座において、特定口座により源泉徴収がされていて申告不要を選択するような場合には、相続により取得した有価証券等を起因とした確定申告も必要ないこととなります。申告不要とするか否かについては、もともとの相続人の所得区分に応じた所得の状況と引き継いだ相続人の配当所得の状況に応じて有利不利を選択してあげることが必要となります。

　なお、相続財産に該当する未収配当金については、遺産分割協議によりどの相続人が相続をするのかを決める必要がありますが、当該配当にひもづく株式等を相続した相続人が取得することが一般的です。

❷ 譲渡所得

　相続により取得した有価証券を売却した場合には、売却対価から取得費や譲渡経費を差し引いた売却利益である譲渡所得について、分離課税として譲渡所得の申告を行う必要があります。

　詳細は 4 において解説をしますが、主な留意点として、株式などの取得費として被相続人の取得費を引き継ぐことや、相続により取得した株式などを一定期間内に譲渡した場合の特例である「取得費加算の特例」の適用等が挙げられます。

3　相続不動産を譲渡した相続人

　相続した不動産を譲渡した場合には、その譲渡所得に対して所得税が課税されます。この際に留意すべき論点は、取得費の取り扱いと譲渡に係る控除の特例の適用です。

　相続不動産の処分は相続税申告後に行われることが一般的であるため、相続税申告の税務代理を行った税理士の知らないところで売買活動が行われることも想定されます。このため、相続人が相続不動産に設定されている各種優遇措置の存在を知らずに適用を逃してしまうようなことがないように、相続税申告の作成段階から相続人の意向を確認し、相続後も定期的に不動産の状況についてフォローができるようにしておく必要があります。

❶ 相続不動産の引き継ぎ

1 取得費の引き継ぎ

相続により引き継いだ不動産について、売却を行う際の取得費は、被相続人がその土地建物を買い入れたときの購入代金や購入手数料などを取得費として引き継ぎます。また、非業務用の土地建物を相続により取得した際に相続人が支払った登記費用や不動産取得税の金額も取得費に含めることができます。

2 取得時期の引き継ぎ

不動産の譲渡を行った際には、取得時期から売却した年の1月1日までの期間が5年を超えるか否かにより短期譲渡（所得税率：30.63％、住民税率：9％）か長期譲渡（所得税率：15.315％、住民税率：5％）と税率が2倍異なることとなります。

相続により引き継いだ不動産の売却を行う場合における「土地建物を買い入れた日」は、「被相続人が土地建物を買い入れた日」をその取得時期としてそのまま相続人に引き継がれます。したがって、相続人が相続不動産の売却を行ったときには、被相続人が当該不動産の取得した時期から相続人が売却した年の1月1日までの期間が5年を超えるか否かによって、短期譲渡か長期譲渡かの判定を行います。

3 買換特例の引き継ぎ

事業用資産の買換えの特例を受けた場合には、当該買換資産の取得価額は売却資産の取得費を引き継いだ状態となっています。そして、この買換特例の適用を受けた不動産が相続により被相続人から相続人に引き継がれた場合には、当該特例の適用関係も相続人が引き継ぐこととなります。したがって、相続人が相続により取得した当該買換資産の譲渡を行った際に

は、その取得費として計上する金額は、被相続人が買換特例の適用を受けた際の売却資産の取得価額となります。

　このことから、相続人は相続不動産の売却を検討する際には、被相続人の生前の特例関係まで確認を行わなければならないのですが、被相続人が買換特例の適用を受けていたか否かまで把握をしていないことが想定されます。したがって、相続人から買換特例の情報提供がない場合であっても、税理士側で相続不動産がどのような経緯で取得されたものなのかまで把握をしなければなりません。

　この把握を行うためには、被相続人が買換特例に係る申告書の提出を行った税務署に申告書の閲覧請求を行います。ただし、申告自体が何十年も前であるようなケースも多々あり、税務署も申告書自体の保管をしていないこともあります。この場合でも、税務署側では引継書類があり脈々と買換特例の適用があった事実が引き継がれていますので、閲覧請求ができないまでも適用の有無や取得費の確認は漏らさずに行うように注意が必要です。

❷ 譲渡の特例

① 取得費加算の特例

　被相続人から相続により取得した不動産を相続開始のあった日の翌日から相続税の申告期限の翌日以後3年を経過する日までに譲渡した場合には、その不動産の譲渡所得に係る取得費として、納めた相続税額の内、当該譲渡不動産の価格に応じた部分の金額※を取得費に加算することができます（措法39、措令25の16、措規18の18）。

※　取得費に加算する金額

$$
その者の \atop 相続税額 \times \frac{\left[\begin{array}{c}その者の相続税の課税価格の計算の\\基礎とされたその譲渡した財産の価額\end{array}\right]}{\left[その者の相続 \atop 税の課税価格\right] + \left[その者の \atop 債務控除額\right]} = 取得費に加算 \atop する相続税額
$$

　ただし、その金額がこの特例を適用しないで計算した譲渡益の金額を超える場合は、その譲渡益相当額となります。

② 相続財産を2以上譲渡した場合の取得費加算

　取得費加算の特例は、上記①の計算式のとおり計算され、譲渡益を限度として、その譲渡資産の取得費に加算がされます。

　ここで、同一年に土地、建物の譲渡をした場合において、たとえば土地については譲渡益が出ていて、建物については譲渡損が出ているようなときは、上記限度額の比較をそれぞれ単体で判定するのか、それとも合算で行うのか疑問が生じます。

　この点に関しては、租税特別措置法関係通達39-5において、譲渡資産ごとに行うことが定められていますので、上記のケースでは土地、建物ごとの単体で判定を行うこととなります。

　また、譲渡損が生じた資産に係る取得費加算に相当する金額は、そのまま切り捨てられ、さらに他の譲渡資産の取得費に加算されるようなことはないことも併せて定められています。

39-5　相続財産を2以上譲渡した場合の取得費に加算する相続税額

　相続税の課税価格（相続税法第19条又は第21条の14から第21条の18までの規定の適用がある場合には、これらの規定により当該課税価格とみなされた金額をいう。39-6において同じ。）の計算の基礎に算入された資産を同一年中に2以上譲渡した場合の措置法令第25条の16第1項の規定により計算される当該譲渡した資産に対応する部分の相続税額は、措置法第39条第8項の規定により当該譲渡した資産ごとに計

算するのであるから、たとえ、譲渡した資産のうちに譲渡損失の生じた資産があり、当該譲渡損失の生じた資産に対応する部分の相続税額を当該資産の取得費に加算することができない場合であっても、当該相続税額を他の譲渡資産の取得費に加算することはできないことに留意する。

　つまり、相続人が相続税申告において納税を行った相続税額の内、土地の相続税評価に対応する相続税相当額は土地取得費に加算され譲渡益から差し引かれますが、建物の相続税評価に対応する相続税相当額は譲渡損の中で切り捨てられることとなるということです。

③ 空き家特例

　相続により取得した被相続人が1人で住んでいた空き家となった実家について、これを平成28年4月1日から令和5年12月31日までの間に売却し、一定の適用要件を満たした場合には、「空き家に係る譲渡所得の特別控除の特例」により譲渡所得から最高3,000万円を控除することができます（措法35③）。

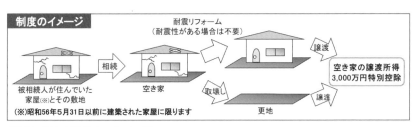

（出典）国土交通省ホームページ

　当該特例の適用については、対象不動産に該当するのか、特例を受けるための各適用要件を満たしているのかの確認が必要であり、細かな確認を行う必要があります。

（出典）国税庁ホームページ

二　面

| 12 | その家屋は、譲渡（売却）の時において耐震基準に適合していますか？ | いいえ → 特例の適用を受けられません |

は　い↓

措法 35 条 3 項の特例の適用を受けることができます（留意事項へ）

Ⅱ　家屋を取り壊した後にその家屋の敷地のみを譲渡（売却）した場合

☆　項目 1 ～ 9 が全て「はい」であることを確認してください。

| 13 | その家屋は、相続等の時から取壊しの時まで、事業の用、貸付けの用又は居住の用に供されていませんでしたか？
（一時的な利用や無償の貸付けの用に供した場合⇒「いいえ」） | いいえ → |

は　い↓

| 14 | その家屋の敷地の全てについて、相続開始の時から譲渡（売却）の時まで、事業の用、貸付けの用又は居住の用に供されていませんでしたか？　また、家屋の取壊しの時から譲渡（売却）の時まで、建物又は構築物の敷地の用に供されていませんでしたか？
（一時的な利用や無償の貸付けの用に供した場合又は建物などの敷地の用に供した場合⇒「いいえ」）
※　譲渡（売却）した部分以外の敷地が「いいえ」になる場合 | いいえ → |

特例の適用を受けられません

は　い↓

措法 35 条 3 項の特例の適用を受けることができます（留意事項へ）

【　留　意　事　項　】

1　他の特例との関係について

　所得税法第58条、措法第33条から第33条の4まで、第37条、第37条の4、第37条の8、第37条の9、第39条の特例を適用する譲渡については、本特例の適用を受けることはできません。

2　他の相続人等への通知等について（項目「9」の判断に必要な事項です。）

⑴　この特例を受けようとする場合、あなたは、被相続人の住まいとして利用されていた家屋の母屋（被相続人居住用家屋）又はその敷地を取得した他の相続人等に対して、あなたが譲渡（対象譲渡）をした旨、対象譲渡の日、その他参考となる事項を通知しなければなりません（措法第35条第7項）。

　なお、上記の通知を受けた他の相続人等は、①既に、被相続人居住用家屋又はその敷地を譲渡していた場合、あなたからの通知を受けた後遅滞なく、その譲渡をした旨、その譲渡をした日、その譲渡の対価の額（特例対象外の部分を含みます。）、その他参考となるべき事項を通知しなければならないこととされ、②通知を受けた後に、同様の譲渡をした場合には、その譲渡をした後遅滞なく、同通知をしなければならないこととされています（同項）。

⑵　相続開始の時から対象譲渡の日以後3年を経過する日の属する年の12月31日までの間に、あなたの対象譲渡に係る対価の額と⑴に記載の譲渡に係る対価の額の合計額が1億円を超えることとなった場合、この特例は適用できません。この場合の取扱いは次のとおりです（措法第35条第8項）。

　A　上記⑴①の通知により、1億円を超える場合

　　この申告において本特例の適用はありません。

　B　上記⑴②の通知により、1億円を超える場合

　　通知をした他の相続人等が、その譲渡の日から4か月以内に、修正申告及び納税をする必要があります。

この「チェックシート」は、次の書類とともに確定申告書に添付して提出してください。

☐　譲渡所得の内訳書（確定申告書付表兼計算明細書）【土地・建物用】

☐　被相続人居住用家屋及びその敷地の登記事項証明書その他の書類で、⒜譲渡資産を相続等により取得したこと、⒝その家屋が昭和56年5月31日以前に建築されたものであること、⒞その家屋が区分所有建物でないことを明らかにするもの

☐　被相続人居住用家屋等確認書（被相続人居住用家屋の所在の市区町村から交付を受けます。）

☐　譲渡した被相続人居住用家屋の売買契約書の写しその他の書類で譲渡に係る対価が1億円以下であることを明らかにする書類

【家屋の譲渡があった場合（上記Ⅰの場合）には、上記の書類に加えて、以下の書類が必要です。】

☐　耐震基準適合証明書又は建設住宅性能評価書の写し（被相続人居住用家屋の譲渡の日前2年以内に証明のための調査が終了したもの又は評価されたものに限ります。）

④ 配偶者居住権の譲渡

(1) 概要

　令和元年度税制改正において新たに創設された配偶者居住権に関する譲渡所得の取り扱いについて、令和2年度税制改正において配偶者居住権及び配偶者居住権の目的となっている建物の敷地の用に供されている土地等を配偶者居住権に基づき使用する権利（以下「配偶者敷地利用権」）が消滅等した場合及び配偶者居住権の目的となっている建物又はその建物の敷地の用に供されている土地等（以下「居住建物等」）をその所有者が譲渡した場合における取得費の取り扱いが示されました。

　配偶者は、設定された配偶者居住権及び配偶者敷地利用権自体を譲渡することはできません（民法1032②）が、当該配偶者居住権等の合意解除や放棄をした場合において、配偶者がその消滅等の対価を取得したときは譲渡所得として課税されることとなります。そこで、この場合における当該権利が消滅等したときの譲渡所得に係る取得費や、相続により居住建物等を取得した相続人が当該権利の消滅等前に当該居住建物等を譲渡したときの取り扱いについて解説を行います。

(2) 総合課税

　配偶者居住権及び配偶者敷地利用権共に、分離課税とされる譲渡所得の基因となる資産の対象に含まれません（措置通31・32共通─1）。したがって、総合課税の対象となり、短期譲渡と長期譲渡に該当する場合とでそれぞれ以下の算式により譲渡所得を算出することとなります。

● 短期譲渡所得

> 譲渡所得＝譲渡対価－（取得費＋譲渡経費）－50万円

● 長期譲渡所得

> 譲渡所得＝{譲渡対価−（取得費＋譲渡経費）−50万円}×1／2

　配偶者居住権は、相続又は遺贈によって取得するため、本来的に短期・長期の判断は、配偶者居住権の設定に関わる相続又は遺贈があった日から5年を超えるか否かにより判断を行うこととなります。しかし、所得税法第33条第3項第1号の括弧書き「政令に定めるものを除く」として短期譲渡の範囲から配偶者居住権の消滅による所得が除かれるため、実質的には被相続人の取得時期を引き継いで短期・長期の判断を行うこととなります（所令82二、三）。

第82条　短期譲渡所得の範囲

法第33条第3項第1号（短期譲渡所得）に規定する政令で定める所得は、次に掲げる所得とする。

一　（略）

二　法第60条第1項第1号（贈与等により取得した資産の取得費等）に掲げる相続又は遺贈により取得した同条第3項第1号に掲げる配偶者居住権の消滅（当該配偶者居住権を取得した時に当該配偶者居住権の目的となっている建物を譲渡したとしたならば同条第1項の規定により当該建物を取得した日とされる日以後5年を経過する日後の消滅に限る。）による所得

三　法第60条第1項第1号に掲げる相続又は遺贈により取得した同条第3項第2号に掲げる配偶者居住権の目的となっている建物の敷地の用に供される土地（土地の上に存する権利を含む。以下この号において同じ。）を当該配偶者居住権に基づき使用する権利の消滅（当該権利を取得した時に当該土地を譲渡したとしたならば同条第1項の規定により当該土地を取得した日とされる日以後5年を経過する日後の消滅に限る。

---

(3) 取得費の取り扱い

① 配偶者の取得費

配偶者居住権等が消滅等をし、配偶者がその消滅等の対価として支払いを受ける金額がある場合の取得費は下記の通りです。

> 取得費＝居住建物等の取得費[※1]×配偶者居住権等割合[※2]
> 　　　　－減価の額[※3]

[※1] ・被相続人に係る居住建物等の取得費
　　　・建物については、取得の日から配偶者居住権設定時までの減価の額を控除
[※2] 配偶者居住権等割合とは、その配偶者居住権の設定時における次の割合
$$\frac{配偶者居住権又は配偶者敷地利用権の価額}{居住建物等の価額}$$
[※3] 配偶者居住権設定時から消滅等までの期間に係る減価の額

② 居住建物等を取得した相続人の取得費

配偶者居住権等の消滅前に相続により取得した居住建物等を譲渡した場合の居住建物等を取得した相続人の取得費は下記の通りとなります。

> 取得費＝居住建物等の取得費
> 　　　　－配偶者居住権又は配偶者敷地利用権の取得費

4 上場株式等の金融資産を譲渡した相続人

相続した上場株式等を譲渡した場合には、その譲渡所得に対して所得税が課税されます。この際に留意すべき論点は、③の相続不動産を譲渡した場合と同様に取得費の取り扱いと譲渡に係る控除の特例の適用です。

上場株式の処分は相続税申告後に行われることが一般的であるため、相

続税申告の税務代理を行った税理士の知らないところで行われることも想定されます。相続人が相続株式の譲渡に設定されている各種優遇措置の存在を知らずに適用を逃してしまうようなことがないように、相続税申告の作成段階から相続人の意向を確認し、相続後も必要に応じて定期的に上場株式の状況についてフォローをしておく必要があります。

❶ 相続株式の引き継ぎ

① 取得費の引き継ぎ

　相続により引き継いだ上場株式等の売却を行う際の取得費は、被相続人がその上場株式を買い入れたときの購入代金や購入手数料などを引き継ぎます（所法60①）。

　また、実際に譲渡を行う場合において、2回以上にわたって同一銘柄の株式を取得したときは、その譲渡所得計算上の取得費は、総平均法に準ずる方法によって1株当たりの取得費を計算することとなります（所法48③、所令118①）。したがって、相続人が相続した株式と同一銘柄の株式をもともと所有している場合には、被相続人がその銘柄の株式を取得した際の取得費を把握した上で相続人自身の取得費を含め、総平均法に準じた取得費を計算しなければなりませんので留意が必要です。

② 取得費が不明な場合

　概算取得費により取得費の額を売却代金の5％相当額として簡便的に計算することも考えられますが、以下のようなフローにより取得費を確認する方法が国税庁のホームページにも参考として記載されています。

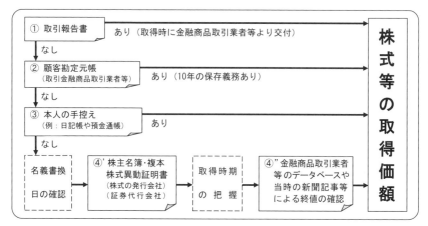

① 証券会社などの金融商品取引業者等から送られてくる取引報告書で確認できます。

　　取引報告書以外に、口座を開設する金融商品取引業者等が交付する取引残高報告書（上場株式等の取引がある場合に交付されます。）、月次報告書、受渡計算書などの書類で確認できる場合があります。

② 取引した金融商品取引業者等の「顧客勘定元帳」で確認できます。

　　過去10年以内に購入したものであれば、その金融商品取引業者等で確認できます。なお、10年より前の取引情報が任意に保存されている場合があります。

③ ご自身の手控えで確認できます。

　　日記帳や預金通帳などの手控えによって取得価額が分かれば、その額によります。
　　日記帳などの手控えで取得時期のみが確認できる場合には、その取得時期を基に取得価額を算定しても差し支えありません。

④ （①〜③で確認できない場合、）名義書換日を調べて取得時期を把握し、その時期の相場を基に取得価額を算定します。

　　例えば、発行会社（株式の発行会社が証券代行会社に名義書換業務を委託している場合にはその証券代行会社）の株主名簿・複本・株式異動証明書などの資料（④'）を手がかりに株式等の取得時期（名義書換時期）を把握し、その時期の相場（④"）を基にして取得費（取得価額）を計算することができます。
　　なお、④'においては、株券電子化後手元に残った株券の裏面で確認しても差し支えありません。

（出典）国税庁ホームページ「上場株式等の取得価額の確認方法」より抜粋

❷ 譲渡の特例

1 取得費加算の特例

　被相続人から相続により取得した上場株式等を相続開始のあった日の翌日から相続税の申告期限の翌日以後3年を経過する日までに譲渡した場合には、その上場株式等の譲渡所得に係る取得費として、納めた相続税額の

内、当該譲渡上場株式等の価格に応じた部分の金額※を取得費に加算することができます（措法39、措令25の16、措規18の18）。

※　取得費に加算する金額

$$\text{その者の} \atop \text{相続税額} \times \frac{\left[\begin{array}{c}\text{その者の相続税の課税価格の計算の}\\ \text{基礎とされたその譲渡した財産の価額}\end{array}\right]}{\left[\begin{array}{c}\text{その者の相続}\\ \text{税の課税価格}\end{array}\right] + \left[\begin{array}{c}\text{その者の}\\ \text{債務控除額}\end{array}\right]} = \text{取得費に加算} \atop \text{する相続税額}$$

ただし、その金額がこの特例を適用しないで計算した譲渡益の金額を超える場合は、その譲渡益相当額となります。

② 同一銘柄の株式を譲渡した場合

被相続人の上場株式等を取得した相続人が、その相続により取得した上場株式と同じ銘柄の株式をもともと所有していた場合において、上記①の期間内に、これらの株式の一部を譲渡したときは、まず相続により取得した株式から譲渡したものとして取得費加算の特例を適用することができます（措置通39-12）。

③ 相続財産を2以上譲渡した場合の取得費加算

取得費加算の特例は、上記①の計算式のとおり計算され、譲渡益を限度として、その譲渡資産の取得費に加算がされます。

ここで、同一年に2以上の株式を譲渡した場合において、たとえばA銘柄については譲渡益が出ていて、B銘柄については譲渡損が出ているようなときは、上記の比較をそれぞれ単体で判定するのか、それとも合算で行うのか疑問が生じます。

この点に関しては、租税特別措置法関係通達39-5において、譲渡資産ごとに行うことが定められていますので、上記のケースではA銘柄、B銘柄ごとで判定を行うこととなります。

また、譲渡損が生じた資産に係る取得費加算に相当する金額は、そのま

ま切り捨てられ、さらに他の譲渡資産の取得費に加算されるようなことは
ないことも併せて定められています。

　つまり、相続人が相続税申告において納税を行った相続税額の内、A銘
柄の相続税評価に対応する相続税相当額は取得費に加算され譲渡益から差
し引かれますが、B銘柄の相続税評価に対応する相続税相当額は譲渡損の
中で切り捨てられることとなります。

④ 非上場株式の特例

　非上場の企業オーナーに相続が発生した場合、その相続財産に占める自
社株の割合は高い傾向にあります。

　しかし、自社株は流動性が低いため現金化することが難しく、相続税が
高額になっても現金が少なく、相続人は相続税の納税に困ってしまいま
す。そこで、相続人は金庫株により相続税の納税資金の確保をすることが
あります。

　相続又は遺贈により取得した非上場株式を、相続税の申告期限の翌日以
後3年以内に自社に売却した場合には、特例として、譲渡側の相続人の課
税関係は以下の通りとなります。

　この場合には、もちろん相続税の取得費加算の特例も適用可能です。

　なお、この特例は平成26年までは、相続又は遺贈により財産を取得した
個人だけが適用対象者でした。しかし、平成25年度の税制改正で、平成27
年1月1日からは、適用対象者の範囲に以下の者が追加されました。

① 相続時精算課税制度により非上場株式の贈与を受けた個人
② 贈与税の納税猶予制度により非上場株式の贈与を受け、贈与者の死亡により相続又は遺贈により取得したとみなされる個人

金庫株譲渡の特例措置は、金額によってはかなり大きな特例となっていますので、納税資金の確保が難しい相続人がいる場合には必ず検討が必要な対策となります。

5 相続財産を寄付した相続人

相続における寄付は2パターンあります。1つは被相続人が遺言により遺産の一部を寄付に充てる旨を遺すケースと、もう1つは相続人がその取得した相続財産の内から寄付に充てるケースです。ここでは、後者の相続開始後に相続人が寄付をした場合の取り扱いについて解説を行います。

なお、実務上ほとんどないケースですが、相続又は遺贈により取得した財産を下記以外の法人や個人（自然人）に寄付をしたとしてもその相続財産は非課税とはなりません。

❶ 相続税の課税関係

1 国、地方公共団体又は特定の公益を目的とする事業を行う特定の法人などに寄付した場合

相続人等が相続又は遺贈により取得した財産を相続税の申告期限までに、国、地方公共団体、特定の公益法人に寄付した場合において、その寄付によりその相続人等及びその親族等の相続税又は贈与税の負担が不当に減少する結果となると認められる場合を除き、その寄付した財産について

は相続又は遺贈に係る相続税の課税価格の計算の基礎に算入されません（措法70）。この非課税特例は租税特別措置法第70条に規定されているため措置法70条特例とも呼ばれます。

〈特定の公益法人の範囲〉

特定の公益法人とは、教育若しくは科学の振興、文化の向上、社会福祉への貢献その他公益の増進に著しく寄与する法人をいいます。具体的には下記の法人です。

なお、寄付の時点で既に設立されている法人に限られますので注意が必要です。

- 独立行政法人
- 国立大学法人等
- 地方独立行政法人（試験研究、病院事業、社会福祉事業等一定の事業を営むものに限る）
- 公立大学法人
- 自動車安全運転センター、日本司法支援センター、日本私立学校振興・共済事業団及び日本赤十字社
- 公益社団法人、公益財団法人
- 一定の学校法人
- 社会福祉法人
- 更生保護法人
- 認定NPO法人

---

② 特例の適用除外

特定の公益法人が寄付を受けてから2年を経過した日までに、①特定の公益法人に該当しないこととなった場合や②寄付財産を2年経過日までに公益目的事業の用に供していない場合には特例の適用除外となります。

①特定の公益法人に該当しないこととなった場合とは、独立行政法人や国立大学等が該当しなくなることは想定できませんが、公益認定を受けた社団や財団が認定基準を満たせなくなった場合や、認定NPO法人が更新の認定要件を満たせなくなった場合などが想定されます。

また、②寄付財産を2年経過日までに公益目的事業の用に供していない場合とは、寄付された財産がその公益法人等の寄付目的に沿った公益目的事業の用に供されているか否かということですが、寄付財産が寄付時のままで公益事業の用に供されているかどうかは問わないものとされています。つまり、たとえば、相続人が相続により取得した不動産を公益法人に寄付をした場合において、その後、その公益法人が不動産の売却を行って得た売却対価を公益を目的とする事業の用に供している場合には、「公益を目的とする事業の用に供していない場合」には該当せず、特例の適用除外ということにはなりません。

一方で、適用除外となるようなケースとしては、寄付を受けた財産が全くの塩漬けとなってしまっているようなケースです。たとえば、寄付を受けた上場株式について、その寄付から2年間無配であり、かつ、売買も行っていないような場合には、「公益を目的とする事業の用に供していない場合」に該当し、特例の適用除外ということになります。

このような場合には、当該寄付財産を対象外として相続税の申告を行った相続人は、その寄付があった日から2年を経過した日の翌日から4ヶ月以内に、当該寄付財産を含めた修正申告書等を提出し、納付すべき税額を納付しなければなりません。

③ 手続き

相続税申告において、措置法70条特例の適用を受ける旨の明細書や下記寄付証明書の添付が必要となります。

- 国、地方公共団体、特定の公益法人が発行した下記情報が記載されている書類
  - ■寄付を受けた旨
  - ■寄付を受けた年月日
  - ■寄付財産の明細
  - ■寄付財産の使用目的

- 地方独立行政法人又は学校法人の場合には上記の他、特定の公益法人に該当するものであることについて設立団体又は所轄庁が証明した書類

❷ 所得税の課税関係

1 寄付先が法人の場合

① 譲渡所得

相続等により取得した財産を法人に寄付した場合において、その寄付財産が現預金、金銭債権等、譲渡所得の基因とならない財産のときは、譲渡所得税はかかりませんが、不動産や株式等の場合にはその財産を時価で譲渡したものとみなされて、原則として譲渡所得税が課税されます。

ただし、一定の要件を満たす寄付の場合には措置法40条により譲渡所得税が非課税となります（措法40）。この特例が規定されているのが租税特別措置法40条であるため40条特例とも呼ばれます。

国や地方公共団体に対して財産を寄付した場合には、特に要件はなく何らの手続きも必要ありません。一方で、公益法人に対して財産を寄付した場合で、一定の要件に該当することについて国税庁長官の承認を受けたときは、寄付をした財産が寄付をした日から2年以内にその公益法人の公益を目的とする事業の用に直接使われるなど一定の要件に該当することにつ

いて、国税庁長官の承認を受けるための申請書を財産の寄付があった日から4ヶ月以内又は寄付した年分の確定申告期限のいずれか早い日までに納税地の所轄税務署長を経由して国税庁長官に提出する必要があります。

　なお、寄付をした日から2年以内にその公益法人の公益を目的とする事業の用に直接使われなかった場合や、いったんその公益法人の公益を目的とする事業の用に直接使われたもののその後にその公益法人の公益を目的とする事業の用に直接使うのをやめた場合などは、国税庁長官の承認が取り消され、財産を寄付した者又は財産の寄付を受けた公益法人に所得税がかかります。

　この点で上述の相続の場合と異なるのが、「公益を目的とする事業の用に直接使われたもののその後にその公益法人の公益を目的とする事業の用に直接使うのをやめた場合」の取り扱いです。先述の措置法70条では、不動産を売却して当該売却対価を公益事業に充てた場合でも非課税となりましたが、譲渡所得の措置法40条では非課税となりませんので注意が必要です。

② 寄付金控除

　相続財産の寄付につき一定の要件を満たす場合には、その相続人等の所得税の確定申告において寄付金控除も適用できます。すなわち、同じ財産で相続税も所得税も非課税とできる可能性があります。

次のいずれか低い金額－2,000円＝寄付金控除額

　　イ　その年に支出した特定寄付金の額の合計額
　　ロ　その年の総所得金額等の40%相当額

　なお、不動産、株式等の譲渡所得の基因となる財産を寄付した場合において、その財産につき上記の措置法40条の非課税を適用したときの寄付金対象額は、その財産の寄付時の時価ではなく取得価額相当となりますので注意が必要です。

② 寄付先が個人（自然人）の場合

① 贈与税

　相続等により取得した財産を個人（自然人）に寄付した場合には、贈与税が寄付を受けた方で課税されます。法人の場合には譲渡所得税ですが、個人間の寄付の場合には譲渡所得税はかからずに寄付を受けた方の贈与税課税で完了します。

　なお、譲渡所得税の場合には財産の種類に応じて譲渡所得の対象とならないものもありますが、贈与税の場合には現預金であっても金銭債権であっても贈与税の対象となります。

② 寄付金控除

　相続財産を個人に寄付した場合において、一定の要件を満たす場合には相続人の確定申告で寄付金控除の適用が可能です。ただし、個人に対する寄付で寄付金控除が認められるのは、政治活動に関する寄付金で一定の公職の候補者に対するものなど、相当限定的となります。

第3節

相続税の税務調査

1 　相続税の税務調査の概要

❶ 相続税の調査等の状況

1 　平成30年度の相続税調査結果

　相続税の税務調査は、一般的には相続発生の翌々年の夏の終わりから秋がその調査時期となることが多いです。

　国税庁発表の相続税税務調査結果で見ると、相続税の調査割合は約12%となっており、10件に１件以上の割合となっています。この割合は、他の税目（法人税：約３％、所得税：約１％）と比べるとかなり高い割合となっています。

　また、相続税の税務調査の結果として、名義財産として家族名義の預金が実際には被相続人の相続財産として認定されている修正事案が多く見受けられます。

申告漏れ相続財産の金額の推移

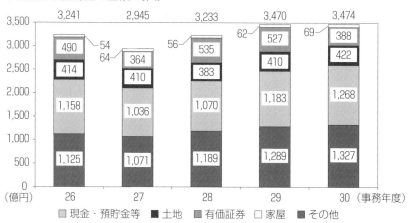

（出典）国税庁【報道発表資料】平成30事務年度における相続税の調査等の状況

2 実地調査件数及び申告漏れ等の非違件数

　上述のとおり相続税の実地調査は、相続発生の翌々年に行われることが多く、直近の国税庁報道発表資料「平成30事務年度における相続税の調査等の状況」によると、平成28年に発生した相続を中心に過少申告案件及び無申告案件について実地調査が1万2,463件行われ、このうち申告漏れ等の非違があった件数は1万684件ありました。この非違割合は85.7％とかなり高い確率となっています。

3 調査による申告漏れ及びペナルティの結果

　上記2の結果、以下のとおり申告漏れや当該漏れに伴う延滞税、加算税、重加算税が課されています。

① 申告漏れの課税価格

　全体で3,538億円であり、実地調査1件当たりの申告漏れ額は、2,838万円となっています。

②　申告漏れ相続財産の金額の内訳

　申告漏れ相続財産の金額の内訳は、現金・預貯金等が1,268億円、土地が422億円、有価証券が388億円となっています。

　相続税申告における現金・預貯金等と不動産の占める割合は、現金・預貯金等（32.3％）と不動産（40.4％）である（75頁参照）ことからすると、税務調査における現金・預貯金等の非違が多いことが見て取れます。

③　追徴税額

　追徴税額（加算税を含む）は708億円で、実地調査1件当たりでは568万円となっています。

④　重加算税の賦課件数

　重加算税の賦課件数は1,762件、賦課割合は16.5％となっています。

項目 \ 事務年度等		平成29事務年度	平成30事務年度	対前事務年度比
①	実地調査件数	件 12,576	件 12,463	% 99.1
②	申告漏れ等の非違件数	件 10,521	件 10,684	% 101.5
③	非違割合（②／①）	% 83.7	% 85.7	ポイント 2.1
④	重加算税賦課件数	件 1,504	件 1,762	% 117.2
⑤	重加算税賦課割合（④／②）	% 14.3	% 16.5	ポイント 2.2
⑥	申告漏れ課税価格（注）	億円 3,523	億円 3,538	% 100.4
⑦	⑥のうち 重加算税賦課対象	億円 576	億円 589	% 102.4
⑧	追徴税額 本税	億円 676	億円 610	% 90.3
⑨	追徴税額 加算税	億円 107	億円 98	% 91.1
⑩	追徴税額 合計	億円 783	億円 708	% 90.4
⑪	1件当たり 申告漏れ課税価格（注）（⑥／①）	万円 2,801	万円 2,838	% 101.3
⑫	1件当たり 追徴税額（⑩／①）	万円 623	万円 568	% 91.2

（出典）国税庁【報道発表資料】平成30事務年度における相続税の調査等の状況

❷ 無申告事案に対する税務調査の強化

　相続税の基礎控除額の引き下げに伴い、相続税申告の課税割合は平成26年度（4.4%）から平成30年度（8.5%）とおよそ倍の割合となりました。このことは、基礎控除の引き下げ幅（2,000万円＋400万円×法定相続人の数）の中で数多くの申告が必要となった案件が存在していることを意味しています。このように基礎控除を少し超えるような申告案件など1億円以下での申告が年々増加している一方で、無申告となっている件数も増加しています。

　この無申告事案について、平成30事務年度においては、実地調査は1,380件（前年対比113.5%）実施されました。このうち、申告漏れの非違があったものは1,232件（同120.2%）、追徴税額の総額は101億円（同115%）となっています。

○　無申告事案に対する実地調査の状況

	事務年度等 項　目	平成29事務年度	平成30事務年度	対前事務年度比
①	実地調査件数	件 1,216	件 1,380	% 113.5
②	申告漏れの非違件数	件 1,025	件 1,232	% 120.2
③	非違割合 （②／①）	% 84.3	% 89.3	ポイント 5.0
④	申告漏れ課税価格	億円 987	億円 1,148	% 116.3
⑤	追徴税額　本税	億円 72	億円 82	% 114.7
⑥	追徴税額　加算税	億円 16	億円 19	% 116.2
⑦	追徴税額　合計	億円 88	億円 101	% 115.0
⑧	1実地調査件当たり　申告漏れ課税価格（④／①）	万円 8,117	万円 8,320	% 102.5
⑨	1実地調査件当たり　追徴税額（⑦／①）	万円 722	万円 731	% 101.3

○　無申告事案に係る調査事績の推移

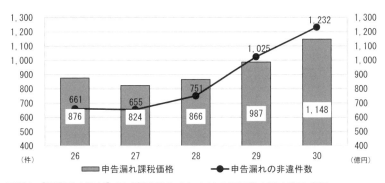

（出典）国税庁【報道発表資料】平成30事務年度における相続税の調査等の状況

2 書面添付制度と意見聴取

❶ 書面添付制度とは

　書面添付制度とは、税理士法第33条の２の規定により、税理士が作成した申告書について「申告書の作成に関して計算、整理、相談に応じた事項を記載した書面」を当該申告書に添付することができる制度となります。

　また、当該書面添付をした申告書を提出した相続人に対して調査がある場合には、相続人に対する事前通知の前に、税務代理を行う税理士に対して添付された書面の意見聴取の機会が与えられるものです。

　この書面添付制度により、税理士が申告書内容を詳細に説明した書面を添付し、また、意見聴取による陳述を通じて、税務の専門家としての税理士の立場から税務当局に対して申告内容について明らかにすることができます。これが、「正確な申告書の作成及び提出に資する」という、税務の専門家である税理士にのみ与えられた権利の一つとなります。

　つまり、税金の専門家である税理士が自己の作成した申告書に、「申告書の内容が適正に精査されています」と折り紙をつけることができるような制度です。そして、税務調査の前段階として、意見聴取の場が与えられるため、当該意見聴取の時点で税務当局の疑問点等の解消が可能となり税務調査の軽減にもつながります。

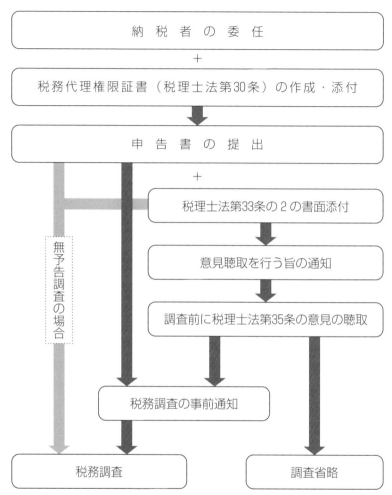

納　税　者　の　委　任

＋

税務代理権限証書（税理士法第30条）の作成・添付

申　告　書　の　提　出

＋

税理士法第33条の２の書面添付

意見聴取を行う旨の通知

調査前に税理士法第35条の意見の聴取

無予告調査の場合

税務調査の事前通知

税務調査

調査省略

※　税務代理権限証書の添付がないと意見聴取の対象とはならない。
（出典）日本税理士会連合会ホームページ

❷ 意見聴取とは

　意見聴取は、税理士と税務署の調査官で、その相続税申告書の記載に誤
りがないかなどを税務調査の前段階として確認する手続きです。この意見

聴取には、あくまで税理士と税務署の調査官との二者間で行いますので、納税者は参加する必要はありません。

　また、意見聴取は、前述のとおり相続人に対する税務調査の事前通知前に行われますが、当該意見聴取により調査官の疑問点が解消され税務調査に至らずに全て完了することも多々あります。東京国税局管内（東京、千葉、神奈川、山梨の1都3県）での意見聴取のみで完了する（税務調査が省略される）割合は約70％にもなります（2014年東京税理士会アンケート調査）。

1 意見聴取の場所は？

　意見聴取は、基本的には税理士が税務署に訪問して行いますが、意見聴取の連絡における電話での交渉次第で調査官が税理士事務所まで訪問してくれることや、電話のみで完了することも多々あります。

2 意見聴取の時期は？

　意見聴取は、事前通知予定日の1週間から2週間前までに、意見聴取を行う旨の連絡が税理士宛に電話にて行われ、事前通知予定日の前日までに終了することとされています。意見聴取が行われるのは、相続税の税務調査の時期の少し前くらいなので、おおよそ夏から秋口にかけて行われます。

3 意見聴取の所要時間は？

　案件にもよりますが、1時間から2時間程度が一般的です。

4 どんなことを聞かれるのか？

　主として聞かれることは、生前贈与や名義預金などの預金や株などの金融資産の動きなどです。案件にもよりますが、土地の評価を詳しく聞かれ

ることはあまり多くはありません。

　また、基本的には、書面添付に記載のあることのみ確認が行われます。したがって、書面添付に様々な論点を記載しておけば意見聴取で解決する割合も高くなります。

❸　加算税

　意見聴取の結果、税務署からの修正の指摘があった場合において、当該指摘内容に納得ができないようなときは、修正申告を行う必要はありません。この場合には、税務調査の場でしっかりと主張を行うことで修正の必要がなく、結果として余計な税金を支払わなくともよい可能性もありますので、相続人に説明の上、税理士として毅然とした態度で臨むこともときには必要となります。

　ただし、税務調査において間違いを指摘され、修正申告の結果、追加で納税となった場合には、本税とは別に、過少申告加算税が10％又は15％別途課されます。さらに、仮装隠ぺいなどがあった場合には、本税とは別に、重加算税が35％課される可能性もあります。

　一方で、意見聴取の結果、税務署からの修正の指摘があった場合において、当該指摘内容に応じて修正申告を行ったときは、加算税が課せられません。下記国税庁事務運営指針が改正（平成24年12月改正）される前は、意見聴取後、税務調査前であっても加算税が課される可能性が示唆されていましたが、現状の取り扱いでは、完全に加算税はかからないこととなっています。

　意見聴取による質疑等は、調査を行うか否かの前段階であり、当該質疑等を基因として修正申告を提出しても「更正があるべきことを予知してされたもの」には当たらないということであり、過少申告加算税が課されな

いことを意味しています。

国税庁事務運営指針

（問4）　事前通知前の意見聴取の際に非違事項が指摘されることはある
のですか。また、その指摘を受けて修正申告書を提出した場合には、
加算税が賦課されることになるのですか。

（答）　意見聴取における質疑等は、調査を行うかどうかを判断する前に
行うものであり、特定の納税義務者の課税標準等又は税額等を認定す
る目的で行う行為に至らないものであることから、意見聴取における
質疑等のみに基因して修正申告書が提出されたとしても、当該修正申
告書の提出は更正があるべきことを予知してされたものには当たらな
いので、加算税が賦課されることはありません。

【解説】
　従前の国税庁事務運営指針（平成21年7月廃止）においては、「個別・
具体的な非違事項の指摘に至った場合には、加算税の問題が生じ得るこ
とに留意する。」とされていましたが、平成25年1月の改正国税通則法
の施行に伴い、意見聴取における質疑等のみに基因して修正申告書が提
出されたとしても、国税通則法第65条第5項でいう「調査があったこと
により」という要件を満たさないことから、当該修正申告書の提出は更
正があるべきことを予知してされたものには当たらないと整理されまし
た（平成24年12月事務運営指針改正（※））。
　これにより、事前通知前の意見聴取と調査の境界線が整理され、意見
聴取という行為の位置づけがより一層明確化されました。
※　平成21年4月に制定された国税庁事務運営指針（同年7月適用）が
平成24年12月に改正されたこと（平成25年1月適用）を受け、（答）
及び【解説】を変更しました。

　なお、延滞税については、意見聴取後、税務調査前の修正申告であった
としても課税されます。

❹ 税理士の責任

　書面添付の虚偽記載は税理士法第46条に該当し、懲戒処分の対象となります。財務大臣は、税理士が、「法第33条の2第1項若しくは第2項の規定により添付する書面に虚偽の記載をしたとき」は、税理士法第44条（懲戒の種類）に規定する懲戒処分をすることができることとされています。この「虚偽の記載をしたとき」とは、書面内容が事実と異なっていて、かつ、その作成税理士がそのことをあらかじめ知っていたときです。

> **税理士法基本通達46-1　（添付書面の虚偽記載）**
> 　法第46条に規定する「第33条の2第1項若しくは第2項の規定により添付する書面に虚偽の記載をしたとき」とは、当該書面に記載された内容の全部又は一部が事実と異なっており、かつ、当該書面を作成した税理士がそのことをあらかじめ知っていたと認められる場合をいうものとする。

　たとえば、税理士が故意に真正ではない申告書を作成し、その内容を隠ぺいするために書面添付に虚偽の記載を行った場合などが該当します。

　税理士からすると最長で1年の業務停止にさせられる場合があります。1年の業務停止というのは実質的には廃業同然ですので、税理士にしてみればリスクが高く、責任が重いのがこの書面添付制度なのです。

3 税務調査前にやるべきこと

❶ 税務調査までの流れ

　相続発生の認識から相続税の税務調査にいたるまでの税務当局の流れは下記のとおりです。

```
①相続税申告の対象者の把握
        ↓
②相続税申告書の受理、申告審理
        ↓
③税務調査事案の選定
        ↓
④実地調査
```

1 相続税申告の対象者の把握

　死亡届出が各市区町村へ提出されると、各市区町村はその内容を翌月の末日までに所轄の税務署へと連絡しなければなりません（相法58）。この際に、被相続人の所有する固定資産税評価証明書等も併せて連絡がいくため、一定程度の相続税申告の対象者がこの時点で洗い出されます。

　また、企業の社長や著名人の場合には新聞やインターネットニュースなどからも情報は収集されますし、生命保険金の支払調書などからも相続の発生の確認が行われます。

　さらに、国税庁が有するデータベースである KSK（Kokuzei Sougou Kan-ri）システムにより、納税者の過去の確定申告の状況や納税履歴、その他資料せんからも情報を集約し、相続税申告の対象者となり得る事案の把握が行われます。

　そして、税務署により相続税申告が必要であると判断された事案については、相続人に対して「相続税についてのご案内」が、相続税申告が必要であると見込まれる相続人に対しては「相続税についてのお知らせ」が発送されます。

2 相続税申告書の受理、申告審理

　相続人から申告書の提出を受けた税務署は、その申告書が提出期限内に提出されたかや金額の検算、添付書類の確認チェックを行い、金額の足し算が合っていないなど単純なミスがある場合には、税理士宛に補正の連絡が来ることもあります。

　また、提出された申告書を基に、税務署内資料と齟齬がないかなどの確認が行われ、申告内容に応じて調査担当部門で申告審理が実施され、「実地調査」「事後処理」「非課税、省略」に区分が行われます。

a　実地調査

　実地調査対象事案として担当が付き、引き続き詳細な調査が行われる。

b　事後処理

　実地調査を行わなくとも申告漏れとなっていることが明らかであり、机上調査のみで処理される。

c　非課税、省略

　税額なしとして納付すべき税額が算出されない場合やその他上記 a 、 b 以外の場合には、調査資料等を整理して処理終了となる。

3 税務調査事案の選定

　上記2の審理の結果、「a 実地調査」として申告内容に疑義があると認

められる案件については、詳細な調査が行われ、調査項目が抽出された上で、必要性が高いものから税務調査へと移行されていきます。

④ **実地調査**

　書面添付制度が適用されている場合には、②で解説したとおり、税務調査の前段階として税理士と税務職員との二者間で意見聴取の場が設けられます。

　書面添付制度が適用されていない場合や意見聴取の結果税務調査へと移行する案件については、実地調査として臨場調査が行われます。

❷ 税務調査までに行っておくこと

　上記❶の結果、税務署から税務調査の事前通知があった場合は、その後の調査までの期間で如何に事前準備を済ませておくかによって、課される相続税やそれに伴うペナルティが大幅に変わってくる可能性もあります。ただし、事前準備といっても、財産をごまかしたり隠したりするのではなく、「何を聞かれても問題のない状態にしておくこと」が必要になります。

① **事前通知から税務調査日まで**

　① 　事前通知電話対応

　　事前通知は、税務署の調査担当者から電話により通知が行われますが、税務申告を税理士に依頼し、「調査の通知に関する同意」に "✓" を入れた税務代理権限証書を添付している場合には、税理士宛に事前通知の電話がきます。平成26年度税制改正により、当該税務代理権限証書の添付により、納税義務者への事前通知は税理士等に対して行うことで足りることとされました（通則法74の9、事務運営指針第2章2（1））。

　　この際に、電話を受けた税理士は、事前通知内容をしっかりと相続人

に伝えられるように、以下の内容を漏らさず確認をしておく必要があります（通則法74の9、通則法令30の4）。

	事前通知事項	内　　容
a	通知	実地調査を行う旨
b	日時	実地調査を開始する日時
c	場所	調査を行う場所
d	目的	調査の目的
e	税目	調査の対象となる税目
f	期間	調査の対象となる期間
g	対象	調査の対象となる帳簿書類その他物件
h	氏名住所	納税者の氏名及び住所
i	担当官	調査を行う職員の氏名及び所属官署
j	変更可能性	納税義務者からの合理的な理由により、b及びcの変更の求めがあった場合の変更可能性
k	その他	d～g以外の通知されなかった事項について非違が疑われることとなった場合において質問検査等が可能である旨

② スケジュール調整

事前通知の電話があった場合、その場ですぐに調査日時や調査場所が決定されるわけではないので、相続人に確認の上折り返し連絡とします。いったん、通知は行われますが、都合が悪い場合には税理士と相続人間でスケジュール調整を行い、都合の良い日時で臨むようにします。

また、場所については、被相続人の自宅で行われますが、税務調査当日までに、自宅の売却している場合や老人ホームや賃貸物件の解消をしているような場合には、相続人の自宅で調査が行われます。相続人が複数いる場合には、どこで行うかなども決めなければなりません。

③ 申告書及び作成資料の確認、再検討

　税務調査の連絡があった後には、申告当時の資料と記憶を整理する必要があります。税務調査は、前述のとおり相続開始から2年以上経ってから行われますので、申告当時の内容を忘れてしまっていることが多いため、当時の申告書や作成資料の確認をしておきます。特に申告の中で論点となった事項については、調査官からの質問に答えられるように記憶を呼び起こし矛盾が生じないようにしておくことが重要です。

　ほとんどの相続人は税務調査の経験はないので、気構えてしまいますし緊張もします。その為、想定もしないような方向に話がいってしまうこともあるので、論点については想定問答等を用意し、税理士と相続人とでリハーサルをしておくことも有効となります。

④　自宅の整理

　調査の際には、申告書について調査官から内容説明や質問がされます。申告書の控えと共に、作成の元となった通帳などの資料を調査場所に用意をしておき、当日に調査官からの要求に対応できるようにしておきます。調査の際には、被相続人の通帳だけではなく、相続人の通帳の提示も求められることがありますので、当日までに忘れないように準備しておくようにしましょう。スムーズに資料提供ができると結果的に税務調査が短時間で終わることとなりますので、可能な限り資料は揃えておきます。

　なお、調査官によっては「通帳の保管場所等を見せてください」と別部屋を見られることもありますので、調査場所だけではなく、資料の保管場所についても整理整頓をしておくことを相続人に伝えます。

⑤　事前打ち合わせ

　調査当日に慌てることがないように上記の再確認など、事前の打ち合

わせを行っておきます。当日のお茶出しや昼食のことなど些細なことで
も疑問点をクリアーにしておくことが相続人の不安を取り除くことにな
ります。

2 税務調査当日

　税務署の調査官が来る前に、税理士と相続人で事前に最終打ち合わせを
します。実地調査は原則として10時から始まるため、税理士が1時間から
30分くらい前に到着して、事前にどのような心構えで調査に臨むのかをレ
クチャーします。もちろん、論点が多岐にわたるような案件については、
調査当日ではなく前日以前に数時間の打ち合わせや想定問答を実施するこ
とも必要に応じて行います。

　調査当日の事前打ち合わせでは、税理士が調査の一連の流れを説明し、
調査官が確認するような資料や場所を事前に確認します。たとえば、通
帳、銀行印、保険証券などが保管されていた金庫やタンスの引出の中身や
書画骨董が保管してある納戸などです。調査官に余計なものを見せないた
めにも、通帳、定期預金証書、印鑑、保険証券など、調査で提示を求めら
れる可能性がある資料については、できる限り事前に保管場所から実地調
査する部屋に移しておきます。やましいことは何もなくても、調査官に調
査に関係のないものやプライベートの空間まで見せるのは気持ちのいいも
のではないですので、このような相続人への配慮も忘れずに行いたいもの
です。

4 税務調査での税理士の対応方法

❶ 税務調査当日の流れ

①税理士との事前打ち合わせ
↓
②調査官到着から昼休憩まで
↓
③お昼休み
↓
④午後の調査開始から終了まで
↓
⑤調査終了

① 税理士との事前打ち合わせ

3❷②で解説したとおり、税務署の調査官が来る前に、税理士と相続人で事前に最終打ち合わせをします。税理士が調査の一連の流れを説明し、調査官が確認するような資料や場所を事前に税理士が確認します。

② 調査官到着から昼休憩まで

税務調査当日、税務署の調査官は午前9時半から10時に調査場所である自宅に到着し、調査が開始されます。調査官は、いつも2名でやってきます。1人が相続人とメインで話す役割を担い、もう1人はメモを取ったり、コピーを撮ったりします（昔は大きなコピー機をわざわざ運んで調査に臨んでいましたが、最近はコピーの替わりにデジタルカメラで写真を撮る調査官がほとんどです）。

　実地調査の場所は原則として、被相続人の自宅です。調査官は被相続人が亡くなる前に住んでいた自宅で調査をしたがります。もちろん、既に自宅を売却してしまっている場合などは、相続人の自宅や担当税理士の事務所で調査が行われることもあります。

(1)　まずは雑談から始まる

　まずは、アイスブレイクとして雑談から入ります。この雑談は、絵に描いたような雑談であり、特に調査内容に関係のないものです。天気の話だったり、行きがけに起きたことの話だったり、地元の市区町村の話だったり、調査の本題とは全く関係のない話から入ります。

　これにも一応意図があるようで、相続税の税務調査という人生に1度あるかないかのイベントであり、緊張している相続人の緊張をほぐすために雑談を最初に入れているようです。

(2)　相続人に対するヒアリング

　雑談の後は、相続人に対するヒアリングに入ります。被相続人の生い立ち、職歴、交友関係、趣味、どのように財産を蓄積したか、さらに相続人の経歴、職業、現在の収入の状況、相続人名義の財産の内容など、質問事項は多岐にわたります。詳細は後述の **❸税務調査時によく質問されること** を参照してください。午前中は、このヒアリングで終わります。

③　お昼休み

　調査官のお昼を用意する必要はありません。仮に、お昼を用意していたとしても、調査官は必ず断って外でお昼を取りに行きます。

　その間に、相続人と税理士で午前中の振り返りと午後に向けての作戦会議を行います。「あの質問はこのように答えるべきでした。午後は気をつけましょう。」や「午前にこれを聞かれたので、午後はこの資料を確認す

ると思うので整理しておきましょう。」など、午後に備えます。

4 午後の調査開始から終了まで

　調査の再開は、午後1時からとなり、午後の中心は午前中のヒアリングに基づいた根拠資料の確認です。

(1)　通帳の確認

　主として確認されるのは、通帳と印鑑となります。通帳は被相続人の通帳だけでなく、相続人の通帳も確認します。事前に職権により金融機関から取引明細を取得し確認のうえ調査に臨む調査官もいますが、その場合でも重要な根拠資料になるため現物の通帳の確認作業は行われます。なぜなら調査官は通帳のメモが見たいからです。通帳にメモをとっている人は意外に多く、特にお金持ちの人は几帳面な人が多いので、細かくメモが残っていることが多々あります。

　たとえば、メモに「○○（子の名前）に貸し付け」などと書いてあるにも関わらず、その資金移動について相続税申告書に加味されていない場合には、そのメモ自体が更正という処理を行う重要な証拠になるのです。

(2)　印鑑と印影の確認

　通帳と併せて確認が行われるのが印鑑です。印鑑で何を確認したいのかというと、被相続人が管理していた印鑑の存在です。

　その確認のために、必ず印影を取ります。印影の取り方にも独自のルールがあって、まず、朱肉を付けずにカラ印を押します。その後、朱肉を付けて3回ほど印をします。1回の朱肉でどのくらい薄れるかを確認しています。色々細かいルールが税務署内であるようです。これで、最近使ったものかどうかを確認しているのです。相続税の税務調査は、相続開始の翌々年に行われるため、印影が写るのであれば最近の使用が疑われるとい

うことです。普通であれば相続開始後に被相続人の印鑑を使用することはないため、相続人がその印鑑を使っているということは、相続人の口座についても同じ印鑑で口座が作られている可能性が出てきます。

また、被相続人以外の家族の印鑑の有無を確認もします。被相続人の印鑑と一緒に相続人の印鑑も保管がされているのであれば、これも名義預金や名義保険に関する参考となっているものと考えられます。

(3) その他の資料の確認

通帳と印鑑以外では、土地の権利証、保険証書、ゴルフ会員権、香典帳、電話帳などを確認します。

香典帳や電話帳は交友関係を確認するためです。たとえば、香典帳に○○銀行や△△証券の名前があったとします。それなのにその金融機関の口座が相続財産に無い場合には、その金融機関に問い合わせて財産の漏れがないか確認したりします。

それ以外だと調査中にトイレを借りたりして、トイレに飾ってあるカレンダーやタオルなども確認します。たとえば◆◆生命のカレンダーであったら、この生命保険会社と取引があったのではないかと疑うのです。

また、貸し金庫がある場合には、相続人を引き連れてその銀行まで貸し金庫の中身を確認しに行くこともあります。

諸々資料の確認が終わったら、最後に必要な部分の写真を撮って資料の確認は終りとなります。

5 調査終了

調査終了時に、調査官が今日のヒアリングに対する回答などをメモにまとめて、署名押印を求めてきます。俗にいう「質問応答記録書」です。こちらは任意なので署名押印しなくてもよいのですが、内容を確認して問題なければ署名押印をしてしまったほうが、その後のやりとりが早く終わる

可能性が高くなります。

　また、調査官によっては「相続財産以外の所有財産」という書類の後日提出を求められることがあります。この「相続財産以外の所有財産」という書類は、被相続人の財産ではなく相続人自身の財産状況を記載して提出するものとなりますが、提出は任意であり強制されるものではありません。しかし、調査を早く終わらせるためには、全てを正確に記載して提出をするようにします。

　このとき「自分の名義の財産が多いと余計な疑いをかけられるかもしれない」と考え、財産を過少に記載したり、一定の財産を記載しなかったりするケースが稀にあります。しかし、このことが逆効果をもたらす結果となります。その理由は、この資料に漏れてしまった財産は、その相続人が把握していなかった財産であり、すなわち被相続人の財産たる「名義財産」と認定される格好の証拠になってしまうということです。したがって、この書類には相続人自身が認知している自分名義の財産について、全て漏れなく記載するように心掛けましょう。

　以上で実地調査は終了となります。

　調査官は、早ければ15時くらいに、遅くても17時には帰ります。
調査官が帰ったあとに、今後の流れを税理士と打ち合わせをして、実地調査の長い1日が終わりとなります。

❷ 相続人の不安をできる限り取り除くこと

　税理士法上における税理士の役割は、「税務官公署の調査若しくは処分に関し税務官公署に対してする主張若しくは陳述につき、代理し、又は代行すること」です（税理士法2①一）。つまり、税務調査における税理士の役割は、納税義務者の味方となり調査官に対して意見を申し出ること、納

税者が不利とならないように納税義務者の意図を汲んだ主張をすることです。

　殊に、相続税申告における調査対象者である相続人は、一般的には個人事業を行っている個人事業主や法人の経理担当者とは異なり、退職後のサラリーマンや専業主婦であるようなケースが多いです。もちろん、相続税の税務調査の経験などないため、事前通知を受けた時点から税務調査が完了するまでの期間は、精神的に相当な負担が生じることとなります。この相続人の不安を少しでも取り除くことが税務調査の立ち会い依頼を受けた税理士の役割でもあります。

　税務調査の通知を受けた時点から既に相続人は不安が生じています。調査が入ることは伝えなければなりませんが、過度に不安を煽ることがないように気を配りながら、調査日程を決めるようにします。

　税務調査までの間には、必ず相続人と事前の打ち合わせを行い、相続税申告のおさらいを行います。申告書作成時のトピックスについて再度論点の整理をし、相続人間の見解の統一を確認しておきます。また、必要に応じて簡単なリハーサルを行っておくことで、相続人の不安感を和らげることもできます。

　調査当日においては、基本的には担当官と相続人との二者間で調査が進んでいきますが、相続人が困った様子などを見せた際には、担当官と相続人の間に入り、相続人の意図を調査官に伝えるようにします。

　相続人は、調査官という普段接点のない人に普段聞かれないようなことを聞かれて、午前中だけで大分疲労します。そのような相続人を調査に慣れている税理士が寄り添って、少しでもその疲労の肩代わりをするのが税理士の重要な調査立ち会いにおけるミッションです。

　お昼休みには調査官は外でお昼をとるため、調査官がいないお昼の間に

相続人の心のケアをすることも重要な仕事になります。

　調査終了後は、調査の中での確認事項や宿題事項について論点をまとめ、何がポイントとなったのか、そして、今後の対応などについて相続人に伝え理解を促します。

❸ 税務調査時によく質問されること

1 被相続人の経歴

> Q：被相続人の最終学歴は？
> Q：ご生前の職業や会社での職階はどうでしたか？
> Q：被相続人の住居の推移を教えて下さい。
> Q：退職されたのはいつで、最後の職場はどちらでしたか？

これら質問の意図は、以下のとおりです。

● 蓄財根拠の確認

被相続人にどのくらいの年収が何年程度あったのかの大枠を確認するための質問となります。被相続人の過去の所得税の申告状況等により調査官が把握できている部分もありますが、昔の情報は税務署にも残っていないため、相続人に税務調査の場で確認が行われています。

● 預金口座の確認

転勤や引っ越しにより住居となった場所には、その先での預金口座や証券口座を作成することも昔はよくあったため、住居の推移は必ず確認が行われています。

● 最後の職場や退職状況の確認

退職金については、場合によっては数千万と多額になるため、その退職金がいつ支給されて、何に使われたのかを確認するために退職の状況の確認が行われています。

2 相続人等の基礎情報

> Q：相続人の氏名、年齢、被相続人との関係を教えてください。
> Q：相続人の職歴、年収を教えてください。
> Q：相続人の相続財産以外の所有財産を教えてください。
> Q：相続人以外の親族（被相続人の孫や兄弟）の氏名、年齢、関係、職業、年収等を教えてください。

これら質問の意図は、以下のとおりです。

● 名義財産がないかの確認

相続人の名義となっている財産が、その相続人の経歴や年収と比較して相応かどうかの確認が行われます。たとえば、年収300万円で5年程度しか勤めていない若い相続人が2億円の財産を保有していた場合には、被相続人が原資となっている財産があるのではないかの確認が行われています。

● 相続人以外の親族の状況も確認

相続人以外の孫や兄弟などに財産が移転しているケースも想定されるため、調査対象は相続人だけとは限りません。

3 被相続人の晩年の健康状況や死因

> Q：お亡くなりになった原因はなんですか？

Q：かかりつけの病院はどちらですか？
Q：死亡時の病院はどちらでしたか？
Q：死亡前にどのくらいの期間意識がありましたか？

これら質問の意図は、以下のとおりです。

● いつ頃まで意思能力があったのかを確認

相続開始直前に相続人以外に生前贈与をしていた場合において、被相続人に意思能力がなければ贈与が成立したとはいえないため、相続財産に含める贈与財産がないかの確認が行われています。

● 認知症でなかったかどうかの確認

被相続人が認知症であった場合には財産の処分等が原則としてできないため、各取引時点で認知症であったか否かを根拠として、不動産の購入、生命保険の契約、生前贈与などを否認するための材料として確認が行われています。

● 入院後の財産の管理状況の確認

入院後に財産を自身で管理できるような状況であったか否かの確認が行われています。

4 不動産の状況

Q：自宅はいつ、誰から、どのように取得しましたか？
Q：自宅にはどなたが住んでいましたか？
Q：相続人との生計は同じでしたか？
Q：老人ホームへの入居はありませんでしたか？
Q：自宅以外の不動産の使用状況を教えてください。

> Q：貸している不動産については、賃貸借契約書を見せてください。

これら質問の意図は、以下のとおりです。

- 自宅の購入原資の確認

  被相続人が100％持分を保有している自宅について、「他の親族等が購入資金を拠出していないか」又は「被相続人の子などで共有している自宅について、その子の持分に相当する購入資金を被相続人が拠出していないか」の確認が行われています。

- 小規模宅地等の特例の適用可否の確認

  自宅への居住状況や生計一親族に該当するかどうかの確認が行われています。

- 賃貸物件の状況の確認

  賃貸借契約書などを確認することで、不動産の評価（貸家建付地等）に誤りがないか、小規模宅地等の特例の要件を充足するかの確認が行われています。

5 預金の状況

> Q：預金は、どなたが管理していましたか？
> Q：それぞれの預金の使途（生活費用、給料や賃料の振込用、貯蓄用、生命保険料振込用、納税資金用等）を教えてください。
> Q：生活費等の支払はどなたの口座からでしたか？
> Q：生前贈与をしていた口座はありますか？
> Q：自宅から遠方にある口座を開設した経緯などを教えてください。

　これら質問の意図は、各預金が名義預金に該当するかどうかの確認です。

　各預金口座の管理者を確認することが、名義預金判定に非常に重要になるため、各預金口座の管理状況は必要以上に詳細に聞かれます。

6　被相続人の交友関係、趣味

> Q：被相続人の交友関係、政治家との付き合いなどを教えてください。
> Q：被相続人の趣味はなんでしたか？
> Q：ギャンブルは好きでしたか？
> Q：被相続人の生活ぶり（倹約するタイプか、散財するタイプかなど）
> 　　はいかがでしたか？

　これら質問の意図は、以下のとおりです。

● 交友関係の確認により生活状況を把握

　交友関係が派手な人は、生前の散財も考えられるため、財産があまり残っていなくても違和感ないと考えられます。

● 趣味の確認

　ゴルフが趣味ならばゴルフ会員権の計上漏れがないか、絵画収集が趣味ならばその絵画の漏れが無いか、購入金額がいくらかなどの確認が行われています。

● ギャンブルが好きだったかどうかの確認

　ギャンブルが好きだった人は、収入の割にお金が貯まってないことも考えられるため、キャッシュが少ないような被相続人の場合にはたまに質問されることがあります。

5 税務調査後にやるべきこと

　税務調査が終了すると、当初申告に非違がない場合には特段問題はないのですが、調査の結果、多くのケースで調査官より疑問点、確認点の宿題事項や申告漏れ、評価、計算、特例の適用間違いの内容説明が行われます。

　税務調査に入られる割合は上述のとおり約12％ですが、この12％に対する税務調査の結果、間違いが見つかり修正申告が必要となる割合は85％以上となっています。つまり、税務調査に入られた案件については、そのほとんどが申告内容について何らかの誤りがあったことになります。

　なお、調査に立ち会わなかった相続人がいる場合には、税務調査終了のお知らせを行うと共に、宿題事項や指摘内容を共有し、できる限り早急に修正申告、若しくは更正処分が受けられるようにする必要があります。

❶ 調査官から相続人に対する連絡がある場合の対応

　税務調査終了後に調査官から相続人へ直接質問事項等の連絡が行くことがあります。この場合には、急な問い合わせに対して冷静に受け答えすることができる相続人は多くないため、このようなケースを想定し事前に即時回答をしないよう伝えておく必要があります。

　「事実関係を確認するため、後日の回答とさせてください」や「税理士に委託をしているので、改めて税理士から回答をさせます」といった定型の回答をしてもらい、その場での回答を保留としてもらいます。その上で、税理士が質問事項に対する回答を準備し、可能な限り税理士から回答をするようにします。

❷ 修正申告を行う場合

　修正申告は納税者自らが自主的に提出する申告書であり、この修正申告を提出した場合には、後日、税務調査における指摘事項について「やはり納得がいかない」といったような場合であっても再調査請求を行うことができなくなってしまいますので注意が必要です。

　一方で、税務調査の指摘事項が妥当であり、相続人も当該指摘について納得ができるような場合には修正申告に応じます。この場合には、修正申告に伴って財産漏れや評価増額に応じた追徴課税や当該追徴に係る加算税、延滞税等が発生することとなります。これらの納税額がいくらになるのかについては、事前に計算し相続人に伝えると共に、納税方法についても相続人間で相談しながら決めていかなければなりません。

　なお、税務調査での指摘事項によっては、財産の取得割合や小規模宅地等の特例などの適用関係が当初申告より変わってくるため、相続人ごとの納税額についても調査官に確認をしておく必要があります。

❸ 更正処分の場合

　相続税の納税は、申告納税方式であり、納税義務者が自ら申告を行うことによって納税額が決定します。税務調査における修正申告はこれに該当しますが、税務調査での指摘事項に納得がいかない場合には、修正申告の提出に応じずに、税務署より更正処分の処理を行ってもらいます。

　この更正処分の場合には、税務署長の権限で税額が決定されることとなります。その上で、後日、その税務調査での指摘事項としての更正処分に納得がいかない場合には、再調査請求を行うようにします。

国税の不服申立制度の概要図

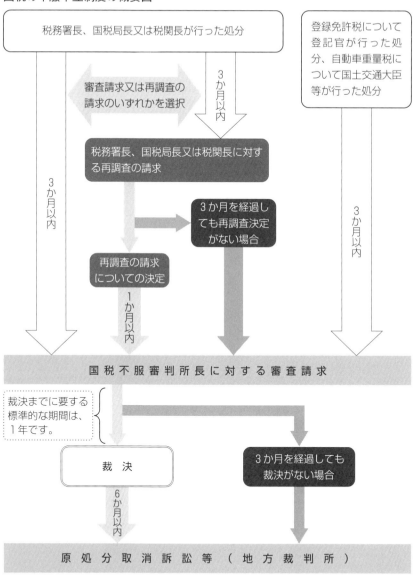

税務署長、国税局長又は税関長が行った処分

登録免許税について登記官が行った処分、自動車重量税について国土交通大臣等が行った処分

審査請求又は再調査の請求のいずれかを選択

3か月以内

税務署長、国税局長又は税関長に対する再調査の請求

3か月を経過しても再調査決定がない場合

再調査の請求についての決定

3か月以内

1か月以内

3か月以内

国税不服審判所長に対する審査請求

裁決までに要する標準的な期間は、1年です。

裁決

3か月を経過しても裁決がない場合

6か月以内

原処分取消訴訟等（地方裁判所）

（出典）国税不服審判所ホームページ

第 4 節

その他の論点

1　未分割申告の場合の申告後の留意点

❶ 申告後のフォロー

　未分割申告を行った後に、税理士として行わなければならないことは大きく分けて２段階あり、第１フェーズとしては遺産分割確定までの間の経過観察と、第２フェーズとしては遺産分割確定後の更正の請求、修正申告の対応となります。

　第１フェーズでは、未分割による相続税申告書の提出期限から３年のところで大きな区切りがあります。相続開始日から10ヶ月である申告期限を起点として、そこから３年以内に遺産分割が確定しない場合には、申告期限後３年を経過する日の翌日から２ヶ月以内に「遺産が未分割であることについてやむを得ない事由がある旨の承認申請書」を税務署に提出する必要があります。この承認申請書の提出を忘れると、分割確定後の修正申告等において配偶者の税額軽減や小規模宅地等の特例の適用が受けられなくなりますので、税理士としては必ず提出をしなければならないものです。

　この提出を税理士が失念したことにより、顧客から損害賠償を受けた事例も存在しますので、経過観察の中でも最重要論点といえます。

　第2フェーズでは、遺産分割が確定等をした事由が生じたことを知った日の翌日から4ヶ月以内に、更正の請求又は修正申告をする必要があります。未分割申告後は、顧客と弁護士との二者間で案件が進行していくため、税理士が知らないところで遺産分割協議が確定していてこの4ヶ月の期限を過ぎてしまっていたということにならないように、定期的な進捗状況の確認フォローが必要となってきます。

❷ 遺産が未分割であることについてやむを得ない事由がある旨の承認申請書

１ やむを得ない事由

　未分割申告時に申告書へと添付する「3年以内の分割見込書」については申告書に添付がありさえすれば問題はないのですが、「遺産が未分割であることについてやむを得ない事由がある旨の承認申請書」については申請するだけではなく、やむを得ない事由につき税務署長の承認を得る必要があります。このやむを得ない事由については、相続税法施行令第4条の2第1項において限定列挙されています。

遺産が未分割であることについてやむ
を得ない事由がある旨の承認申請書

税務署
受付印

＿＿＿＿年＿＿＿月＿＿＿日提出

税務署長

〒
住　所
（居所）＿＿＿＿＿＿＿＿＿＿＿＿＿＿＿＿＿＿＿＿＿＿＿＿

申請者　氏　名＿＿＿＿＿＿＿＿＿＿＿＿＿＿＿＿＿＿㊞

（電話番号　　　　　　－　　　　　－　　　　　）

遺産の分割後、
・配偶者に対する相続税額の軽減（相続税法第19条の2第1項）
・小規模宅地等についての相続税の課税価格の計算の特例
　　　　　　（租税特別措置法第69条の4第1項）
・特定計画山林についての相続税の課税価格の計算の特例
　　　　　　（租税特別措置法第69条の5第1項）
・特定事業用資産についての相続税の課税価格の計算の特例
　（所得税法等の一部を改正する法律（平成21年法律第13号）による改正前の租税特別措置法第69条の5第1項）
の適用を受けたいので、

遺産が未分割であることについて、
・相続税法施行令第4条の2第2項
・租税特別措置法施行令第40条の2第23項又は第25項
・租税特別措置法施行令第40条の2の2第8項又は第11項
・租税特別措置法施行令等の一部を改正する政令（平成21年政令第108号）による改正前の租税特別措置法施行令第40条の2の2第19項又は第22項
に規定する

やむを得ない事由がある旨の承認申請をいたします。

1　被相続人の住所・氏名

住　所＿＿＿＿＿＿＿＿＿＿＿＿＿＿＿＿＿＿＿　氏　名＿＿＿＿＿＿＿＿＿＿＿＿＿

2　被相続人の相続開始の日　　平成
　　　　　　　　　　　　　　　令和　＿＿＿年＿＿＿月＿＿＿日

3　相続税の申告書を提出した日　平成
　　　　　　　　　　　　　　　令和　＿＿＿年＿＿＿月＿＿＿日

4　遺産が未分割であることについてのやむを得ない理由

（注）やむを得ない事由に応じてこの申請書に添付すべき書類
①　相続又は遺贈に関し訴えの提起がなされていることを証する書類
②　相続又は遺贈に関し和解、調停又は審判の申立てがされていることを証する書類
③　相続又は遺贈に関し遺産分割の禁止、相続の承認若しくは放棄の期間が伸長されていることを証する書類
④　①から③までの書類以外の書類で財産の分割がされなかった場合におけるその事情の明細を記載した書類

○　相続人等申請者の住所・氏名等

住　所　（　居　所　）	氏　名	続　柄
	印	
	印	
	印	
	印	

○　相続人等の代表者の指定　　　代表者の氏名＿＿＿＿＿＿＿＿＿＿＿＿＿＿＿＿＿＿

関与税理士		㊞	電話番号	

通信日付印の年月日	確認印	名簿番号
※　　年　月　日		

（資4－22－1－A4統一）　　（令2.6）

2 提出期限

相続税の申告期限後3年を経過する日の翌日から2ヶ月を経過する日までに提出をしなければなりません。

なお、この申請は、相続税の申告期限後3年を経過する日の状況が上述のやむを得ない事情に該当するか否かを確認するものであるため、相続税の申告期限後3年を経過する日の前に提出した場合には、その申請は有効とはならないと考えられますので注意が必要です。

また、承認申請書を提出期限までに提出しなかった場合には、後日、遺産分割が確定したとしても各種特例の適用は受けることができません。この承認申請には、宥恕規定が存在しないため注意が必要です。

❸ 遺産分割確定後の留意点

未分割申告の場合には、争っているが故に申告期限までに遺産分割が確定していないというケースが多々あります。この場合において、相続人が別々に未分割申告書を提出しているときは、遺産分割協議確定後の更正の請求や修正申告も2つ以上存在することになります。

ここで担当した顧客が修正申告をする立場にあるときの留意点があります。遺産分割協議の結果、相続税額の総額に増減がない案件について、相手側の相続人が何らかの理由により更正の請求を行わないときは、当方の相続人も修正申告を行わなくともよいのです。逆に、相手側の相続人が更正の請求を行ったにもかかわらず、当方の相続人が修正申告を行わなかった場合には、税務当局から更正通知が届き、一定期間経過後の納税のときには延滞税が付加されてしまうため注意が必要です。

❹ 戦略的未分割

① 未成年者がいる場合

　相続人の内に未成年者がいる場合には、特別代理人を立てて当該未成年者に不利にならない遺産分割協議となるよう裁判所の許可を得ながら遺産分割を整える必要があります。つまり、未成年者である相続人に対しても不利とならない法定相続分を確保して財産を取得させなければならないのです。

　しかし、未成年者に数千万円や時には何億円もの財産を所有させるのは問題があると考える親権者も実務上は多くいます。この際に、税理士から提案できることとして、未成年者が成人になるのを待って遺産分割協議をする方法がありますが、20歳を迎える前に相続税の申告期限が到来する場合には、いったん、未分割で相続税申告を行っておく必要があります。

　なお、注意点として、この戦略的な未分割申告が想定できるケースは、その未成年者の年齢が20歳に近い場合に限られるということです。なぜなら、未成年者が20歳に達するまでの期間が3年以上ある場合には、上述の「遺産が未分割であることについてやむを得ない事由がある旨の承認申請書」を税務署に提出し承認を受ける必要がありますが、「共同相続人の内に未成年者がいる」ということだけでは、「やむを得ない理由」として認められない可能性が高いためです。

② 数次相続の場合

　相続税発生後に実現できる節税対策の一つとして、数次相続が発生した場合における戦略的未分割申告を行うことがあります。

　数次相続において、税理士は、遺産分割案として1次相続と2次相続とを合わせて相続税額が最も少なくなるような遺産分割の提案を行わなけれ

ばならないため、配偶者の税額軽減や相次相続控除といった税額控除の論点に目が行きがちですが、数次相続における節税提案の中で欠いてはならないのが、一次相続と二次相続の相続開始年が異なる場合の路線価の論点です。

　路線価は毎年7月に国税庁より発表が行われますので、二次相続における遺産の内に土地が存在する場合には、二次相続の相続税額を確定することができず、一次相続と二次相続とを合わせて相続税額が最も少なくなるような遺産分割の提案ができない状況にあります。

　このような場合には、一次相続における相続税申告を未分割として申告を行い、二次相続年における路線価発表後に全体での相続税額が最も抑えられる遺産分割の提案を行うようにし、遺産分割確定後に一次相続に係る修正申告又は更正の請求を行うような方法も検討をすべきです。

2　二次相続対策

　一次相続発生後における二次相続対策としては、様々な論点が想定できますが、ここでは主に税理士の立場から提案をすべき一次相続時の論点と一次相続終了後の論点についていくつか論点を挙げています。

❶　一次相続時における二次相続対策提案

① 配偶者の税額軽減、配偶者固有財産を考慮した分割案

　配偶者の取得する相続財産については、配偶者の税額軽減により民法上の法定相続分（1/2）か1億6,000万円までは相続税がかからないこととなっています。そこで、一次相続においては配偶者が全ての財産を取得し、当該軽減の適用により納税が生じないような分割案も想定されます。

しかし、二次相続を無視した遺産分割を行うことで、逆に一次相続と二次相続とを合わせたトータルの相続税額が大きくなってしまうこともあります。

配偶者控除の適用具体例

被相続人	父
相続人	母（配偶者）・長男
遺産	1億円

わかりやすいように、一次相続と二次相続での遺産の増減がなく、また母の固有財産はないものとします。

①一次相続で1億円を全て母が相続した場合

一次相続での相続税	ゼロ
二次相続での相続税	1,220万円
一次及び二次相続税の合計	1,220万円

②一次相続で法定相続分である50%のみを母が相続した場合

一次相続での相続税	385万円
二次相続での相続税	160万円
一次及び二次相続税の合計	545万円

このように二次相続を考慮せず、一次相続において目の前の納税が生じないからといって安易な遺産分割を行うことで結果として倍以上の相続税額を納税しなければならないことにもなりかねません。したがって、一次相続から二次相続までの期間が短いことが想定されるような場合には、必ず二次相続を考慮した遺産分割の提案を行わなければなりません。

一方で、配偶者の年齢が比較的若く二次相続までの期間が長いことが想定される場合には、配偶者の税額軽減を有効活用し一次相続での納税を抑えた上で、二次相続までの間の配偶者の生活の原資の確保をするという観点や二次相続までの節税対策という観点を持ちながら相続人に対して遺

産分割提案を行うことが望まれます。

② 小規模宅地等の特例対象宅地等の分割

　一次相続において被相続人が所有する特例対象宅地について、限度面積を超えるような宅地がある場合において、配偶者の二次相続においても小規模宅地等の特例の適用が可能な状況にあるときは、配偶者と子の共有取得をするような分割案を提案することにより、結果として一次相続及び二次相続の両方で小規模宅地等の特例の適用を受けることができトータルの相続税額が有利となることがあります。

　一次相続において配偶者が取得した限度面積を超える特例対象宅地については、配偶者の税額軽減の対象となることから、二次相続まで考えたときに効力を発揮しないこととなります。そこで、一次相続時には共有取得をすることで子が取得した持ち分について小規模宅地等の特例を適用し、その後、二次相続時に一次相続の際に配偶者が取得した持ち分について改めて子が相続し、二次相続においても小規模宅地等の特例の適用を受けることができます。

③ 生命保険契約に関する権利の分割

　一次相続において被相続人が保険料を負担していた生命保険契約に関する権利について、当該権利の相続取得者を誰にするかによって、二次相続までの課税が変わってくる可能性があります。

　たとえば、配偶者が被保険者である契約がある場合において、その配偶者の二次相続時における生命保険の非課税枠に余裕があるときには、一次相続において配偶者が当該権利を配偶者の税額軽減の範囲内で取得することにより一次相続では無税で引き継ぎ、二次相続時では生命保険の非課税枠を活用することで節税につながります。

　一方で、二次相続における生命保険金の非課税枠が埋まってしまってい

るような場合には、子が当該権利の取得をすることを検討します。一次相続で子が当該権利を相続取得した場合において、その後も契約が引き続き満期を迎えたようなときは、子の一時所得に該当します。しかし、一時所得課税の際には、必要経費となる支払い保険料について、一次相続に係る被相続人が負担した部分も含めて必要経費に計上ができるため、二次相続の相続税と比べて有利となるケースがあります。

❷ 一次相続終了後における二次相続対策提案

① 生命保険の加入

　一次相続において生命保険金を取得し、生命保険の非課税枠により節税ができた相続人に対しては実行しやすい提案となります。一次相続においてその効果をしっかりと享受できているため、二次相続発生までに生活費等の流動資産にある程度の余裕がある場合には、二次相続における非課税枠の適用を提案します。

② 生前贈与

　相続の節税提案としては基本的な内容ですが、二次相続までの間に暦年贈与による贈与税の非課税枠110万円を適用させた財産移転は、やはり有効な二次相続対策となります。

　この暦年贈与を提案する際には、適正に生前贈与を成立させ被相続人の名義財産と認定されないようにする必要があります。提案を行ったものの税務調査で名義資産と認定されることがないように、以下のポイントをしっかりとおさえながら提案・実行・フォローを行います。

---

① 　贈与契約書の作成
② 　贈与の実行

---

③ 贈与後の支配管理

① 贈与契約書の作成

　民法上、贈与の成立は、贈与者の「この財産をあなたにあげます」という贈与の意思と、受贈者の「その財産をあなたからもらうよ」という受贈の意思の双方によって成立します（民法549）。したがって、贈与の成立は口頭によっても成立はします。しかし、税務調査においては必ず形式的な贈与契約書の有無の確認が行われますので作成の提案は行うようにします。

　作成の際に留意すべき事項等は、以下のとおりです。

　○　贈与金額、贈与の方法、贈与契約日等を明記

　○　贈与者、受贈者が自署、押印（認印でも可）

　○　署名以外は手書きでなくても可（パソコンで作成し、印刷したものでも可）

　○　金銭贈与の場合には印紙は不要

贈与契約書

贈与者○○（以下「甲」という）と受贈者○○（以下「乙」という）は、本日、甲乙間において以下の通り贈与契約を締結した。

第1条　甲は、現金100万円を乙に贈与することを約し、乙はこれを受諾した。

第2条　甲は、令和元年12月31日までに前条の現金を乙指定口座に振り込むものとする。

以上の契約を証するため本書を作成し、署名押印のうえ、各自その1通を保有する。

349

令和元年12月1日

　　　　　　　　　　　　甲（住所）○○市○○町○番地
　　　　　　　　　　　　　（氏名）　　　　　　　　印
　　　　　　　　　　　　乙（住所）○○市○○町○番地
　　　　　　　　　　　　　（氏名）　　　　　　　　印

② 贈与の実行

　実際の贈与の実行は、記録が残るような形で行います。たとえば、金銭贈与の場合には、現金による贈与ではなく、贈与者の口座から受贈者の口座へと振込みを行うことで、取引の履歴が残るようにしておきます。

③ 贈与後の支配管理

　受贈財産については、受贈後に受贈者側での支配管理が求められます。他のポイントをおさえた上で生前贈与を行ったものの、結局は贈与者がその財産を支配管理しているのであれば、いくら形式的に贈与を行ったとしても実態としては贈与者の財産であることに変わりはありません。税務調査において名義資産として認定されてしまいます。

　したがって、受贈財産については、受贈者がいつでも自由に使うことで出来るような口座へ振込みを行い、実際に受贈者が使っていることが贈与の成立をより強固なものとします。

3 不動産の売買、有効活用

相続により不動産を取得した相続人は、相続後においてその不動産をどのように保有、若しくは売却など処分をしていくのか悩まれるケースが多々

あります。このような場合には、相続人の意向の確認しつつ、税理士の立場から以下のような税務的な論点を考慮した提案を行う必要があります。

	売却 （譲渡所得）	有効活用 （不動産所得）
自宅	●空き家特例 ●取得費加算	●賃貸（戸建賃貸）
収益物件	●取得費加算	●賃貸管理 ●用途変更
遊休地	●取得費加算	●マンション用地 ●戸建賃貸 ●店舗用 ●駐車場　など

❶ 売却

⬚1⬚ 空き家特例

　相続人が被相続人の居住していた自宅を相続し、当該自宅が空き家となっている場合において、相続の開始があった日から3年を経過する日の属する年の12月31日までに一定の要件を満たす売却を行ったときは、譲渡所得の金額から最高3,000万円まで控除することができます。

　相続税申告を請け負った税理士は、相続税申告後のタイミングであれば、相続した不動産についての建築状況や居住状況などは把握しているはずです。したがって、当該特例の対象物件に該当し、相続した実家が空き家となる可能性が少しでもあるのであれば、相続人に対して当該特例の説明を欠かしてはなりません。

　特に留意すべき点は、売却までの「相続の開始があった日から3年を経過する日の属する年の12月31日まで」という期間設定があることや、空き

家の状態を保たなければならない点です。使えるはずの3,000万円控除が
アドバイス不足により使えなくなるようなことがないように、この点をき
ちんと引き継いだ相続人に説明し理解をいただかなければなりません。

　要件などの詳細は、第3章第3節 ⑥土地と建物を別の相続人に相続さ
せた結果 に記載の ❶空き家特例の適用不可 を参照ください。

② 取得費加算

　取得費加算の特例は本章第2節 ③相続不動産を譲渡した相続人 でも解
説を行いましたが、相続又は遺贈により財産を取得した相続人が、相続の
開始があった日の翌日から相続税の申告書の提出期限の翌日以後3年を経
過する日までの間にその取得した不動産を譲渡した場合には、譲渡所得に
係る取得費に相続税額の一部を加算する取得費加算の特例の適用を受ける
ことができます。

　当該特例は、3年間という期限が設定されていますが、その売却先につ
いてはマイホームの3,000万円控除特例のような「売り手と買い手が、親
子や夫婦等特別の関係でないこと（このほか生計を一にする親族、家屋を
売った後その売った家屋で同居する親族、内縁関係にある人、特殊な関係のあ
る法人なども含まれます）」の要件が付いていません。このことから、取得
費加算による譲渡所得に係る所得税の節税効果が大きく見込まれるような
場合において、3年以内の売却が難しいようなときは、いったん、3年以
内に親族や同族会社へ売却を行っておくという提案も相続後のフォローと
して行うようにします。

　なお、検討の際には、譲渡に係る登録免許税や不動産取得税等の移転コ
ストとの兼ね合いも考慮する必要があります。

　また、上記① の「空き家特例」と重複での適用はできませんので、こ
ちらの有利判定の検討も必要となります。

❷ 有効活用

　相続した不動産について、相続人によっては先祖代々の土地や思い入れのある土地などの売却を望まないケースもあります。その場合には、相続不動産の有効活用を検討します。

　有効活用の方法は、その不動産の規模、形状、地域制等によって異なりますので、相続に詳しい不動産業者や不動産鑑定士といった不動産活用のプロの力を借りながらその不動産の属性に応じた活用法を検討しなければなりません。その際には、選択した不動産活用によって、現状から不動産所得に係る所得税がどの程度発生するのかや、二次相続における相続税の節税がどの程度見込まれるのか等を事前にシミュレーションを行った上でのアドバイスが求められます。活用による不動産の使用状況の変化に応じて、税理士として、中立的な立場から相続税、不動産所得、固定資産税など各種税金の観点からのアドバイスを行う必要があります。

　特に、土地建物の相続税評価額の再評価や二次相続の際の小規模宅地等の特例の適用関係には留意しながら提案を行っていかなければなりません。

4　生命保険の提案

　生命保険に未加入の相続人がいる場合において、二次相続発生までに生活費等の流動資産にある程度の余裕があるときは相続税対策として生命保険の非課税枠に応じた加入を提案します。

　また、生命保険は非課税枠の活用だけではなく、「生前贈与による保険の活用」「争続対策としての遺言機能」など相続対策における保険の活用は多種多様です。

　保険商品は一見してセールスの色が強くなり、中には敬遠される方も多くいますが、一次相続において生命保険金を取得し生命保険の非課税枠により節税ができた相続人は、その効果をしっかりと享受できているため実行しやすい提案となります。また、相続税申告を行った税理士として中立な目線から適切な商品の提案が期待されます。

❶ 非課税枠の活用

　相続における節税対策として基本的な内容ですが、現預金を生命保険に組み替えることにより「500万円×法定相続人の数」の非課税枠を適用させ、非課税枠分の相続財産を圧縮させる効果があります。

　相続により取得した預貯金について、定期預金などにしておくよりは終身保険などの生命保険に組み替えることを検討・提案します。

❷ 生前贈与による活用

　子や孫に対する暦年贈与による110万円の非課税枠を活用した生前贈与について、その受贈者たる子や孫の年齢が低い場合に、その贈与を受けた110万円を保険料原資とする生命保険の加入の提案を行います。まだ若いため大金を持たせるには心もとないときやしっかりと蓄財させたうえで将来的に使ってほしいときなど、無駄遣いをすることなく生前贈与の恩恵を享受させることができます。

　なお、贈与を実行する際の注意点としては、上述の本節**2**❷**2生前贈与**にて詳細を記載しています。

❸ 争続対策としての遺言機能

　生命保険は、みなし相続財産として非課税枠を超えた部分が相続税課税の対象となりますが、民法上の財産ではないので受取人固有の財産として遺産分割協議の対象外の資産となります。このことから、生命保険は、被相続人が保険契約時点であらかじめ定めた「財産を遺したい受取人」に対して確実に財産を渡すことが可能な方法となります。

●著者紹介

税理士法人トゥモローズ

相続税申告を年間100件以上取り扱う相続専門の税理士法人。謙虚に、素直に、誠実に、お客様目線を徹底的に貫く相続サービスに定評があり、近年は税理士からの相続税申告の相談依頼も多い。また、相続税務に関する税務専門誌への寄稿も多数手掛けている。

執筆者

角田　壮平（税理士）

大塚　英司（税理士）

執筆協力

田代　絢子

山田　長憲

酒井　幸代

専門税理士が教える！
「相続開始後」でも提案できる相続アドバイス
初回面談から申告実務、アフターフォローまで

2020年10月30日　発行

著　者　　税理士法人トゥモローズ　Ⓒ

発行者　　小泉　定裕

発行所　　株式会社 清文社
　　　　　　　　　　　東京都千代田区内神田1－6－6（MIF ビル）
　　　　　　　　　　　〒101-0047　電話 03（6273）7946　FAX 03（3518）0299
　　　　　　　　　　　大阪市北区天神橋2丁目北2－6（大和南森町ビル）
　　　　　　　　　　　〒530-0041　電話 06（6135）4050　FAX 06（6135）4059
　　　　　　　　　　　URL http://www.skattsei.co.jp/

印刷：亜細亜印刷㈱

■著作権法により無断複写複製は禁止されています。落丁本・乱丁本はお取り替えします。
■本書の内容に関するお問い合わせは編集部までFAX（03-3518-8864）でお願いします。
■本書の追録情報等は，当社ホームページ（http://www.skattsei.co.jp/）をご覧ください。

ISBN978-4-433-72930-1